国家级实验教学示范中心工程创新实践课程系列教材

U0716798

产品开发流程实践

姜斌　缪莹莹　主　编
黄钦　副主编

西安交通大学出版社
XI'AN JIAOTONG UNIVERSITY PRESS

图书在版编目（CIP）数据

产品开发流程实践/姜斌，缪莹莹主编.—西安：西安交通大学
出版社，2017.12

ISBN 978-7-5693-0357-5

Ⅰ.①产… Ⅱ.①姜… Ⅲ.①产品开发—流程 Ⅳ.①F273.2

中国版本图书馆 CIP 数据核字（2017）第 316625 号

书　　名	产品开发流程实践	
主　　编	姜　斌　缪莹莹	
责 任 编 辑	车向东　贺彦峰	

出 版 发 行	西安交通大学出版社	
	（西安市兴庆南路 10 号　邮政编码 710049）	
网　　址	http://www.xjtupress.com	
电　　话	（029）82668357　82667874（发行中心）	
	（029）82668315（总编办）	
传　　真	（029）82668280	
印　　刷	西安明瑞印务有限公司	

开　　本	787mm×1092mm　1/16　印张 13.25　字数 315 千字
版次印次	2018 年 3 月第 1 版　2018 年 3 月第 1 次印刷
书　　号	ISBN 978-7-5693-0357-5
定　　价	35.00 元

内 容 简 介

　　本书通过大量丰富完整的产品开发实践案例项目，图文并茂地演绎出产品设计从创意产生到成品实现的全过程，引用作者大量的最新研究成果突出展示了行业领先公司的创新实践，提供了一套产品开发的实践计划，描绘了产品从构思产生到发布整个过程中的每个步骤，介绍了许多行之有效的产品开发流程与方法。本书使学生在进行具体的设计实践活动时，能够科学地启迪创新思维、系统地梳理设计思路，并且能够按照设计开发流程逐步深入，最终实现设计理念的产品化表现。

　　本书既可作为高等院校本专科工业设计专业的教材使用，也可作为其他设计类或机械类专业的参考书，还可供从事设计工作的工业设计人员和工程技术开发人员参考。

产品的设计与开发方法，涉及顾客需求识别、功能设计、原型化设计、工业设计等一系列过程，因此，将市场营销、设计和制造融合为一体，使人们可以从真实实践的视角了解产品开发的工作内容、方法、工具以及团队中的不同角色。

产品创新是企业市场竞争的需要，是科技发展的产物，是人类自身的满足，也是未来社会的构成要素之一。将产品创意产生的过程进行分解，并且有意识的运用设计思维与方法，设计师就可以拓宽思路，想出更为适当的解决方案，从而满足企业客户、消费者和未来发展的需要。

本书共分为四章，第一章系统地介绍产品开发设计策略；第二章介绍产品开发的流程与方法；第三章描述产品开发创新思维；第四章主要通过完整的设计案例详细分析产品开发的过程，并运用本书中所学的创新思维与方法进行实战训练，帮助学生巩固所学的知识。本书在编写的过程中引用了一些前沿的产品创新设计思维与方法的理论，同时也结合了大量的编者实际参与或者指导的产品创新设计与开发的案例项目。全书根据注重实践的原则来安排教学内容，图文并茂、深入浅出地将理论知识融入到案例项目当中，以期指导学生能够正确地、科学地进行设计创新实践。

本书由南京理工大学组织编写，共分四章。第一章由姜斌编写；第二章由黄钦编写，第三章由姜斌、缪莹莹编写；第四章由姜斌、缪莹莹、黄钦编写。

由于编者水平有限，书中难免存在不足之处，敬请读者批评指正。

编者

2017 年 11 月

引 言

　　产品设计实践告诉我们，要做好一件工作，必须要按照一定的程序来进行，才能使工作步步深入地展开，最后达到预期的目标。同样，要设计好一个产品，除了要用正确的设计观念和思想来指导设计行动外，还需要有一个与之相适应的、科学合理的设计程序。

　　通常，人们在介绍工业设计程序的时候，总是将工业设计本身作为主体加以介绍，包括设计调研、概念设计、方案筛选、方案详细设计、模型样机制作以及产品工程化设计，这样就将工业设计视为一个相对封闭的设计体系了。这样的设计模式在工业设计发展的早期阶段十分常见，因为工业设计在过去往往处于产品开发的末端，也就是说当功能性设计完成之后通过工业设计，才可以"包装"成满足消费者审美的最终产品。这种情况并不意外，工业设计本身就是工业化大生产的衍生品，不过现今情况发生了变化，工业设计与产品开发流程同步甚至超前的情况越来越多，很多产品已经将工业设计整合进了产品开发项目，将其作为产品开发的必要条件之一。主要原因有三：其一，随着网络信息化时代的到来，消费者能够接触到的产品类别越来越多，审美品位越来越高，消费者已经习惯了被"设计"过的产品；其二，产品竞争日趋激烈，产品开发周期越来越短，如果在产品开发之初不考虑工业设计，在开发完成后再进行工业设计将十分困难，各种限制因素很可能造成设计的妥协，导致产品整体设计感的缺失；其三，工业设计引领设计创新的趋势日益明显，在技术层面不分仲伯的情况下，通过工业设计进行形式创新或应用创新是企业提升竞争力的有效手段。

　　综上所述，离开了产品开发的大背景探讨产品工业设计程序是没有意义的，首先必须弄清工业设计在产品开发设计过程中的位置与作用，否则会造成工业设计在职能上的错位与重复劳动。比如设计调研，在产品开发前期必然会做这样的工作，如果能将工业设计调研内容融合进去，那么在进行工业设计时就已经有了充分的调研数据，而没有必要再次调研了。

第一章

产品开发设计策略

产品设计与开发是企业营销过程中的一个重要组成部分，企业必须针对目标客户在产品功能、形式、价值等方面的需求进行设计，也必须在品牌、包装、标签以及产品的售后支持与服务方面做出决策。典型的产品开发设计过程主要包含四个阶段：概念开发和产品规划阶段、详细设计阶段、小规模生产阶段、增量生产阶段。

1.1 概念开发和产品规划阶段

在概念开发与产品规划阶段，需将有关市场机会、竞争力、技术可行性、生产需求、对上一代产品优缺点的反馈信息综合起来，确定新产品的框架。这包括新产品的概念设计、目标市场、期望性能的水平、投资需求与财务影响。在决定某一新产品是否开发之前，企业还可以用小规模实验对概念、观点进行验证。实验可包括样品制作和征求潜在顾客意见。这个过程可以归纳为"问题概念化"。

首先针对计划全面了解设计开发的产品，通过信息收集与市场调查的方法探询市场上同类产品的竞争态势、销售状况及消费者使用的情况，主要包括用户的使用习惯、使用后的抱怨点以及对新功能、新需求的期望，甚至包括用户感兴趣的相关或不相关的事物。之后客观分析企业自身情况，主要包括公司现有技术储备、财务状况、产品现状等，在分析评估后再结合公司发展策略与市场现状，最终总结出新产品的"概念描述"，将问题锁定在产品的"市场定位"或"品牌定位""目标客户""产品需求列表""主要特点"以及"市场价格"这几个主要方面。概念的形成过程需要充足的有效信息、充分的开发经验，也就是能够将信息提炼后可以转化为"有效"的设计创新方向。在进行下一步工作前，应该生成下列文本：

①产品企划书，包含产品策略与规范；

②产品技术发展趋势与产品的功能特性；

③产品竞争分析与流行趋势分析；

④产品使用分析与人机交互分析；

⑤市场调研与信息的收集分析；

⑥早期产品概念描述与新产品开发指令单（见表 1 - 1）。

表 1-1　新产品开发指令单（开发部）

项目名称	汽车导航 GPS						
客户名称	自产自销						
要求完成日期	×××年××月××日						
文件抄送部门	采购部、总经理室、电子技术部（硬件、软件）						
研发内容说明： 1. 根据 ID 图、产品设计功能规格书、PCB 堆叠板评估产品可行性 2. 设计整机结构							
相关物件	ID 图、产品功能规格书、PCB 堆叠板						
项目负责人	×××	日期	×××	审核	×××	日期	×××

有了明确的设计方向，就要将概念进行可视化，基本上包括产品功能、原理、外观样式、主要加工方法与成型工艺等，比如在设计一款新型 GPS 产品前就要设定好产品功能规格书，将产品详细功能进行列表（见表 1-2）。

表 1-2　产品功能规格书

配置	描述	配置	描述
产品类型	PND 便携机	AV 接口	支持
项目名称	汽车导航 GPS	电源 DC 接口	支持
整机尺寸	120×84×16.5（mm）	USB 接口	不支持
系统平台	Android 4.0	内存卡类型	TF 卡
屏幕尺寸	TFT 4.3 英寸	支持最大内存卡	16G
屏幕分辨率	480×272	WIFI	支持
触摸屏	电容触摸屏，5 点触控	3G 上网	支持 3G 扩展
侧键	共 4 个（音量键 2 个、拍照键 1 个、电源开头键 1 个）	蓝牙	支持
是否支持音乐播放	支持	电子书	支持
是否支持 TV	不支持	游戏功能	支持
是否支持拍照	支持，200W	电池	内置锂电池
是否支持摄像	支持	待机时间	>8 小时
是否支持视频播放	支持	是否支持车充	支持
是否支持收音机	支持	内置内存	512M
喇叭	K 类功放	是否带支架	不带支架，机壳上有支架扣位
USB 接口	5PN	输入法	手写
HMDI 接口	支持	是否支持移动通信	不支持

1.2 详细设计阶段

一旦方案通过，新产品项目便转入详细设计阶段，这个过程可以称为设计商品化的过程。从市场调研转换成具体的设计成果，最重要的目的是要尽快将消费者所喜爱的设计方向转化为具有竞争潜力的商品，大量生产出来并加以销售。量产工作之前需要完成功能设计、机构设计、原型样机的检讨确认以及与生产加工部门之间的协调，才可将设计付诸实施。商品化对产品开发而言非常关键，其目的是将技术与创意的结果转换成符合生产条件的过程。产品开发的过程就是将产品设计商品化的过程，详细设计的核心是在"设计—建立—测试"三者之间循环，所需的产品与过程都要在概念上定义，并且体现于产品原型中（可在计算机中呈现或以物质实体形式存在），接着应对产品的模拟使用进行测试。如果原型不能体现期望性能特征，工程师则应寻求设计改进以弥补这一差异，重复进行"设计—建立—测试"循环，直至详细产品工程阶段结束。

1.3 小规模生产阶段

小规模的生产主要是为大批量量产进行准备。小规模生产可以检验出在单个样机阶段无法检验出的问题。比如模具工艺的问题，样机阶段一般不用模具加工，通常用CNC加工甚至3D打印的方式做原型样机，进入生产阶段首先要检测的就是模具的工艺性，确保最终产品与样机品质一致甚至更高。小规模生产主要有两个目的：一是检验产品生产、组装的一致性，确保产品品质。产品多由不同的零配件组成，有的产品还包括了复杂的机构、电路甚至软件程序，因此必须确保每个生产环节的平稳运行，重点检查成品的废品率，避免大规模生产后大批量返工或报废。通常初次生产废品率很高，将问题前置有助于减少损失。二是对产品生产状况进行摸底，检验产能，并通过生产测试并修正生产程序。在这个阶段，整个系统包括设计、详细设计、工具与设备、零部件、装配顺序、生产监理、操作工、技术员等在内的多种要素完全组合在了一起。

1.4 增量生产阶段

产品设计开发的最后一个阶段是增量生产。在增量生产中，期初是在一个相对较低的数量水平上进行生产；当企业增强了对自己（和供应商）连续生产能力及市场销售产品的能力的信心时，产量开始增加。

第二章

产品开发设计程序

    产品开发设计程序是指一个比较纯粹的工业设计项目从开始到结束的全部过程中所包含的各阶段的工作步骤。虽然今时今日工业设计与产品开发设计已经有了融合、并行的趋势，但是各家企业的情况不同，对工业设计的需求层次也不同，因此以产品形式合理、美观为诉求的工业设计需求也十分旺盛。由于产品开发设计涉及的内容与范围很广，其设计的复杂程度相差也很大，因而其设计程序也有所不同，但无论何种产品，其设计的目标最终都是服务于人，在产品的整个发展过程中都要受人们的生活观念、社会文化、科学技术、市场经济等一些共同因素的影响，因而表现在设计过程中必然包含着同一性，有一些相对一致的设计程序。需要说明的是，从学习、训练的角度来说，严格遵守工业设计程序可以充分锻炼设计思维的逻辑性与严密性，但从企业实际运作层面来看，则需要根据各家企业的实际情况而定，或在某一个环节加强或在某一个环节减弱甚至舍弃。图2-1显示的是设计企业通常采用的设计流程。

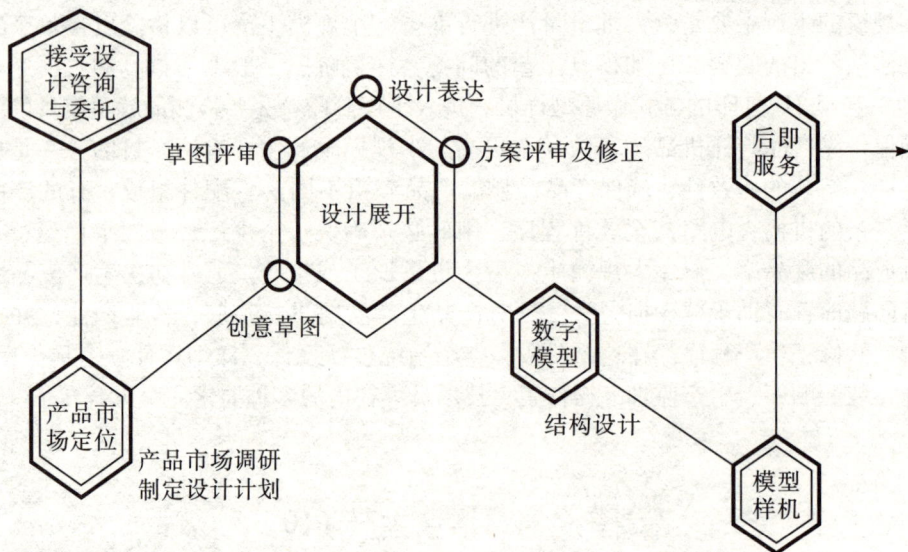

图2-1

2.1 接受设计咨询与委托

　　由于产品千差万别，各个企业的组织架构、商业模式也不尽相同，这就决定了设计师将直接面对各种类型的客户——企业主、项目经理、工程师、业务员，甚至是没有实体企业的采购商。由于客户的知识背景、受教育程度以及对工业设计的理解不同，设计师不仅要能够编制设计方案，更要有充分的沟通能力与准确的判断力。目前，工业设计项目没有确切的评价标准，只能依靠决策者根据市场状况的判断以及个人的设计取向，在绝大多数情况下决策者对自己的产品有较深入的思考，很多要求是合理的，但由于专业上的隔阂，部分要求也不尽合理。设计师对客户的要求既要充分尊重，也要耐心引导，使其思路逐步进入合理的轨道。这一点非常重要，为以后的顺利工作奠定了沟通的基础。这里会出现两个比较极端的情况，需要提醒设计师注意：第一，客户过于挑剔，过于自信，万般不满意，不断提出新的要求却又不愿意付出成本；第二，客户完全没有想法，不清楚自己究竟需要什么样的设计，对产品投入成本的概念也比较模糊。这两种情况都会使设计师陷入被动，其主要原因在于这样的客户属于低价值客户，接受这类客户的设计委托要十分慎重。因此，在项目展开之前，设计师与客户充分地沟通尤其重要，它包括不仅要让客户了解设计的工作流程，还要向客户展示设计案例和设计文件，以及设计环境、设备、模型、样机等，以增加客户委托的信心。同时对设计师来说，前期的沟通也是了解客户、教育客户的好机会，好的客户也是需要培养的，很可能就此成为朋友，也有利于项目的开展。

　　产品开发设计是一项专业的设计工作，有不同的应用层次，或是全新设计或是改良设计，因此在接受设计任务之前，设计师需要明确设计任务的类别，核算正确的工作量，给出合理的项目预算。不同的设计类型工作内容也有所不同，全新设计近乎于开发设计，需要充分消化客户所提出的设计需求，并进行充分的市场调研，在设计上的考虑应更加严密、谨慎，再加上与开发设计的协同，项目周期通常较长；改良设计则需要对原有产品进行仔细分析，提出改进措施，并对同类型产品进行横向比较，由于已经有了工作基础，项目周期一般较短。

2.2 明确设计任务

　　产品开发设计种类繁多，领域广泛，大致可以分为以下三个类型，在设计之初必须明确任务类型。

2.2.1 改进型设计

改进型设计指针对现有的产品，提升产品的附加值、改进功能、提高质量或在结构、零部件、材料、工艺上作局部调整和修改；采用新技术、新结构、新材料、新工艺及新元件以满足新需求，制造出在性能、造型、质量、价格、规格等方面有竞争力的产品。这是产品商品化过程中普遍且大量存在的渐进性设计创新工作，是提高企业市场竞争力的有效手段。

2.2.2 创新型设计

创新设计指在科学技术、使用方式、功能、造型、结构、材料、加工工艺等方面有重大突破，创造与现有产品无共同之处的新产品，是科技创新、新发明的应用与艺术完美的结合。任何产品的创新设计研发都要符合企业既定的产品战略，产品战略指的是企业对其所生产与经营的产品进行的全局性谋划，它与市场战略密切相关，也是企业经营战略的重要基础。企业要依靠物美价廉、适销对路、具有竞争实力的产品去赢得顾客、占领与开拓市场。产品战略正确与否直接关系企业的胜败、兴衰、生死、存亡，因此，新产品的设计与开发必须与企业的产品战略相吻合，就像现今的 IBM 专注于信息技术和业务的解决方案，而将之前曾经辉煌一时的个人笔记本电脑业务剥离，因为 IBM 已经完成了战略转型，由计算机硬件制造商转为了信息技术服务供应商。

2.2.3 概念型设计

概念型设计指从工业设计角度出发，为满足人们近期或未来的需求，利用设计师敏锐的洞察力和表现力，研究人与环境、生活、市场从而进行探索性的设计尝试。概念设计具有很强的前瞻性和创意性，未来也有实现的可能，因此极富生命力，是技术开发、市场需求和生产开发的推动力。概念型设计在具有研发实力的现代企业中占有非常重要的地位。

不同的设计类型对应不同的设计方法，明确设计任务的类型，可以确保采取正确、有效的设计路线。

2.3 制定设计计划

通常产品开发设计项目周期需要根据设计对象的具体情况来确定，有的项目十几天就可以结案，有的则需要半年甚至更长的时间，比如汽车设计。工业设计项目计划通常是短期计划，为了确保设计质量，必须严格遵循设计流程，按照项目节点分步验收。

制定设计计划应注意以下几个要点：

①明确设计内容，掌握设计目的。

②明确该设计自始至终所需的每个环节。

③弄清每个环节工作的目的及手段。

④理解每个环节之间的相互关系及作用。

⑤充分估计每一环节工作所需的实际时间。

⑥认识整个设计过程的要点和难点。

在完成设计计划后，应将设计全过程的内容、时间、操作程序绘制成设计计划表，具体栏目内容可视项目性质而定（例见表2-1）。

表2-1 ×××产品方案设计时间计划表

内容/时间	1 2 3 4 5 6 7 8 9 10	11 12 13 14 15 16 17 18 19 20	21 22 23 24 25 26 27 28 29 30 31
市场调研	———▸		
调研报告	——▸		
设计研讨会	——▸		
设计构思	———————▸		
设计展开		———▸	
设计方案绘制		——▸	
方案研讨会		——▸	
设计细化		——▸	
设计数模及效果图			——▸
模型制作			———▸
设计方案预审			——▸
设计综合报告			——▸

2.4 设计调研

能否准确把握产品的设计定位，将直接决定设计的成败。而对产品的准确定位主要来源于设计调研。设计调研围绕市场状况展开，调研的内容根据产品的不同而各有侧重。通过调研可以收集到各种各样的资料，为产品设计师分析问题、确立设计方向奠定基础。主要包括产品售价、品牌档次、产品功能、设计风格、市场占有率、客户群体等。设计调研的本质是信息的收集与分析，在收集这些信息时需要注意以下几点：①目的性：不同的目的需要不同的信息，因此搜集信息必须事先明确目的，围绕目的去搜集，这样可以做到有的放矢，提高工作效率；②完整性：搜集到的信息必须系统完整，这样才可能防止分析问题的片面性，从而才有可能进行正确的分析判断；③准确性：信息是决策的依据，不准确的信息常常导致错误的决策，因此如果搜集到的信息"失真"，则有可能导致设计工作的失败；④适时性：就是要求在需要信息的时候能够及时地提供信息，这就要求在行动之前就掌握好各种信息资料；⑤计划性：为了保证信息搜集做到有目的、完整、准确、适时，就必须加强信息搜集的计划性，通过编制计划，更进一步明确搜集的目的、搜集的内容范围、适当的时间和可靠的信息来源，从而提高搜集信息工作的质量；⑥条理性：对搜集到的各种信息资料，要有一个去粗取精、去伪存真的加工整理过程，最后要将这些信息资料整理成系统有序、便于使用和分析的手册。

设计调研的方法主要包括面谈、观察、网上投票、电话访谈、邮寄，等等。应根据产品的性质来确定问询内容，并设计好调查问题，使调研工作尽可能方便快捷、简短明了。不同的调研方式需要结合不同的产品特性，采用一种调研方式或多种方式并行，面谈与观察法是通常采用比较多的现场调研方式，优点很明显，可以获得准确而细致的第一手资料，不足之处在于效率比较低，人群覆盖面比较窄。比如观察法，欧乐－B（Oral－B）公司曾经为2~4岁的儿童设计牙刷，通过对儿童使用牙刷行为的仔细观察，发现儿童牙刷的设计不是成人牙刷的简单缩小，由于手部尺寸以及灵活度的限制，儿童抓握东西时往往有一种"拳头"效应，即用手握而不是用手指捏，因此儿童牙刷的刷柄不是缩小而应该增大（见图2-2）。

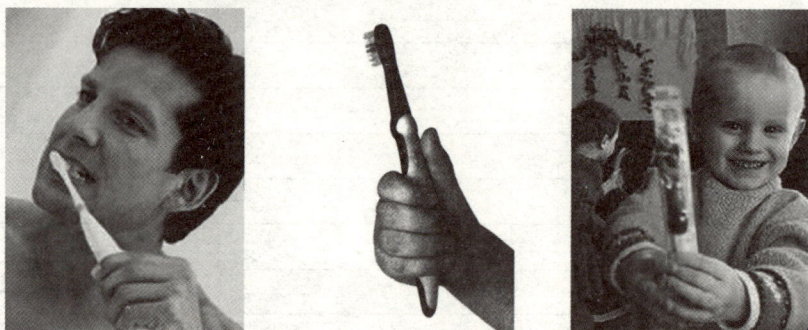

图2-2

1948年秋天，瑞士工程师德梅斯拉特尔（Georges de Mestral）先生带着他的猎犬外出打猎。在草地野餐时，身体被牛蒡草（见图2-3、图2-4）扎得很痛，才发现自己衣服和猎犬身上都粘满了牛蒡草。回家后，他花了很长的时间都没有将刺果去除干净。这一现象勾起他的好奇之心：为什么牛蒡草会有这么大的的附着力呢？在显微镜观察下，他发现牛蒡果上有无数小钩。他从中得到启示，可以仿造牛蒡果的结构来制成方便牢靠的搭扣。经过了半年的实验，他终于创造出了一种新型搭扣，在A布上织有许多钩状物，在B布上织有许多小圆球，只要把它们轻轻对贴在一起就粘紧了，这就是"纬格罗"，也就是我们所说的魔术贴、粘扣带，如今魔术贴（见图2-5）已经成为20世纪最重要的50项发明之一。

图2-3 　　　　　　图2-4 　　　　　　图2-5

目前覆盖面较广且相对容易实施的是网络调研。将预先设计好的问卷发布在专业的调研网站上，通过不断转发链接让人通过链接网址登陆并按要求完成网络问卷并提交。最近比较流行的调研方式还有微信调研，即通过朋友圈不断转发调查问卷，提升参与问卷调查的人数。网络调研的主要优点在于快速、便捷，短时间内可以获取大量的调研数据，缺点在于数据的可靠性以及参与者数量的不确定性，不过对于一般产品设计网络调研的结果还是可以作为设计参考的依据的。而电话调研和邮寄调研可操作性比较差，除非与被调研者比较熟悉，否则这两种方式收效不大。值得注意的是：随着云计算、大数据技术的强势兴起，通过数据量的累积、精密的计算所支撑的结果对指导产品设计意义重大，比如零售巨头沃尔玛很早就通过对营业数据的分析掌握产品的销售状况，并把销售情况良好的产品通过贴牌代工的方式以自己的品牌销售，减少了中间环节，最大程度地攫取利润。又如淘宝网早已通过对网络采购数据的分析将畅销产品以天猫商城的形式进行畅销产品的认证式销售，其原理与沃尔玛如出一辙，都是基于对消费行为及数据的研究与分析，再从服务的角度重构经营模式。可以预见的是，以数据作为设计依据的时代已经到来。

市场调研的结果带来大量的信息，分析研究这些信息的前提就必须紧紧围绕消费者和使用者，且站在用户的立场分析和研究总结，之后找出问题。问题的发掘是设计的起点和动机，一般情况下，问题来自于社会文化、造型美学、科技应用、市场需求等各种因素。

2.5 展开设计

2.5.1 草图

草图分为两个阶段：创意草图阶段和设计草图阶段。创意草图是进行设计展开的第一个环节，是设计师将自己的想法结合产品实际，由抽象转变为具象的一个十分重要的创造过程。它实现了抽象思考到图解思考的过渡，是设计师对设计对象进行推敲理解过程的体现。创意草图不拘泥于形式，只要设计师本人能够理解就可以了，主要用来进行概念构思与推敲，当概念基本成熟以后，就可以将概念转化为设计草图了。

设计草图需要包括产品外观的主要特征、使用方式、基本结构与材质说明，这样才能够呈现出一个比较完善的设计方案，比如西班牙设计师乔迪·米拉的创意草图（见图2-6、图2-7）。

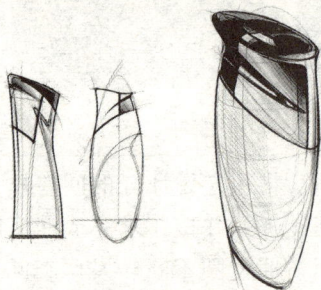 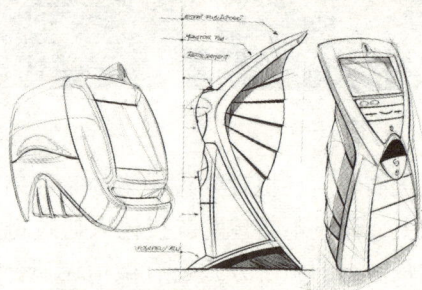

图2-6　　　　　　　　　　　图2-7

草图通常有以下三种表现方式。

1. 整体表达

从整体的角度检视轮廓、姿态及被强调的部分等，不需要太在意细节，只要清楚地将所要表达的东西呈现出来，因为建立雏形非常重要，这个阶段的设计目标是建立主体的形态，强调轮廓、整体姿态、亮度对比和被强调的部分。当考虑设计容易辨识的形体时，最好先画出简图。这样做不会花费很多的时间，但却很有效，可建立出有区分性的草图。任何技巧和手法都可以使用，只要表现出明暗的层次。概略草图能使设计者的注意力不放在过多的细节上，而着重产品的设计风格和整体形态，图2-8所示游艇的设计风格特征被转行简化的草图快速、清晰地表达了出来。

图2-8

2. 立面与立体表达

这部分将检视立体的成分与面的构造，决定物体的特征线及图样，表现出质量感与动感。透视画法的草图是最适合达成这个目标的。可以适度使用夸张手法来明确表示出你的意图。形体用明暗度来表现，可以不上色彩。表现大概的外观结构、特征线条、产品的对称性、体量感及动感。运用适当的夸张画法可以使设计意图更明确，不必太在意细节（例见图 2-9、图 2-10）。

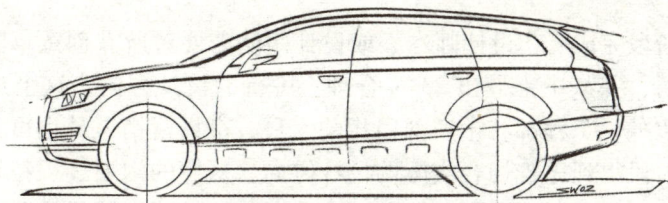

图 2-9

图 2-10

3. 产品细节表达

近距离展现产品设计细节，产品表面的精致线条、配色都能被察觉，质感也比较强烈，细部的处理具有一定的视觉冲击力，展现产品魅力获得最佳的整体效果（例见图 2-11）。

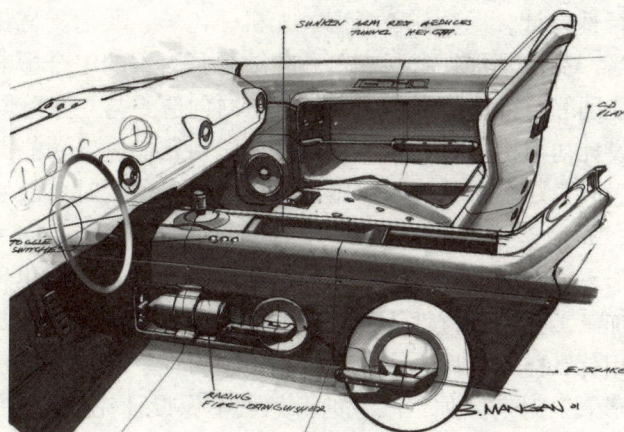

图 2-11

2.5.2 草图评审

创意草图阶段完成后，设计师本人或设计团队需要对所有创意草图进行概念评审以及可行性分析，并从中推导出 23 个合理、可行的设计方向，这个过程属于内部评审，除设计师以外，工程师、生产部门相关人员、市场营销人员也可以参与讨论，确保方案在雏形阶段得到比较切合实际的设计方向。这样的沟通过程特别重要，可以确保项目参与人员形成统一的目标，推进项目顺利实施。评审结果是通过初步筛选去掉不具备实施可行性或不符合设计定位的方案，保留 3 ~ 4 个具有发展潜力的方案进一步深化。图 2 - 12、2 - 13 所示为浩瀚产品设计公司的设计概念现场评审。

图 2 - 12　　　　　　　　　　　　　　　　图 2 - 13

2.5.3 方案完善与设计表达

草图评审结束后，根据多方意见的汇总，将最终确定的方案分别进行设计细化，并同时制作产品效果图，供下一轮设计评审使用。方案完善是将设计的各个专业面的构思具体化，包括在草图旁边添加说明性文字。通过对初步方案的确立，并分析、综合后得出的解决具体问题的结果。它需要设计和委托方共同参与，并在产生矛盾的时候，以用户的意见为中心加以解决和化解。这一工作主要包括基本功能设计、使用方式设计、生产可行性设计，即功能、形态、人机、色彩、质地、材料、加工、结构等方面。产品形态受产品的功能、材料、色彩、结构等因素的综合影响，但在设计构思具象化时，却不能同等对待这些影响因素。形态的创造要与立案阶段设计构思的切入点结合起来，如设计初期构思时，主要是解决功能问题，应以功能实现作为形态塑造的目标；如在构思时主要是新材料的应用，那么在形态塑造时可以如何体现新材料的性能和优点为主；如果是要优化产品的结构、工作原理问题，则不妨采用仿生设计，到大自然中寻找形态创造的灵感。随着方案设计草图的进一步细化和深入，还要考虑人机界面设计和加工工艺的可行性等问题。人机界面也是细化设计要重点考虑的，人们对这个产品采用什么样的使用方式、有什么使用习惯、在什么场景中使用等等问题都会影响产品的形态。对产品加工工艺的考虑虽不像设计完成阶段考虑得那么深入，但至少要保证其外形能生产加工出来，不至于无法脱模或花很大的代价才能脱模。在设计基本定型以后，用较为正式的设计表现图和模型表达设计。过去在计算机技术尚未广泛使用之前，主要依靠手绘制作产品效果图，对设计师的手绘能力要求很高，但手绘的方式效率比较低，如果想要多角度更加精细的表达就需要投入大量的精力。时至今日，计算机辅助设计技术可以帮助我们通过产品计算机建模的方式生成产品的外观与结构，并通过各种渲染软件获得逼真的产品效果甚至产品演示动画。当然手绘效果图依然在使用，也可以转为在绘图软件里绘制，这样的效果图在实际设计中应用还比较广泛，部分不方便用三维建模或用平面绘制更容易的产品都采用这种方式绘制效果图，比如手机、包、小家电等等（见图2－14）。计算机绘制大多采用三维软件建模，赋予材质、灯光，然后渲染效果，再通过彩色打印机输出。计算机效果图比手绘效果图更具真实感（见图2－15），而且建模后可以从任意角度，在不同的灯光、不同的背景下渲染而获得多幅效果图。设计委托方往往没有经过专业训练，空间三维想像力不强，直观的设计表现图和模型便于委托方了解设计的最终效果，是帮助委托方决定设计方案的必要方式。在这个阶段，设计师及相关人员要将各个方案进行比较、分析，从多个方面进行筛选、评估、调整，从而得出一个比较满意的方案。

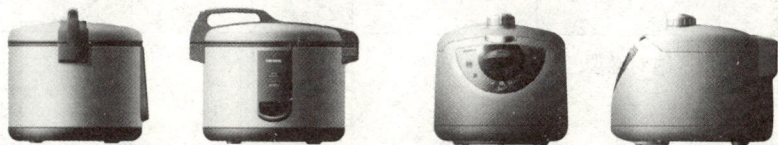

图2－14

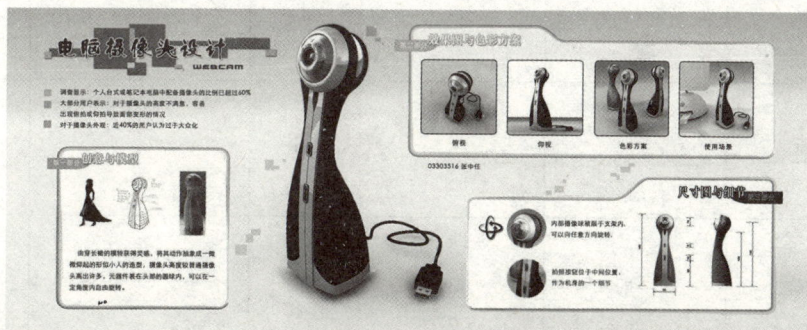

图2－15

2.5.4 方案评审与修正

对设计概念的评估是一个连续的过程，它始终贯穿在整个设计过程中。做出正确的选择是评估的最终目的。要达到评估目的需要确立一系列评估要点，主要包括：功能要素、结构要素、形态关系、人机关系、环境要素。由于产品设计的范围很广，各种产品的使用功能、使用对象、要求特征等情况各异，因而在对不同的产品设计概念进行评估与选择时，其具体内容和侧重点也有所不同。德国"百灵"电器公司对设计的十个评估要点，具有较好的参考意义，分别是：具有创造性、具有实用性、符合审美、结构合理、便于理解、具有亲和力、耐用、有合理的细节处理、具有生态意识、形态简洁。

工业设计初次评审主要成员有项目经理、上级领导或客户代表以及生产加工、企划营销相关部门人员，方式主要有加法评分法、连乘评分法、加乘评分法、加权评分法、层次评分法以及现在比较常用的坐标法。

（1）加法评分法

它将评价项目的评分用单纯加法加起来，根据总分决定方案的优先顺序以及是否采用该方案（例见表2-2）。加法评分法计算简单、容易，对非常优秀方案的选择和很差方案的抛弃较合适，但用以对中间方案的排序则不够灵敏。

表2-2

评 价 项 目			对 比 方 案			
评价内容	评价等级	评分标准	A	B	C	D
质量	好 一般 差	8 6 4	8	6	8	4
功能	绝对必要 一般 较少	10 6 4	6	10	4	6
成本	低 中 高	8 6 4	8	6	6	4
造型	好 一般 差	10 5 2	10	5	2	5
材料	好 一般 差	5 3 2	3	5	5	2
总评分数		16~41	35	32	25	21

（2）连乘评分法

它是把各个评价项目的得分用连乘的方法汇总，根据乘积的大小来评价方案的优劣（例见表2-3）。连乘评分法的特征是总分差距较大，灵敏度高，比较醒目。

（3）加乘评分法

它是先将所需评分的项目分成大项目，大项目再分成小项目，计算时先将小项目相加，而后再将小项目所得分值连乘，最后以乘积的大小决定项目的优劣。

（4）加权评分法

它是对评价项目按其重要程度分别给予权数，突出评价重点，加权平均后以分值最大者为优（例见表2-4）。

表 2-3

评 目 价 项			对 比 方 案			
评价内容	评价等级	评分标准	A	B	C	D
质量	好 一般 差	8 6 4	8	6	8	4
功能	绝对必要 一般 较少	10 6 4	6	10	4	6
成本	低 中 高	8 6 4	8	6	6	4
造型	好 一般 差	10 5 2	10	5	2	5
材料	好 一般 差	5 3 2	3	5	5	2
总评分数		256~32000	11520	9000	1920	960

表 2-4

要目	加权系数	摘 要	评价分	得分
市场	0.4	顾客提出的必要程度	6	2.4
		有竞争企业	8	3.2
		产品生命周期和需要量	5	2.0
		需要的增加	3	3.0
技术	0.3	技术难易程度	6	1.8
		完成期间	4	1.2
		研究经费	8	2.4
		负荷状况	4	1.2

（5）层次分析法（analytic hierarchy process，AHP）

它是美国运筹学家 T. L. Saaty 教授在 20 世纪 70 年代提出的一种定型的定量相结合的、体统的层次化的分析方法。它把一个复杂的问题分解成组成因素，然后用两两比较的方法确定决策方案各因素的相对重要性。

（6）坐标分析法

它是现在常用的分析方法，假如设定评定标准中的每一项满分为 5 分，各项围成的面积越大，则该方案的综合评定指数越高。也可把各个方案中高分的因素提取重新组合。例如，图2－16所示即为关于产品材质的设计分析。

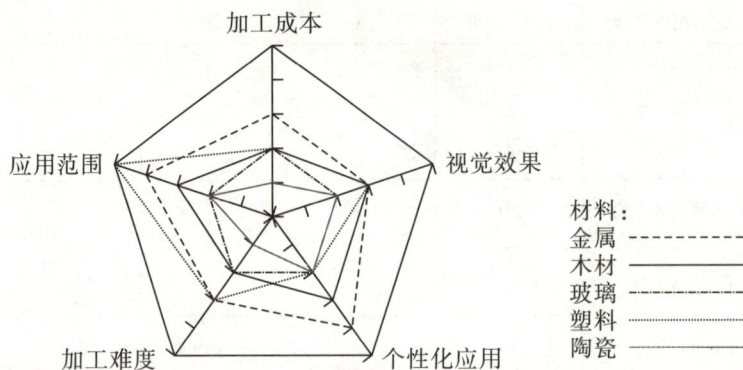

图2－16

评审结束后，通常会选择一款方案作为主要方案进行进一步细化并根据评审意见进行部分修改，如果本轮所有方案都未能通过评审，就要根据评审意见重新开始做方案，所以工业设计的过程具有反馈迭代性，需要不断地进行调整。可见前期跟上级或客户的沟通工作尤其重要，不仅在项目的早期，在项目进行的过程中也需要及时跟上级或客户进行沟通，如果沟通工作到位，那么评审时完全推翻方案的可能性是非常小的，除非在技术或市场层面发生了很大的变故。

2.5.5 数字模型设计（工程设计）

我们可以借助各类三维建模软件，设计生成最终方案的精确外观模型或机构模型，并用外观图（见图2－17）、透视图（见图2－18）或爆炸图（见图2－19）的形式展现产品的方方面面。

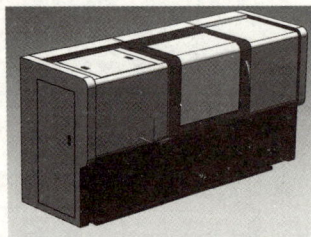

图2－17

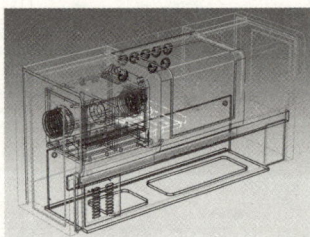

图2－18

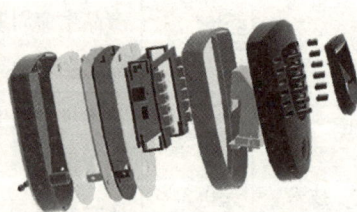

图2－19

2.5.6 方案模型制作

在产品方案设计的过程中，模型的制作必不可少，主要目的是检验设计的合理性并推敲设计细节。在设计的不同阶段，涉及的模型类型不同，通常分为三个类型：参考模型、结构模型、样机模型。

1）参考模型又称研究型模型，是在设计构思初期，以草模（粗、初模）形式出现，即简单、立体地表现整体形态，以及曲面、比例、局部特征等。这种参考模型对于开辟设计思维、推进设计方案的不断成熟是很有必要的。参考模型常以下面几种形式来表现。①意象模型：将某种意念形象化。这对培养设计师对形态的感受能力及丰富想像能力起着重要的作用。意象模型的训练常以几何或有机形态为依据，作形体转换和抽象语义的形态塑造；②简略粗模：即草模、初模，这类模型是处在产品造型设计的初期阶段，将设计构思用较概括的线形以简洁的办法和材料快速地用立体形态抽象地表现出来，以便设计者在制作、观察、分析的过程中作为改进设计构思的初步依据；③概念模型：当各种设计构思初步完成之后，为了表达得稍为具体，在简略粗模的基础上，进一步作稍正规的表现，使之符合一定的结构功能和审美要求。它主要采用抽象的手法表现产品造型风格、形状特点的大致布局安排，强调表现产品造型的整体概念。这对于研究产品造型各部位之间关系具有重要的参考价值。概念模型的表现只需要采用石膏、油泥或厚卡纸等普通材料制作出简易的模型，不必重视制作的精细和真实，只求整体的基本可视效果，其目的是帮助设计师在设计制作过程中，提供一种能更客观地分析的立体依据，促使设计方案的不断完善和成熟（见图 2 – 20、图 2 – 21、图 2 – 22）。

图 2 – 20　　　　　　图 2 – 21　　　　　　图 2 – 22

2）结构模型主要是用来研究产品造型与结构关系。这类模型要求能将产品的结构尺寸特点、连接方式、过渡形式清晰地表达出来，需严格按要求进行制作。作为一种功能性模型，是用来研究产品的一些物理性能、机械性能以及人和机器之间的关系，用来分析检验设计对象各部组件尺寸与机体上的相互配合关系，然后在一定条件下做各种试验，并测出必要的数据。如有些大型产品的外形曲面的反光效应、汽车动力的风阻试验、人机试验、装配实验（见图 2 – 23）等。

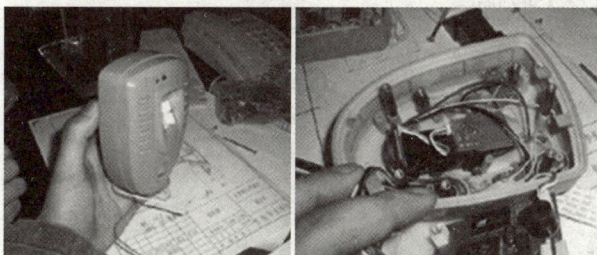

图 2 – 23

3）样机模型也叫手板，是验证产品可行性的第一步，是找出设计产品的缺陷、不足、弊端最直接且有效的方式，从而对缺陷进行针对性的改善。通常还需要进行小量的试产，进而找出批量里的不足加以改善。样机也分为两个类别：①产品外观样机：主要验证产品外观样式、材料质感，主要用来评估产品外观设计；②全功能样机：产品全功能模型又称仿真（试验）模型，要求依照被确定方案的比例制图，进行十分精确的制作，并且包含了与真实产品一样的功能。材料选择要根据功能和工艺的要求，表面处理以及色彩、视觉传达等尽可能采取模拟仿真的手法。要求能将产品的结构功能、尺寸特点、连接方式、过渡形式，较清晰地表达出来，其目的在于完善最终方案并且作为项目审批、投标审定、展示说明、归档收藏、研究分析、批量生产等环节的重要参考依据。

2.5.7 方案终评

完成设计是由设计向生产转变的阶段，一般完成产品设计方案到生产前还要经过检验评估，需要对最终方案进行再论证、再修改。一般评估内容比设计阶段的评审更加细致，具体包括：①创新性，完美的产品设计就必须具有能让顾客认为是"有用的、好用的和希望拥有"的技术和造型特征，优秀的产品设计应该在这两个方面都有所创新，这会极大地提高产品的附加值；②实用性，符合使用目的的舒适性及完美的机能性；③外观有足够的吸引力；④重视人体工学，操作简单、方便；⑤低污染性、节能性、可再利用；⑥适宜的材料、高效的生产率和低成本；⑦安全性；⑧启发智慧和感性，能吸引使用者，刺激好奇心，有趣味性，能提高娱乐效果和创造力，产生与人共鸣的形状；⑨具有明确的社会影响力；⑩有益于使用者；⑪有良好的品质；⑫耐久性、有效性；⑬适当生产，价格合理；⑭协调环境；⑮设计、技术的独创性及防止仿冒；⑯注重生产过程的适宜性。

2.5.8 设计综合报告

设计综合报告的制作既要全面，又要简洁、突出重点，目的是能够清楚地表达设计的意图。报告的形式依具体情况而定，一般是以文字、图表、照片、表现图及模型照片等形式所构成的设计过程的综合性报告，是企业高层管理者用于最后决策的重要文件。报告一般有以下内容：

（1）封面

封面要标明设计项目的名称、委托方名称、设计单位名称、时间、地点，封面的直观效果最好能体现设计的风格。

（2）目录

按设计项目的流程和时间定制，目录排列要一目了然、简洁清楚，并标明页码。

（3）设计进程表

进程表要简单易懂，不同阶段的工作可以用不同的色彩来表明。

（4）市场调查

围绕企业及竞争对手的现有产品，以及与之消费需求有关的社会文化、经济发展、科技进步等因素的调查和资料收集，常用文字、图表、照片等结合来表现。

（5）分析研究

针对调研的资料进行消费市场需求、产品功能、造型美学、结构、人机、材料、使用方式等进行分析，找出产品设计的突破口，提出设计概念，确定设计方向。

（6）设计构思

可以有多种形式（文字、设计草图、设计草模型、计算机辅助设计等）表达、记录设计的初步想法。

（7）设计展开

一般以方案的视觉表达和文字说明相结合的形式来表现，其中包括设计构思的展开、人机工程研究、二维表现、三维表现、材质应用分析、表面处理、方案的评估等。

（8）确定设计方案

从产品的功能和造型方面确定最终设计方案，包含设计表现图、分解图、结构图、部件图、精致的产品表现模型制作以及说明书。

（9）综合评价

展示精致的产品模型照片，并简洁明了地说明设计方案的特色和优缺点。

（10）设计成果展示版面

在设计决策前，参加评估并做出决策的有主管部门、技术部门、制造部门、营销部门等，为了使每个参加决策的成员都能很好的理解设计意图，不仅要提供产品的精致模型，还必须能够清楚地向专家介绍有关设计目标的设想、调查结果、分析结果、具体方案、市场预测等，这就要求设计者有很好的设计表达能力和技术。展示版面内容一般有：前言，阐明设计目的；市场调研，分析和比较；使用状态、环境分析；设计目标的确定过程；方案表达；深入设计、人机分析、技术可行性研究；工作原理；二维、三维效果充分表现；色彩方案（例见图2－24、图2－25）。

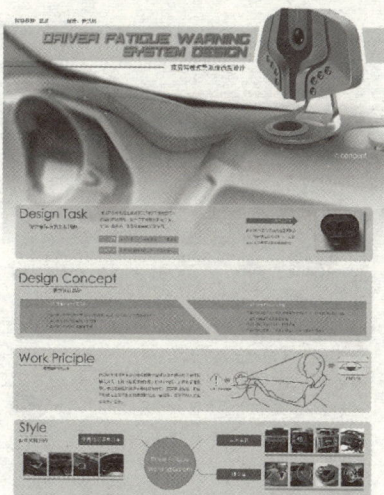

图2－24

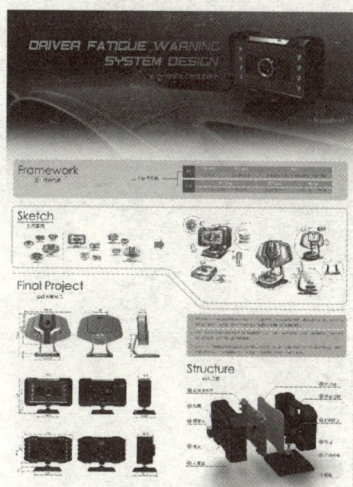

图2－25

产品设计的流程与产品的类型关系紧密，可以具体严密也可粗略简要，但总结起来可以用下图概括（见图2-26）。

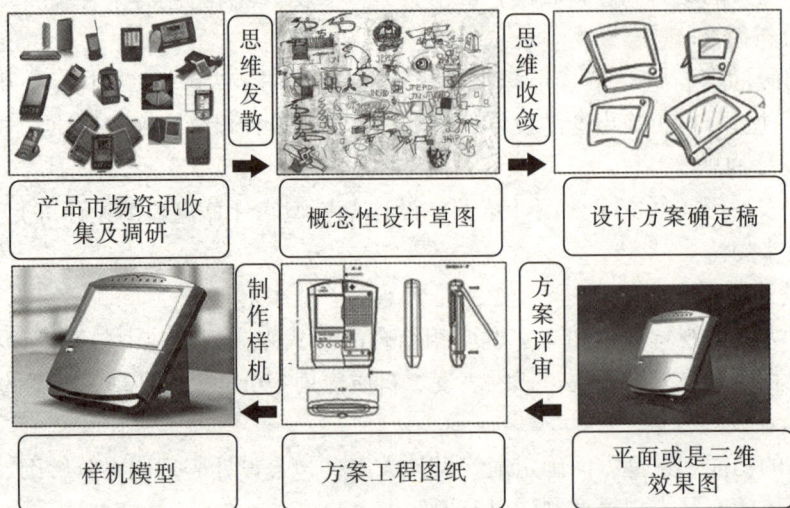

图2-26

第三章

产品开发创新思维

3.1 产品创新思维概述

3.1.1 产品创新的概念

在《现代汉语词典》中"产品"被定义为"生产出来的物品",主要是指人们有目的的生产劳动所创造的,能够满足人们某种需要的物品。引用现代市场营销理论中的"产品整体概念理论"对产品层次的划分方法,可以把产品划分为核心产品、有形产品和附加产品三个层次。核心产品是指消费者购买某种产品时所追求的利益,是顾客真正要买的东西,即产品的使用价值。有形产品是核心产品借以实现的形式,即向市场提供的实体。好的核心产品最终是要通过有形产品呈现出来的,工业设计师的主要工作也就是对有形产品的设计,主要包括产品的色彩、形态,以及材质三个方面。附加产品是指顾客购买有形产品时所获得的全部附加利益。除去有形产品所提供的核心价值之外,企业为用户提供的全部附加利益,例如售后服务、提供优良的购物环境等等,我们都可以理解为附加产品。产品整体概念层次如图3-1所示。

有关"创新"的论述始于20世纪初,由著名的经济学家熊·彼特最早运用于经济学分析中。彼特在其著作《经济发展理论》中提出了"创新"一词,并认为创新是"企业家对生产要素的重新组合"。它包含以下五个方面:引入新的产品;引入新的经验、知识和操作技巧;掌握原材料新的来源途径;开辟新市场;实现工业的重新组合。一般认为,创新是指人类为了发展的需要,运用已知的知识、经验、技能,不断突破常规,发现或产生某种新颖的、独特的、有社会价值或个人价值的新事物、新思想、新成果,解决新问题,以满足人类物质及精神生活的需求的活动。创新活动是人类的各种实践活动中最复杂、最高级的,是人类智力水平高度发展的

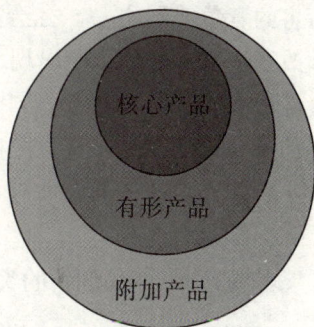

图3-1 产品整体概念层次

表现。

　　创新的本质是"突破"，即突破旧的思维定势、旧的常规戒律。创新活动的核心是"新"，它可以是产品的结构、性能和外部特征的变革，或者是造型设计、内容的表现形式或手段的创造，或者是内容的丰富和完善，或者是流程和商业模式的重新再造，或者是企业战略转型的模式，甚至是社会责任的转变等。

　　创新是人类社会文明进步的原动力，人类社会的每一点进步都是创新的产物。人类通过创新，创造了生产工具，创立了现代的生产方式，提高了生产力，增强了人类按照自然规律适应自然、改造自然的能力，使人类在自然界中获得了更大的自由。创新是科学技术发展的原动力，人类通过创新创立了现代科学的理论体系，使人类深化了对世界本质及其规律的认识。创新是社会经济发展的原动力，人类通过创新建立了现代的社会制度，为人类社会的可持续发展提供了更广阔的空间。当今世界各国之间在政治、经济、军事和科学技术方面的激烈竞争，实质上这也是人才的竞争，是人才创新能力的竞争。

　　产品创新是现代企业发展的焦点。经济合作与发展组织（OECD）对产品创新的定义是：为了给产品用户提供新的或更好的服务而产生的产品技术变化。浙江大学许庆瑞教授认为，凡是技术创新活动引向开发新产品的，称之为产品创新；清华大学傅家骥教授认为，产品创新，即创新的目的是得到新的或有某种改进、改善的产品，包括工业设备。美国科技管理专家曼斯费尔德（Mansfield）认为产品创新是从企业对新产品的构思开始以新产品的销售和交货为终结的探索性活动。产品创新设计，可以理解为一个创造性的综合信息处理过程，通过多种元素，如线条、符号、数字、色彩等方式的组合，把产品的形状以平面或立体的形式展现出来。它将人的某种目的或需要转换为一个具体的物理或工具的过程，把一种计划、规划设想、问题解决的方法，通过具体的操作，以理想的形式表达出来。一个好的设计不仅使产品具有美观的形态，还能提高产品的实用性能。因此，设计需融合自然科学和社会科学中的众多学科知识，要从现代科技、经济、文化、艺术等角度对产品的功能、构造、形态、色彩、工艺、质感、材料等各方面进行综合处理，以满足人们对产品的物质功能和精神功能的需求，从而为人类创造一个更合理、更完善的生存空间。

　　产品是一切企业活动的核心和出发点，是企业赖以生存和发展的基础。企业的各种目标如市场占有率、利润等都依赖于产品本身，产品创新设计是企业营销宝库中最厉害的竞争武器之一。社会是不断变化的，因此，产品的种类、规格、款式也会相应地改变。新产品的不断出现，产品质量的不断提高，产品数量的不断增加，是现代社会经济发展的显著特点。国际化市场竞争日趋激烈、科学技术迅猛发展，任何一个产品的生命周期都是非常有限的，产品的优势越来越短暂，一切产品都处于激烈的竞争中。因此，产品创新设计对企业发展来说至关重要。

3.1.2　产品创新的类型

　　产品创新的类型分为开发型产品设计和改良型产品设计两大类。

（1）开发型产品设计

开发型产品设计是依靠创新设计理念，设计出与当前产品无共同之处的新型产品，在功能、形式、结构、科技、材料工艺或使用方式等方面有重大突破，是科学新技术、新发明应用和创新设计理念相结合的产物。开发型产品设计具体包括概念性设计和创新型设计。

概念性设计是一种探索未来的设计行为。概念性产品可能在目前情形下还不能实现，但是会满足人们未来的需求，是人们对未来生活方式的向往和憧憬，如图3-2所示的未来概念交通工具。概念性产品是产品创新的最高形式。概念性的创新与科学的重大发现息息相关，与社会学的重大变革紧密相连。

图3-2 未来交通工具概念设计

创新型产品设计是和改良型产品设计相对应的，创新型产品设计是全新的产品设计，而不是根据已有的产品改良的设计。这类创新是指企业首次向市场导入，能对经济产生重大影响的新产品或新技术。通过新材料、新发明的应用，在设计原理、结构或材料运用等方面有重大突破，设计和生产出来的产品与市场现有产品有本质区别，往往会导致新的产业产生，甚至创新人们的生活方式，因此在开发的时候比改良产品要有难度。不过它设计的空间更加广阔，设计充满着各种可能性，有更广阔的发挥空间和广阔市场，但也由于开发性产品没有经过市场的考验而具有高风险性，一旦决策失误就会对企业造成巨大损失。

案例：苹果的 newton 与 iphone

早在1990年，苹果公司就开始了对于掌上智能手机产品的研究与开发。它设计并发表的 Newton 系列产品（如图3-3所示），创造了 Personal Digital Assistance（PDA）一词，成为最早的掌上电脑，并且以此申请了专利。这其中无疑投入了巨大的时间与金钱来进行技术研发。但是因缺乏对于市场与消费者需求的深入调研，它的销量在当时并不理想，直接导致了整个90年代苹果的市场占有率从20%滑落到5%，甚至面临破产的风险。

直到2001年，乔布斯重新回到苹果公司，推出了消费市场较为成熟的 iPod 系列数码产品（如图3-4所示），并从2001—2007年不断扩充产品线，得到了市场的普遍认可，将苹果公司从生死线上挽救回来，扭亏为盈，逐步形成并保持了 iPod 产品风格。

newton100   newton110   newton120   newton30   newton2000

图 3-3 newton 系列产品

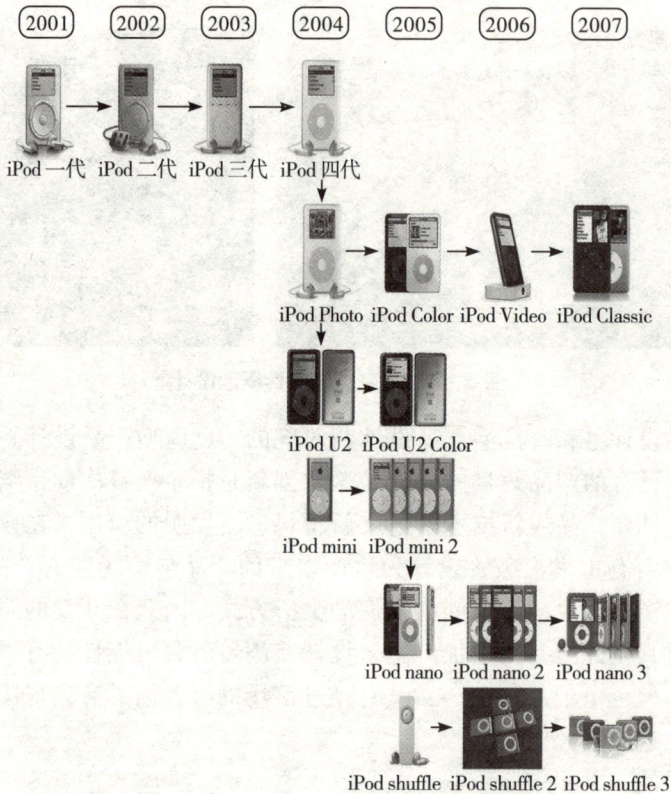

图 3-4 iPod 系列产品

2007 年可以说是苹果公司动作最大的一年，它们推出了 iPod Classic、iPod nano3、iPod shuffle3、iPod touch 以及 iPhone 五款新品。苹果的广告宣传语为 "Meet the best iPods ever." 其中 iPod touch 其实是 iPhone 的精简版，外形基本相同，尺寸稍小一些，除了没有电话功能与摄像头之外，其他与 iPhone 没有差别。许多人都觉得 iPod touch 是不是有推出的必要，因为其价格与 iPhone 差不多，在功能上与 iPhone 相比也不具有竞争优势。但是 iPod touch 其实是在调整 iPod 和 iPhone 之间的关系，在 iPod 跨向 iPhone 中间增加了一个跳板，很明显，苹果推出 iPod Touch 与 iPhone 之间有竞争关系，然而仔细分析却不难发现这是具有远见的战略性举措。正如苹果公司的一位负责人所说：自己产品之间的竞争总比其他竞争对手加入要好。iPod Touch 的出现无疑会增加 iPhone

的销量，加快 iPhone 取代音乐播放器的进程，加速苹果智能手机垄断性平台的建立，形成绝对的竞争优势，并最终彻底改变了手机产品的市场格局，并引导人们的日常生活沟通方式的改变。正如乔布斯在 iPhone（见图 3-5）的发布会上，最后引用冰上曲棍球星威尼的一句名言"I skate to where the puck is going to be, not to where it's been"（我溜向冰球要去的地方，而不是它在的地方），这也正是 Apple 努力要做到的。创新的产品，首先是要让消费者满意的，而且还能够朝着你满意的这一条线向前跨了一步，正是这一步给消费者带来了惊喜，得到了人们对其品牌的认可。

图 3-5　具有革命性的 iPhone 手机

（2）改良型产品设计

改良型的创新建立在现有产品的技术、生产能力及现有市场与现实变化的基础上，一方面体现在工艺的改进和成本的降低上，另一方面体现在产品的设计上。如从 MP3 到 MP4，直板手机到翻盖手机、滑盖手机等。式样设计是短期、折中过渡的一种设计形式，是在现有技术设备、生产条件和产品概念基础上，研究产品的使用情况，如使用操作的安全可靠性、人机界面的舒适性；研究现有生产技术和材料、新材料和加工工艺；研究消费者及消费市场，来设计新的产品款式，或对旧有的产品进行改进。

改良型产品设计是产品设计中一个大的门类，改良型产品设计比开发型产品设计的市场风险低，每一次改良都是在上一代产品的基础上进行的。改良型产品设计是一系列的产品的后续设计，根据上代市场的反馈情况而改进不足。

有时候我们所说的改良型创新几乎是看不见的，但是对产品的成本和性能有着巨大的累计性效果。改良型创新是建立在现有技术、生产能力、市场和顾客的变化之上的，这些变化的效果加强了现有技能和资源，与其他类型的创新相比，改良型创新更多地受到经济因素的驱动。改良型设计可能会产生全新的结果，但是它基于原有产品，并不需要做大量的重新构建工作。消费者总是希望能够不断适应他们目前的生活方式和风格潮流，产品存在的目的就是满足消费者不断增长的需求。因此，这种类型的设计是设计工作中最为普遍和常见的。改良型设计虽然单个看每个创新带来的变化都很小，但它们的累积效果常常超过初始创新。

寻找改良型设计的创意点可以从以下几方面考虑：产品的功能、产品的形式、新技术、新材料、人文观念的变化、环境的变化。

案例：从福特 A 型车到 T 型车

被称为美国汽车之父的亨利·福特于 1903 年成立福特公司，并在当年设计生产了具有重大历史意义的 A 型汽车（见图 3-6）。自此以后，福特开启了汽车世界的大门。

图 3-6　福特 A 型车

1908 年，凭着创始人亨利·福特"制造人人都买得起的汽车"的梦想和卓越远见，福特公司推出了世界上第一辆属于普通百姓的汽车——T 型车（见图 3-7），它很快成为全美最畅销的汽车，世界汽车工业革命就此开始。1913 年，福特公司发明了现代工业革命史上具有里程碑意义的流水装配线，奠定了大规模生产方式的基础。1908—1926 年汽车价格从 1200 美元降到 290 美元，而劳动生产率和资本生产率都得到了显著的提高，成本的降低究竟是多少次工艺改进的结果连福特本人也数不清。他们一方面通过改进焊接、铸造和装配技术以及新材料替代降低成本，另一方面通过改进产品设计提高了汽车的性能和可靠性，从而使 T 型车在市场上更具吸引力。虽然可能每次改良型创新所带来的进步微不足道，但是持续进行这类产品的创新就能带来巨大改变，从而实质性地改变企业的现状。值得一提的是，T 型车在 1999 年的世纪末评选中，被评为"世纪之车"。

图 3-7　福特 T 型车

3.1.3 创新思维的形式

"思维"的产生是人脑对客观事物间接的和概括反映的结果，"思维"既能动地反映客观世界，又能动地反作用于客观世界。"思维"是人类智力活动的主要表现方式，是精神、化学、物理、生物现象的混合物。"思维"通常指两个方面：一是指理性认识，即"思想"；二是指理性认识的过程，即"思考"。

"创新思维"是指人们在思维活动中有创见的思维过程，它是反映事物本质和内在、外在的有机联系，具有新颖的广义模式的一种可以物化的思维活动。创新思维不是单一的思维形式，而是以各种智力与非智力因素为基础，在创造活动中表现出来的具有独创的、产生新成果的高级、复杂的思维活动，是整个创造活动的实质和核心。

创新思维的实质，表现为"选择""突破""重新建构"这三者的关联与统一。所谓选择，就是找资料、调研、充分地思索，充分考虑到各方面的问题，并从中去粗取精、去伪存真，特别强调有意识的选择。所以，选择是创新思维得以展开的第一个要素，也是创新思维各个环节上的制约因素。选题、选材、选方案等，均属于此。创新思维进程中，决不能去盲目选择，目标在于突破，在于创新。问题的突破往往表现为从"逻辑的中断"到"思想上的飞跃"，孕育出新观点、新理论、新方案，使问题豁然开朗。选择、突破是重新建构的基础。创造性的新成果、新理论、新思想并不包括在现有的知识体系之中。所以，创新思维最关键之点是善于进行"重新建构"，有效而及时地抓住新的本质，筑起新的思维支架。

产品设计的过程是一个创新的过程，任何创新都是基于一定的创造性思维和方法的。掌握与创新设计密切相关的创新思维和方法，是培养优秀创造能力的基础。

创新思维的性质具有以下几个特征：

（1）独创性

所谓独创性，就是敢于对旧的传统与习惯提出挑战；敢于对被视为"完美"的事物提出质疑；敢于自我否定，突破自我的框框。

（2）联想性

具有探究事物因果关系的纵向联想能力；具有对事物正反两面的逆向联想能力；具有对相似相关事物的相关联想能力。

（3）跳跃性

不同于逻辑思维的方式，可能在思维过程中跳跃性地发展。

（4）多维性

表现在对一个问题能在多维方向提出多种设想、多种方案以供选择；能从事物的质或量的改变中形成新思路；当思维在一方受挫时能灵活转向；能优化方案。

（5）综合性

能巧妙结合、推陈出新；能利用辩证思维能力；具有概括、归纳与系统化的能力。

创新思维的形式可以表现为以下几种：

（1）发散思维与收敛思维

发散思维又称辐射思维、扩散思维、求异思维、多向思维、横向思维，是由已知探索未知的思维形式，是指人在思维过程中，无拘束地将思路由一点向四面八方展开（见图3-8），从而获得众多的解题设想、方案和办法的思维过程。发散思维本质上是一种非逻辑的思维形式。

发散思维是根据一定的条件，对问题寻求各种不同的、独特的解决方法的思维，具有开放性和开拓性，往往能由此产生新的设想、新的突破和创造。广泛的开拓性，是发散思维的主要特征。发散思维可以从广泛的方面发散，从不同的方向开拓。

克服心理"定势"，对于突破常规、开拓思维也很重要。"定势"是认知一个事物的倾向性心理准备状态，"用老眼光看新事物"就是一种定势，它可能使我们因某种"成见"而对新事物持保守态度。

发散思维在整个创新思维结构中的核心作用十分明显，在整个创新思维结构中具有基础性作用，主要功能就是为随后的收束思维提供尽可能的解题方案。发散思维在整个创新思维过程中实际上是起着"后勤保障"的重要作用。

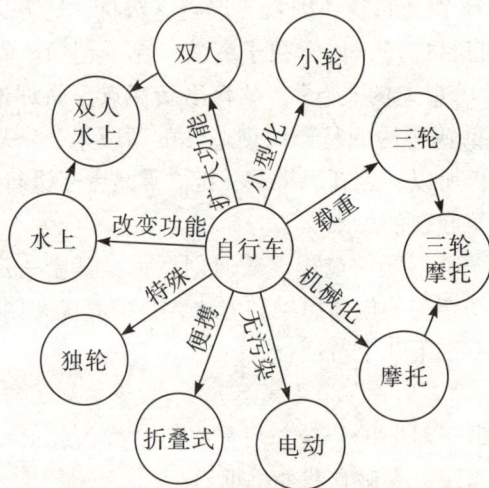

图3-8　对于自行车产品的发散思维

收敛思维又称集中思维、求同思维、纵向思维，是一种寻求惟一答案的思维。即以某一思考对象为中心，从不同角度、不同方面将思路指向该对象，以寻找解决问题的最佳答案的思维形式，是与发散思维相对应的思维形式。

收敛思维的核心是选择。我们说，选择也是创造，因为未经选择的发散，最终不能发挥效率，也就不能使创新思维转化为有效的创造力。在各种设想方案、设计草图中选择优秀者，是我们都经历过的。但是，选择并不是一味机械地肯定和否定，它与补充、修正相交叉。与发散思维相反，收敛思维在解决问题的过程中，总是尽可能地利用已有的知识和经验，把众多的信息和解题的可能性逐步引导到条理化的逻辑链中去。

收敛思维实际上是按照逻辑程序进行思考的方法，离不开逻辑思维常有的分析、综合、抽象、判断、概括、推理等思维形式，所以，收束思维的特征与逻辑思维的特征大体上是一致的。

总之，收敛思维是一种求同思维，要集中各种想法的精华，为寻求其中最有实际应用价值的结果而把多种想法理顺、筛选、综合、统一。发散思维是一种求异思维。在广泛的范围内搜索，要尽可能地放开，把各种不同的可能性都设想到。收敛思维与发散思维的关系是一种辩证关系，既有区别，又有联系，既对立又统一。

（2）逻辑思维和非逻辑思维

逻辑思维又称抽象思维，是在认识过程中用反映事物共同属性和本质属性的概念作为基本思维形式，在概念的基础上进行判断、推理，从而反映现实的一种思维方式。逻辑思维的思维顺序是从感性个别→理性一般→理性个别。

非逻辑思维主要包括联想思维、形象思维、灵感和顿悟等多种方式。联想思维是指由概念而引起其他相关概念，从其相关性中发现启发点，而获得创造性设想的思维形式。直觉思维是指以少量的本质性现象为媒介，不经过逻辑推理而直接把握事物本质与规律的思维形式，具有直觉性的特征。

人类对事物的感知最初是通过感觉器官进行的，这些事物的信息以各种形式的形象作为载体，通过感觉器官传达给人类大脑，从而形成诸如视觉、听觉、味觉、触觉、嗅觉等感觉形象类型。没有了形象，设计艺术就没有了思维载体和表达语言。

（3）理性思维与感性思维

德国著名学者马克斯·韦伯（Max Weber）曾经说过：所谓的理性，简要地说就是人们强调经过理性的计算或推理，用适当的手段去实现目的的倾向。或者说，理性是指人们为达到一定的目的，解决一定的问题，使用冷静、客观和准确的计算，利用已获取的信息或统计资料，对目的和手段进行分析，以求获得最佳最适的手段或解决办法，有效率地或有效地达成目的。而感性就是人们在实践过程中通过感觉器官所获得的认识，是对所有信息和资料直接的、具体的认识。

理性思维是感性思维的高级阶段，感性思维是理性思维的基础，两者相互渗透、相互转化。感性思维包含理性思维，理性思维又含有感性思维，这是因为感性思维要用概念等理性思维的形式来表达，需要在理性思维的参与下进行。而理性思维不但要以感性思维为基础，而且还必须通过感性的认识来说明，也就是说它要以感性材料为基础并以语言这种具有一定声响或文字的感性形式来表达。

产品创新设计中的理性思维就是在设计中的感性知觉的启发引导下，使设计师的感性直觉、灵感经过实践的检验、深化和发展，从而客观地把握和依照产品设计的原则、程序步骤，一步一步地具体实施产品设计，是设计师在思考和解决产品设计中所遇到的问题时遵循的原则的思维方式。设计的表现形式的步骤大概分为：构想→草图→分析→定稿，将"构想+草图"定为"感性思维"下的产物，"分析+定稿"定为"理性思维"下的产物。而概念即感性思维，方法论即理性思维，两者具有互为影响、互为制约的关系。

3.2　面向产品自身的创新方法

就工业设计而言，对产品的创新，首先就应该对产品本身倾注更多的关注，进行深入的探讨。随着社会的发展，产品不再只是物质实体，而是有形与无形相结合的产品。在产品设计上不能单纯仅从外形功能的角度去考虑，而要从多个角度对产品设计重新审视。面向产品自身的创新方法主要是以功能论、设计构成以及产品符号语义学等理论为基础，通过功能、形态、形象、色彩、材料与工艺等对产品进行全方位的设计。

3.2.1　产品功能设计法

功能是产品的核心，产品设计的首要任务就是功能设计。通过对研发的产品进行功能的系统分析，进而找到实现产品功能的技术与构造的解决途径，叫作产品的功能设计。产品的功能主要包括物质功能和精神功能两个方面的内容（见图3－9）。一般而言，产品的物质功能主要是以作为人们为达到某一目的的工具的方式体现的，包括产品的实际使用功能、材质功能以及产品的适用性、可靠性、安全性和维修性等客观性功能。精神功能则是指产品的外观造型、色彩、材料、肌理所体现的美给人带来心情的愉悦和情感的满足与产品的物质功能本身所表现出的审美反馈，例如审美、象征、教育等心灵感受。精神功能是现代工业设计产品的功能发展方向之一，具有情感化设计的特征。现代优秀艺术设计产品，不仅要满足用户的物质功能要求，还要切实考虑精神功能的体现，达到理性和感性的和谐统一。

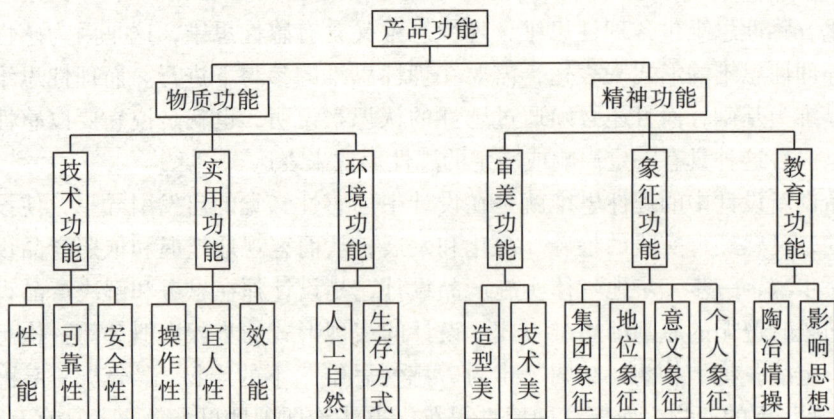

图3－9

产品功能设计的原理主要有：新功能的开发，如图3－10所示儿童外语学习机的设计；功能的延伸，如图3－11所示方便收线的插线板设计；功能的放大，如图3－12所示放大相机功能的拍照手机；功能的组合，如图3－13所示多功能家具设计（设计者：陈朔）。

功能论思想的实质是把设计对象视为一个技术系统，用抽象的方法分析其总的功能，并分析实现总功能的低一级功能（分功能），进而寻求实现各分功能的技术途径。功能分析方法目前仍是设计界公认的较有成效的方法之一，该方法的一般步骤可以归纳为"需求分析→功能分析→寻求原理方案→评价与决策"。其中"功能分析"是关键，功能分析又包括功能定义与功能整理。

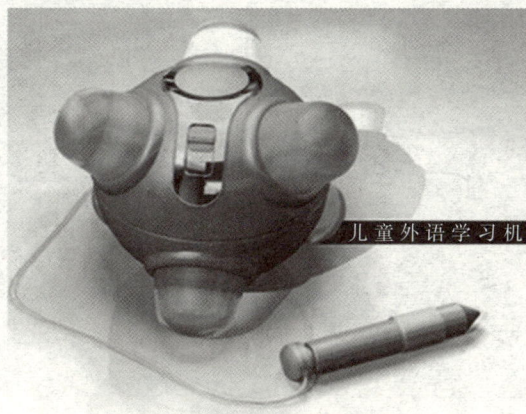

图 3－10

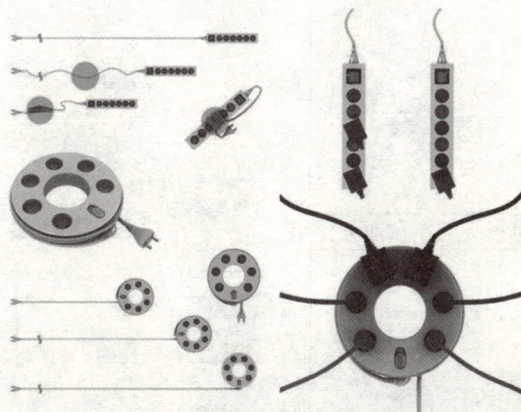

图 3－11

图 3－12

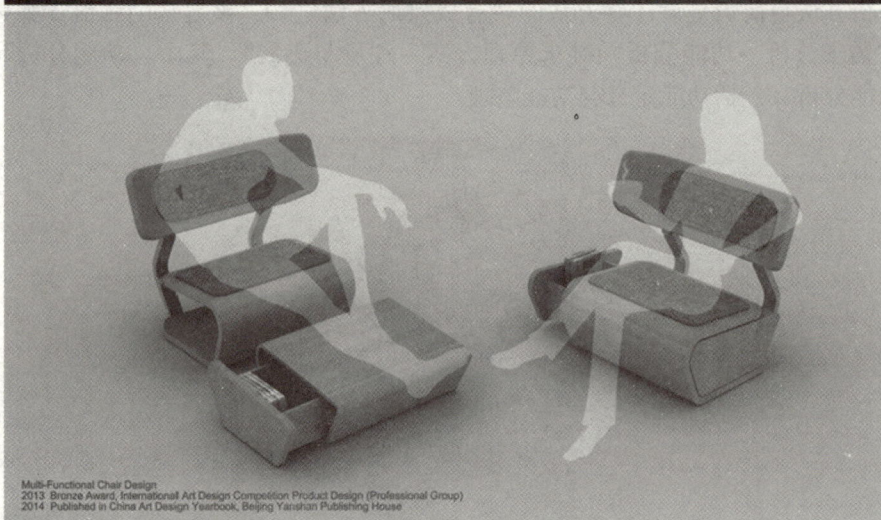

坐享其间 多功能座椅设计
Enjoy the Sitting Room

Multi-Functional Chair Design
2013 Bronze Award, International Art Design Competition Product Design (Professional Group)
2014 Published in China Art Design Yearbook, Beijing Yanshan Publishing House

使用情境模拟

情景一：一把座椅 可供大人小孩两人使用

情景一：两把座椅 可抽出储物箱拼成小茶几构成简单的洽谈空间

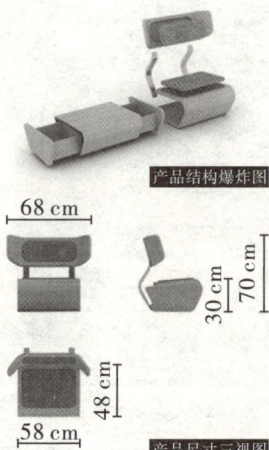

产品结构爆炸图

68 cm
70 cm
30 cm
48 cm
58 cm

产品尺寸三视图

设计说明：
　　该座椅设计对中小户型空间，以充分合理的利用空间为设计理念。在尺寸方面符合人机工程学原理，注重家具的功能性与舒适性，造型简约时尚，既能够满足不同坐姿的调整，又具有一定的储物收纳空间。而且，多个座椅搭配使用，能够满足不同场合的需要。采矿主要采用环保多层曲木板高频热压而成，结合不锈钢金属连接件与局部织物软包

图 3－13

（1）功能定义

　　所谓功能定义，就是抽象地描述设计对象所要求的功能，逐一下定义。把产品的物理特性分解、组合，逐项转换成各功能特征，以明确产品的本质。从而为后继新的功能整理、功能评价和创新方案等奠定基础。总之，它是将设计任务抽象化，确定总功能，抓住产品的本质，扩展思路，寻找多种解决问题的方法。抽象化的目的是为了确定产品的总功能。例如，采煤机抽象为物料分离和移位的设备，载重汽车抽象为长

距离运输物料的工具，洗碗机抽象为除去餐具上污垢的装置。

案例：坚果剥壳器设计

如果将坚果剥壳器功能定义描述为"砸开坚果壳取出果仁"，用"砸"则已暗示了解法，而较抽象的表达才可能得到思路更开阔的解答：将"砸"壳适度抽象化为"分离壳与仁"，那么就可以得到更多的解决方案。

通过外部加压的方式，可以①砸：利用重力（见图 3-14）；②夹：杠杆机构（见图 3-15）；③压：螺旋压力机（见图 3-16）；④挤：采用扭转的力产生挤压（见图 3-17）；等等。也可以通过内部加压的方式，例如钻孔：向壳内充气撑破外壳等。

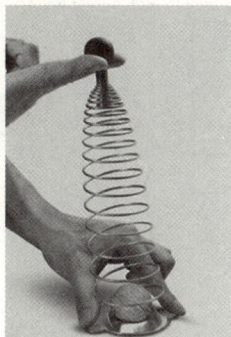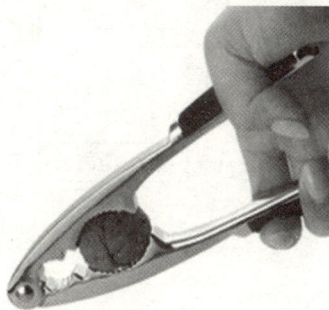

图 3-14   图 3-15

图 3-16   图 3-17

（2）功能整理

用系统的观点将已经定义了的功能加以系统化，找出各局部功能相互之间的逻辑关系，并用图表形式表达，以明确产品的功能系统。通过功能整理，可从大量的功能中区分出它们之间的层次和归属关系，搞清它们是如何组成与产品结构相应的体系来实现产品的总功能的，进而整理出一个与产品结构或要素相应的功能系统，为功能评价和构思方案提供依据。

在功能整理过程中，需用系统的思想，分析各功能之间的内在联系，按照功能的逻辑体系编制功能关系图，即功能关联树图。图 3-18 是手机产品功能关联树图。

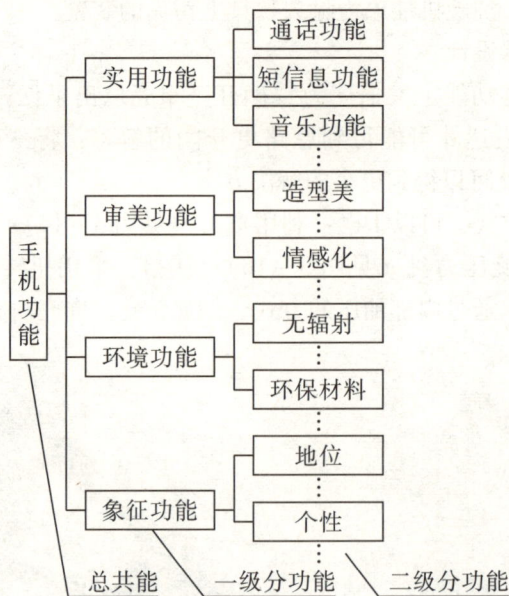

图 3 –18

从本质上来说，功能设计是一种系统设计的方法，也是一种最易产生创新构思的方法。未来产品创新的重要手段就是功能创新。设计者要在扎实而广泛的知识基础上，融合创新意识、灵活的思维方法、对创造性功能、结构、材料等方面的认识和理解而进行功能创新。

案例：晾衣夹的新功能设计

晾衣夹（英文名 clothespin）是我们生活中再常见不过的东西。根据 wikipedia 上的记载，夹子最早由震颤教（shakers）发明，但由于震颤教没有申请专利的习惯，真正有专利记载的弹簧木夹是 David M. Smith 于 1853 年发明的。从此以后，除了材质和形态上的变化，夹子的基本功能与结构几乎没变过（见图 3 –19）。

图 3 –19

实践要求：采用功能设计的原理，对现有晾衣夹产品进行功能分析，并发散思维，进行产品创新，会使原本平淡无奇的夹子产生哪些有趣的创意呢? 示范案例见图 3 –20、图 3 –21、图 3 –22、图 3 –23、图 3 –24 所示。

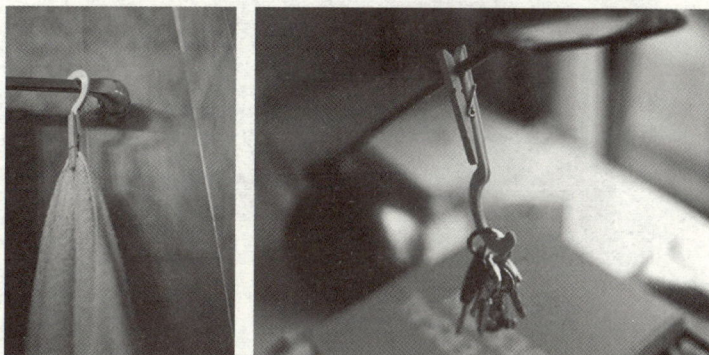

图 3 –20　夹子与挂钩的功能结合

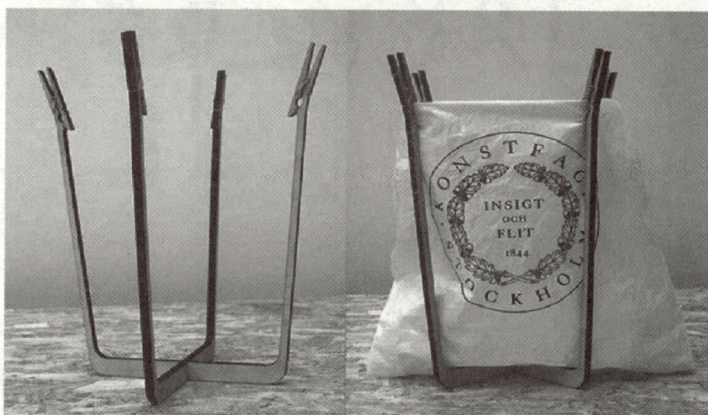

图 3 –21　垃圾桶设计

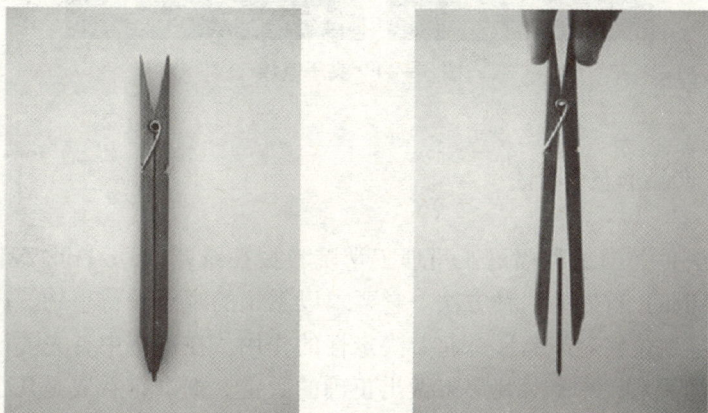

图 3 –22　不需要削的铅笔

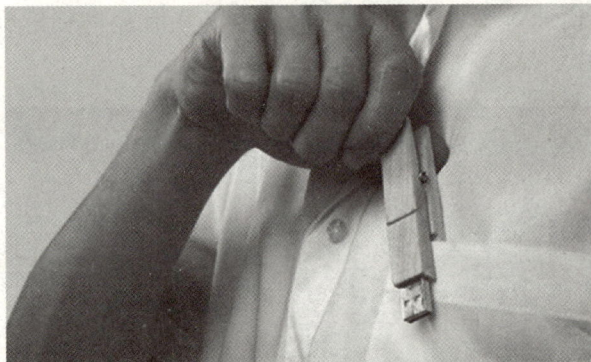

图3-23 夹子U盘

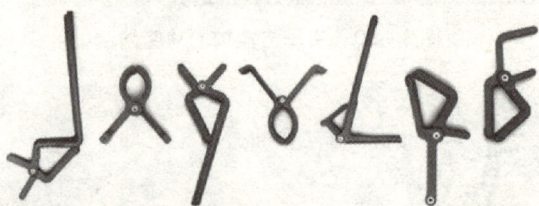

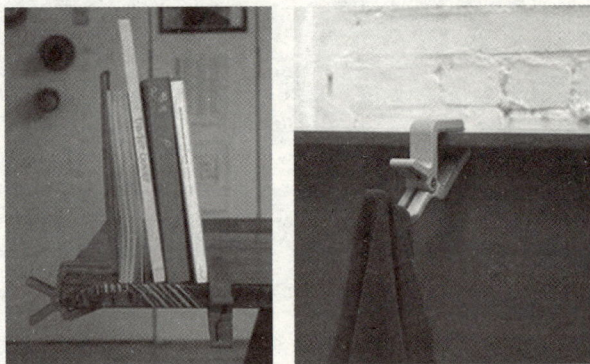

图3-24 夹子家族

3.2.2 产品形态分析法

形态分析法是美国加利福尼亚州理工学院教授兹维基（Dr. Fritz Zwicky）和艾伦（Dr. Ayron S. Allen）首创的一种方法。它要求以系统的观点看待事物。产品的功能在造型中处于主导地位，对产品形态起着决定性的作用。在造型中首先要研究产品功能的性质与人们的关系，才能对其形态做出正确的决定。把事物看成是几个功能部分的组合，然后把系统拆成几个功能部分，分别找出能够实现每一个功能的所有方法，最后再将这些方法进行组合。

现代造型基础是以平面构成、立体构成、色彩构成、空间构成、心理构成为基本内容。它的形成来源于德国包豪斯的教学体系。著名的抽象艺术先驱康定斯基曾经说过：一切艺术的最后抽象表现为数学。构成是研究物质世界形态要素及其组合规律的科学。它不以客观物像为模特进行写生，而是从造型要素入手，把客观物像分解为点、线、面、体，然后按照一定的秩序重新组合，构成新的形态。对立体形态中最基本的元素点、线、面、体的转换以及各对象和途径的选择与组合，可以引导和协助设计师以形态分析方法进行基础造形设计活动。

（1）点

在产品造型中，只要该造型与周围形态相比有凝聚视觉的作用，都可称之为点。点是一切形态的基础，是形态中最细小的，概念中规定点，只有位置，没有大小。正因为点较小，在造型中通常忽略其形态的外部特征，因此，造型过程中我们更加应该研究集群的"点"的构筑方法及规律，并加以总结归纳。点通常具有强调，轻快和跳跃之感，连续排列大小交替变化的"点"还具有很强的节奏感和运动感。点具有相对性、趋圆性、视觉定位性、虚线性和虚面性的特征。如图3－25所示产品形态中的点。

图3－25

（2）线

"线"可以理解为"点"连续不断的轨迹，或连续"点"的叠加效果。概念中的线有长度的没有宽度，由于线具有长度的优势，比点更有分量感，"线"的种类比"点"要复杂。单独的线比较单薄，缺乏体量感，成组聚在一起的线的体量感较强。只要掌握它们的编排规律，就能有效地抓住线的本技特征。线具有轻快、紧张和强烈的方向感及较好的节奏感和通透感。直线是最简洁抽象的线型。垂直线具有简洁、上升、张力和明确性；水平直线使人感到稳定，扩张，延伸，广阔；斜线则富有动感，使人感到活跃，不安定。相对于直线，曲线更有动感与表现力。几何曲线，如圆、椭圆、抛物线等，使人感到饱满、理智、明快、机械、有弹性、现代感、冷漠感等；自由曲线，如波浪线、弧线，使人感到丰润、柔和、人情味等。线具有方向性、虚面化的特征。如图3－26所示产品形态中的线。

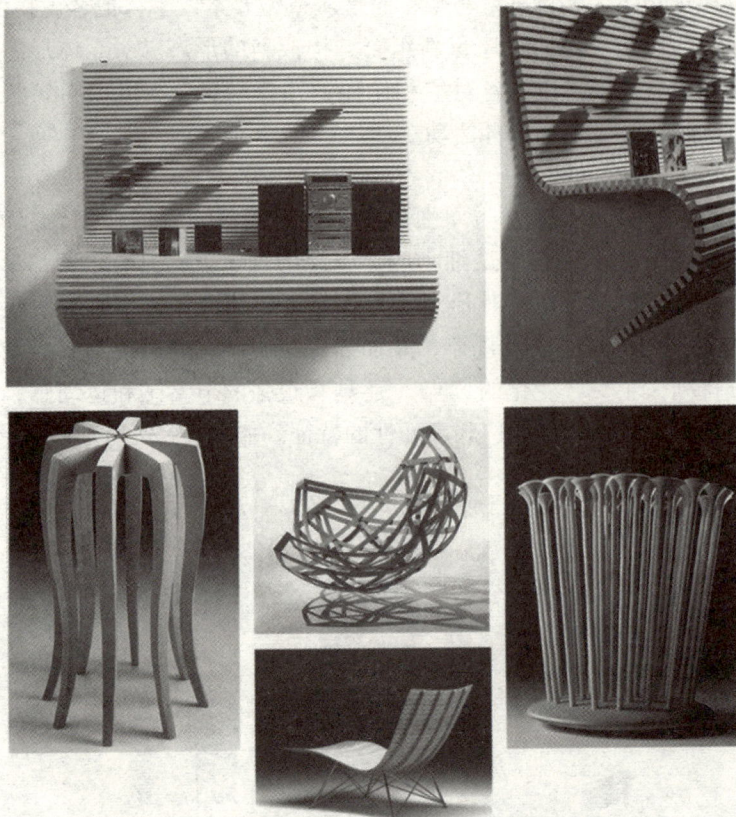

图 3-26

（3）面

扩大的点形成面，一根封闭的线形成面，密集的点和线也形成面。"面"是平面造型的主体形态，而立体的面则不同，它不仅显示其截面，还可以在空间中弯曲、折叠等等。与线相比，"面"具有较强制体量感，而更多的以其自身的变化来完成。下面探讨对不同形态面的认识。

对方形态的认识：最基本表现为正方形，既有直线形态刚直、明快的特征，又有水平和垂直相结合的稳定感，同时又具有等量形态的和谐与条理性。长方形随着长度的增加，动感越来越强。长方形角度发生变化，形成平行四边形。角度和边长都改变，产生更多不规则的四边形（见图 3-27）。

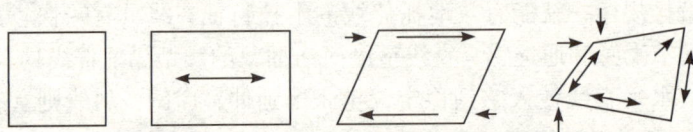

图 3-27

对角形态的认识：角形态是方形的减缺形，其基本形态为正三角形，感觉极其稳定、牢固。随着三角形边长的变化，角度变化，心理效应也发生变化，如图 3-28所示。

动感向上　　动感向左　　动感向右

图 3 - 28

对圆的认识：正圆的半径相等，外力与内力相抵消，给人的感觉充盈、完善、简洁，如图 3 - 29 所示。儿童产品大多采用圆形。

图 3 - 29

（4）体与空间

可以把"体"当成"面"的连续运动的轨迹，或是众多的"面"叠加后的最终效果。"体"是现实中所存数量最多的形态，体量感较强，比其他要素更为丰富。如图 3 - 30 是以体为主的调味罐产品造型设计。"空间"是指实体与实体之间或被实体所包围的间隙或范围。与点、线、面立体所不同的是，空间具有不可视且不能触及的形态，空间具有实体形态完全不同的感受，给人们空旷、轻灵、神秘及距离之感。

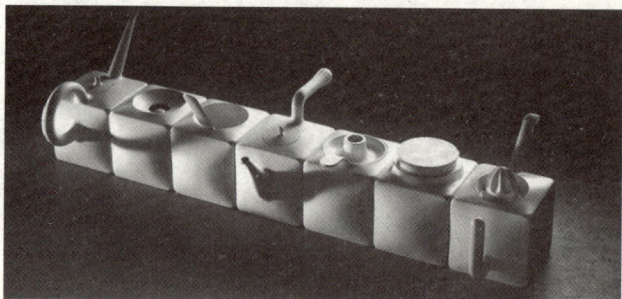

图 3 - 30

产品的基本元素点、线、面、体的转换以及各对象和途径的选择与组合的最终目标是要实现产品形态的美感，主要遵循以下四个方面的形式美法则：

一是比例与尺度。

美的造型都具有适宜的比例和合适的尺度，造型体的比例美可以认为是一种用几何语言和数学词汇去表现现代生活和现代科学技术美的抽象艺术形式。产品形态设计中，首先要解决尺度问题，然后才能推敲比例关系。尺度是因为使用要求而形成的由人机因素确定的尺寸，也和人们长期沿用的大小概念有关。比例是造型对象各部分之间、各部分与整体之间的大小关系。比例在组织上含有浓厚的数理意念，但在感觉上却流露出恰到好处的完美分割。图 3 - 31 所示的是常用办公家具尺度与比例。

二是节奏与韵律。

节奏原是指音乐中交替出现的有规律的强弱、长短的现象。在造型设计中节奏是指造型元素有秩序、有规律的反复出现或排列，使产品形式上富有动感。韵律是造型设计中表现速度、造成力量的有效方法，是有组织、协调性的节奏的融合，是节奏的进一步深化，在视觉造型上具有流畅感，能够加强视觉魅力。在产品造型中，韵律是节奏的较高形态，是一种协调的秩序。韵律是不同节奏的巧妙组合产生的柔和感。如图 3 - 32 所示的是灯具设计中的节奏与韵律。

三是对称与均衡。

对称是指通过轴线或支点，以同形、同量形式出现的一种平衡状态。用对称平衡格局创造出的物体，具有庄严、严格、端庄、安详的效果。均衡原指在衡量器上两端承受的重量由一个支点支持，当双方获得力学上的平等状态时称为均衡。在造型设计中，均衡并非实际重量的均等关系，而是根据产品的形量、大小、轻重、色彩、材质以及空间分布达到视觉感官的等量感，从而产生视觉与心理上的完美、宁静、和谐之感。与对称相比，均衡更富有活力。图 3 - 33 所示为对称格局的交通工具设计。图 3 - 34 所示为均衡造型的机床设计。

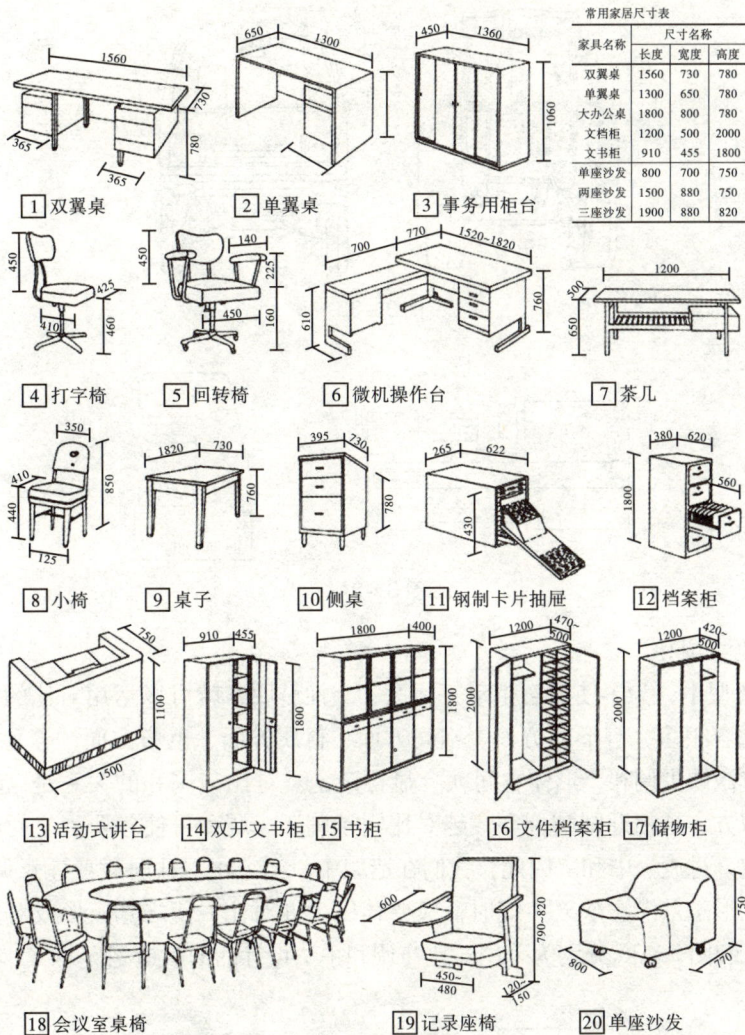

常用家居尺寸表			
家具名称	尺寸名称		
	长度	宽度	高度
双翼桌	1560	730	780
单翼桌	1300	650	780
大办公桌	1800	800	780
文档柜	1200	500	2000
文书柜	910	455	1800
单座沙发	800	700	750
两座沙发	1500	880	750
三座沙发	1900	880	820

1 双翼桌　　2 单翼桌　　3 事务用柜台
4 打字椅　　5 回转椅　　6 微机操作台　　7 茶几
8 小椅　　9 桌子　　10 侧桌　　11 钢制卡片抽屉　　12 档案柜
13 活动式讲台　　14 双开文书柜　　15 书柜　　16 文件档案柜　　17 储物柜
18 会议室桌椅　　19 记录座椅　　20 单座沙发

图 3-31

图 3-32

41

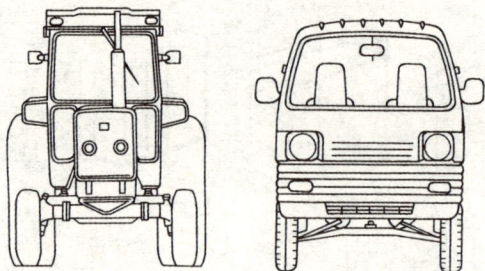

图 3-33

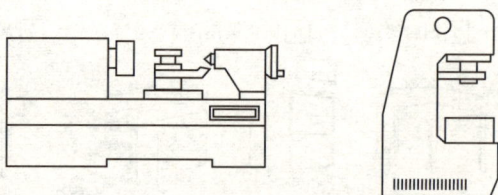

图 3-34

四是对比与调和。

在产品造型中，为了使形态生动、活泼、个性鲜明，就可以运用对比的法则。对比的表现形式内容很多，有形体方面、空间方面、材质方面、色彩方面，等等。然而，有时过于强调刺激缺少调和，形体空间就会显得杂乱。对比与调和的关系是：对比产生调和，矛盾的双方，越相近则越调和，越对比则越刺激。调和可使各要素之间相互产生联系，彼此呼应、过渡、中和。因此，我们在造型中，当突出对比时就要注意调和的一面。当过于调和、形态呆滞、缺乏生气时，又要辅以少许对比，使之真正形成对立统一的关系。图 3-35 和图 3-36 分别为采用对比与调和手法设计的面板造型。

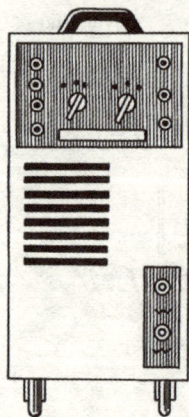

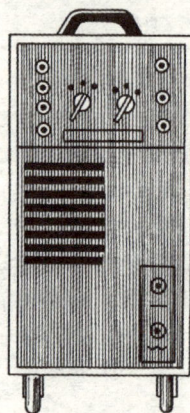

图 3-35　对比法造型的面板　　　　图 3-36　调和法造型的面板

案例：运用形态分析法进行手机形态设计

通过对市场上流行的各种类型手机进行整理分类，归纳提炼出几大类手机，然后对每一类手机的造型进行分解、归纳，提炼出造型元素。最后通过对造型元素的归纳、整合，得出目前市场上手机中各造型元素的类型。

形态分析研究分为三个主要步骤：

1）将整个主体分为若干个独立的造型因素，并寻找到分解后各独立因素的可变元素。

以直板手机产品为例，对其造型元素进行提炼，可以分为顶端造型、底部造型、机身腰线造型、机身比例、功能键、数字键、屏幕比例、机身表面分割八个部分。并通过市场调研，罗列出各个元素的形态可能性，如图 3-37 所示。

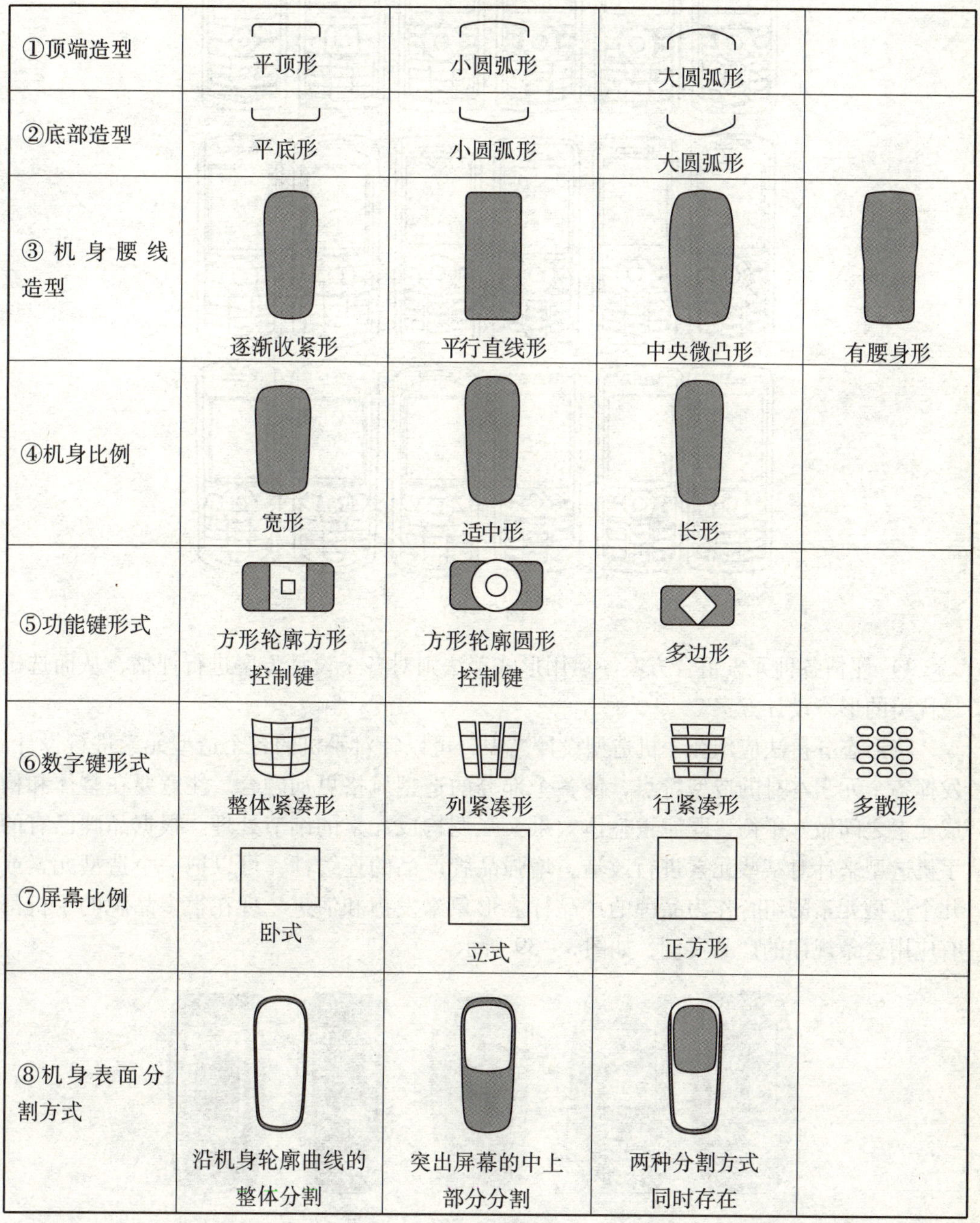

①顶端造型	平顶形	小圆弧形	大圆弧形	
②底部造型	平底形	小圆弧形	大圆弧形	
③机身腰线造型	逐渐收紧形	平行直线形	中央微凸形	有腰身形
④机身比例	宽形	适中形	长形	
⑤功能键形式	方形轮廓方形控制键	方形轮廓圆形控制键	多边形	
⑥数字键形式	整体紧凑形	列紧凑形	行紧凑形	多散形
⑦屏幕比例	卧式	立式	正方形	
⑧机身表面分割方式	沿机身轮廓曲线的整体分割	突出屏幕的中上部分分割	两种分割方式同时存在	

图 3-3

2）重新排列组合可变因素。

对某一品牌手机进行研究，梳理其造型元素形态特征，并通过改变它的某个造型元素的类型，来分析它的风格变化。或将两款或几款手机的造型元素糅合在一起，来形成新的风格。如图 3－38 所示，可以使用该方法设计开发出系列手机产品。

图 3－38

3）评估各种元素组合方案。运用形式美法则对各个设计方案进行评估，从而选出最优美的形态设计方案。

将形态分析法应用在手机造型设计当中，可以针对手机的各个造型元素进行设计，发挥各个元素本身的造型特点，使各个部分的造型风格更加融合。注意要在整体和构成元素之间做好平衡，既注重整体效果又强调构成元素的细节处理。根据品牌已有的手机造型来针对某些元素进行改造，增强品牌产品的连续性，可以把一个造型元素或几个造型元素的组合作为品牌的产品标志形象来发挥和演进。现在很多品牌的手机都有应用这条规律的产品实例，如图 3－39 所示。

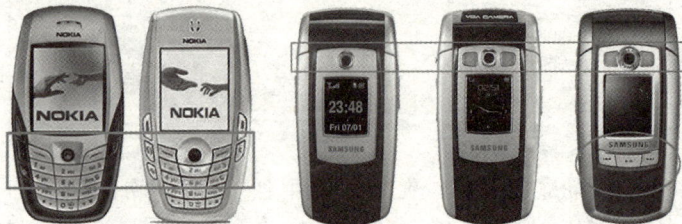

图 3－39

另外，通过对目标消费群进行生活形态和审美偏好的研究，然后对各个造型元素进行设计，使之符合消费者的审美。对应消费群体的偏好，更好地发挥各个或某个特定组合元素的造型特征。同时也可以分析其他类的产品如汽车、服装等的形态风格表现形式，将它们的造型元素运用到手机的造型设计中来，使其具有同样的造型风格。

实践案例： 针对某个特定消费群体，对其进行生活形态分析，来进行手机造型中各部分造型元素的分析。

选定人群： 16 ~25 岁的个性男青年。

1）生活形态分析：这一年龄段的男青年迷恋网络，对游戏、机车、摇滚、漫画、篮球有着狂热的追求。喜欢用时尚、炫酷来表现自己的个性。张扬、追求、挑战、把握、专注、谋略、乐观、感动、度量、冷静、友情是他们的形容词。图 3 - 40 是针对他们的生活形态分析及生活喜好收集的图片。

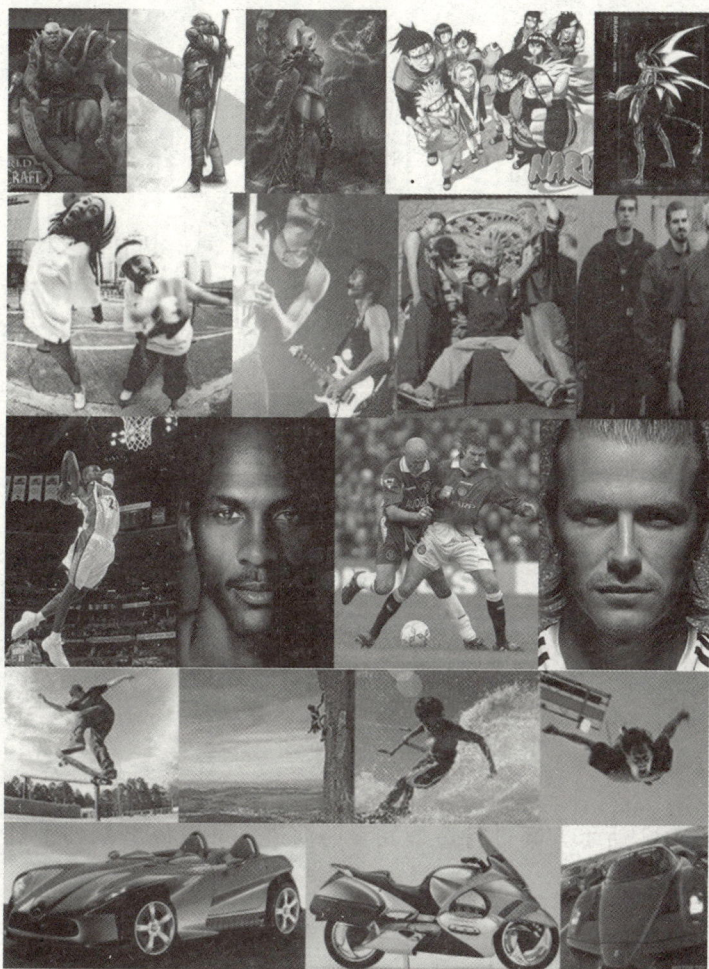

图 3 - 40

2）分析生活形态图片，并提炼其造型元素。如图 3 - 41。

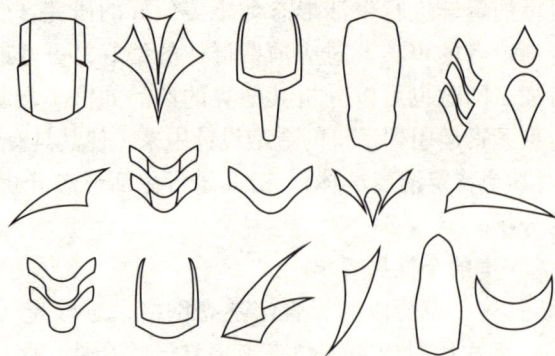

图 3 –41

3）将造型元素应用到手机形态设计当中。如图 3 –42、图 3 –43、图 3 –44 为三个设计方案。

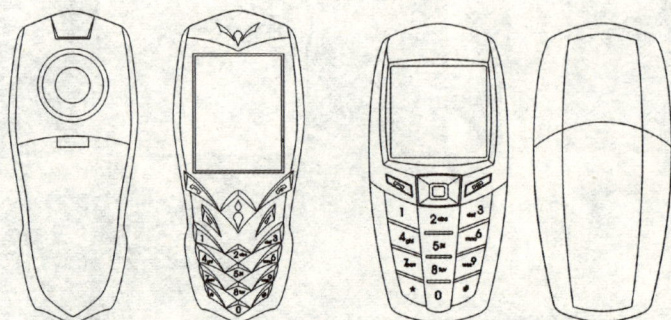

图 3 –42   图 3 –43

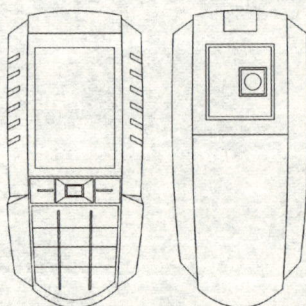

图 3 –44

4）对图 3 –42 所示方案进行造型元素的演进，可以得出系列手机造型设计，图 3 –45 所示。

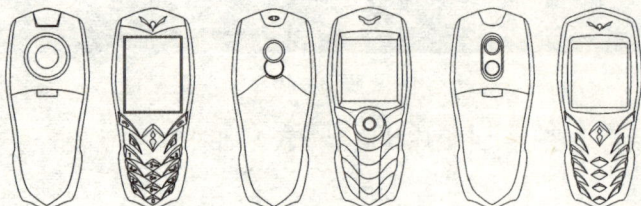

图 3 –45

实践课题：浴霸产品形态设计。

浴霸又称为室内取暖器，分为灯暖型、PTC发热型。它是通过特制的防水红外线取暖灯和换气扇的巧妙组合，将浴室的取暖、红外线理疗、浴室换气、日常照明、装饰等多种功能结合于一体的浴用小家电产品。

该课题的主要目标，是通过了解市场现有浴霸产品的造型、材料、生产工艺与结构特点，以及现代家庭对浴霸的使用与审美需求，分析产品的功能、结构特点和可变的造型要素，根据目标人群的需求确定产品的设计定位，从而设计出满足当代人生活需求的新一代浴霸产品。

实践要求：通过对市场现有浴霸产品的资料搜集与调研，采用形态分析法分析浴霸产品的形态特征要素，并对其进行重新的排列组合，设计开发出新的产品形态，要求每个学生提供至少6个设计方案。示范案例见图3-46所示。

图 3-46

3.2.3 仿生设计

仿生学是研究生物系统的结构和性质，为工程技术提供新的思想观念及工作原理的科学。作为一门独立的学科，仿生学于1960年9月诞生于美国俄亥俄州的空军基地召开的第一次仿生学会议，该会议把仿生学定义为"模仿生物原理来建造技术系统，或者使人造技术系统具有类似于生物特征的科学"。

仿生设计也是当今国际上的流行设计趋势，广泛应用于材料、机械、电子、环境、能源等设计与开发领域。仿生学是以模仿生物系统的原理来构建技术系统，使人造技术系统具有或类似生物系统特征的学科，它不是纯生物学科，而是把研究生物的某种原理作为向生物索取设计灵感的重要手段。

自问世以来，仿生学的研究内容和领域迅速扩展，学科分支众多，如电子仿生、机械仿生、建筑仿生、化学仿生、人体仿生、分子仿生、宇宙仿生等。无论是宏观还是微观仿生学的研究成果都为人类科学技术的发展和生活幸福做出了巨大的贡献。

　　某种意义上，仿生设计是仿生学的一种延续和发展，一些仿生学的研究成果是通过工业设计的再创造融入人类生活的。仿生设计主要是运用艺术与科学相结合的思维与方法，从人性化的角度，不仅在物质上，更在精神上追求传统与现代、自然与人类、艺术与技术、个体与大众等多元化设计融合与创新。仿生设计的内容是模仿生物的特殊本领，利用生物的结构和功能原理来设计，主要有形态、功能、色彩、结构、肌理等方面的仿生设计。另外，仿生设计还需要自然与社会科学知识的支持，如人机工程学、材料学、心理学、美学、仿生学、生物学等。

　　仿生设计的具体内容包括：

　　（1）仿生物形态的设计

　　仿生物形态的设计是指自然生物体，包括动物、植物、微生物、人类等所具有的典型外部形态的认知基础上，寻求对产品形态的突破与创新。仿生物形态的设计是仿生设计的主要内容，强调对生物外部形态美感特征与人类审美需求的表现。

　　仿生物形态设计的类型主要包括：记录、描绘与抽象、概括生物的形态特征；直接模拟生物的特征；生物特征的间接模拟与演变设计。仿生物形态座椅设计如表3－1所示。

表3－1　仿生物形态座椅设计

原　型	产　品	特点交集与仿生点分析
	蛋椅	蛋椅独特的造型，帮助人们在公共场所开辟一个不被打扰的空间，特别适合躺着休息或者等待
	孔雀椅	孔雀椅采用轻便金属框架与柔和的织布构成，褶皱的感觉交织紧密，简单的折叠摒弃多余的编织缝纫以及装饰，如孔雀开屏般自然优美
	贝壳椅	贝壳椅的侧面造型源于海洋里的贝壳、海螺，将海洋元素与葡萄牙传统工艺以及当代美学巧妙地结合到一起，不仅看上去赏心悦目，而且坐上去也很舒服

续表

原 型	产 品	特点交集与仿生点分析
	蝴蝶凳	蝴蝶凳采用压模夹板技术制造，呈现出独特的三维形态，像一只正在扇动翅膀的蝴蝶。两片完全相同的压模夹板通过一个轴心对称地连接在一起，连接处在座位下用金属螺丝和铜棒固定，自然形成一个稳定的结构，足以承载重物，耐用而不过时

（2）仿生物表面肌理与质感的设计

肌理，是物象表面质地的肌肤与纹理，包括纹理、颗粒、质地、光泽、痕迹等多种视觉表象，是各种物象不同触感的表层组织结构，是物象的一种客观存在表现形式，并具体入微地反映出不同物体的差异。

大自然中存在着大量不同的生物肌理，甚至一种生物就可能有好几种截然不同的色彩花纹与肌理。随着现代技术的发展，人们对自然科学的重视度越来越高，但至今为止仍仅研究了其中微不足道的一小部分，还有大量有趣的、未知的魅力肌理有待人类研究及利用。

自然肌理作为一种设计模拟素材的处理手段，是全面体现物体表面质感特性，体现被设计物的品质及风格的一项不可或缺的视觉要素，其成功的运用甚至能被人们作为特定的风格及样式所肯定，并将它作为时尚前沿的组成部分。利用生物的肌理与质感是仿生产品设计的重要内容。

自然生物体的表面肌理与质感，不仅仅是一种触觉或视觉的表象，更代表某种内在功能的需要，具有深层次的生命意义，通过对生物表面肌理与质感的设计创造，增强仿生设计产品形态的功能意义和表现力。如图3－47所示为仿水果肌理的果汁包装盒设计。

图3－47

（3）仿生物结构的设计

生物结构是自然选择与进化的重要内容，是决定生命形式与种类的因素，具有鲜明的生命特征与意义。结构仿生设计通过对自然生物由内而外的结构特征的认知，结合不同产品概念与设计目的进行设计创新，使人工产品具有自然生命的意义与美感特征。

产品的结构是指用来支撑物体和承受物体重量的一种构成形式。任何形态都需要一定的强度、刚度和稳定的结构来支撑。鲁班根据野草的锯齿结构发明了锯子曾很大程度上提高了伐木工的工作效率，可见结构与功能有不可分的关系：功能是结构存在的必要前提，结构是实现功能的重要基础，两者相辅相成，缺一不可。

结构普遍存在于大自然的物体中。生物想要生存，就必须有一定的强度、刚度和稳定性的结构来支撑。一片树叶、一面蜘蛛网、一只蛋壳、一个蜂窝，看上去非常弱小，但有时却能承受很大的外力，抵御强大的风暴，这就是一个科学合理的结构在物体身上发挥出的作用。在人们长期的生活实践中，这些自然界中合理的科学结构原理逐步被人们所认识，并最终获得发展和利用。如图 3-48 所示是美国威斯康辛州麦迪逊的聚合物研究中心研制出的非气动蜂窝结构的轮胎。它是利用结构仿生学原理，将蜂窝的多六边形结构互相支撑，达到降低震动、提高车轮强度的作用。这种非气动蜂窝结构能够保持一定减震性能，同时能最大化地提高车轮强度，能在一定程度上抵御爆炸产生的震动。

图 3-48

（4）仿生物色彩的设计

不同的生物由于不同的时间、不同的环境、不同的目的都会有不同的色彩。不仅如此，每一块色彩都具有特殊的、不可替代的存在价值与地位，并相互之间形成特定的只需和重要意义。古希腊时期对色彩的研究有"色彩是物质的最初表现形式"的表述。对自然生物来说色彩首先传达的是生命的意义。

对生物色彩客观特征和自然属性及意义的模拟，在仿生学的领域里有许多研究成果和成功的应用案例。对产品设计来说，生物色彩的模拟主要是在客观认知生物色彩的基础上，直接利用生物色彩的要素、形态、功能等关系特征，结合产品概念特征和设计目标的需要，对生物色彩的客观、自然特征和意义进行较为直观的模拟。

自然生物的色彩首先是生命存在的特征和需要，对设计来说更是自然美感的主要内容，其丰富、纷繁的色彩关系与个性特征，对产品的色彩设计具有重要意义。

（5）仿生物意象的设计

生物的意象是在人类认识自然的经验与情感积累的过程中产生的，仿生物意象的设计对产品语义和文化特征的体现具有重要作用。

仿生物意象产品设计是在对生物意象认知的基础上，通过产品体现人类对于自然中某一特定的生物形态的特定心理情感和审美反应，赋予产品丰富的语义和表情特征。

仿生物意象产品设计一般采用象征、比喻、借用等方法，对形态、色彩、结构等进行综合设计。在这个过程中，生物的意象特征与产品的概念、功能、特征以及产品的使用对象、方式、环境特征之间的关系决定了生物意象的选择与表现。

例如洛可可公司设计的两款香炉（图 3-49 所示为高山流水，图 3-50 所示为江南）产品，通过简约的线条与形态，分别营造出高山流水和烟雨江南的意境。高山流水香炉呈现的是一种东方意境之美：它以烟代水，以石代山。烟像水一层层往下流淌，腾挪在山水之间形成瀑布、河流，使人身临其境般体会这份宁静，感受山水气象，方寸之间以小见大。小石头叫作知音石，它与山遥遥相望，融为一体彼此不可分割。"高山流水觅知音"，来自我国经典传说"俞伯牙与钟子期"的故事，是深厚友谊的见证。"江南"采用极简的留白手法，以家燕、白墙灰瓦两种典型的江南元素，用简单的线条营造出浓浓的江南风韵。

图 3 –49

图 3 –50

总之，仿生设计是在尊重客观审美规律的同时，应用先进的科学技术进行设计的产品化与商品化，达到艺术性与科学性的结合。它强调不要过分追求外观造型上的相似，也需要注重产品的功能性，将产品合理、有效的基本功能和方便、安全、宜人等多层次功能综合体现。同时，也需要考虑产品的经济性因素，满足标准化、批量生产的需要，同时延长使用寿命、方便运输、维修及回收。

设计的创造性思维是仿生设计的基础与核心。仿生设计是凭借设计师感性与直观的思维方法来主导设计方案，同时也需要考虑到产品的目标人群，不同的时间、地点、环境、年龄等多元化需求的差异性设计。此后还须采用理性与推理的思维方法来进行系统性、关联性的价值分析与评价，并寻找适当的原型，在对原型的形态特征进行认知及理解的基础上，发散思维，然后将其适当抽象化，应用到产品形态的设计当中。

▼ 3.2.4 产品形象设计

从产品的整体概念中可以得知，产品是由核心产品、形式产品、附加产品三部分共同构成的整体。因此市场上出现的任何一种产品的形象也是一个整体。它不是产品概念中某一个层次形象的表现，而是各个层次形象的综合体现。因此所谓的产品形象（Product Identity）是产品在设计、开发、研制、流通、使用中形成的统一的形象特质，是产品内在的品质形象和外在的视觉形象统一性的结果，包括产品的文化、功能、质量、工艺、外观、包装、商标、价格、使用、维护、广告、服务营销等方面在消费者和社会公众心目中的整体印象，是消费者和社会公众对产品上述各方面的总体认识和综合评价。产品形象反映了消费者和社会公众对企业产品的认可程度，体现了产品的知名度和美誉度，直接决定了企业的竞争力。由于产品形象具有多面性、综合性特征，因此要获得良好的产品形象，仅仅从产品的某些方面进行改善是不够的，必须从多方面进行综合塑造。

产品形象设计（Product Image Design）服务于企业的整体形象设计，目的是为了实现企业的总体形象目标的细化。它是以产品设计为核心而展开的系统形象设计，对产品设计、设计观念、技术、材料、造型、色彩、加工工艺、包装、运输、展示、营销手段、广告策略等等一系列进行统一策划、统一设计，形成统一的感官形象和社会形象，以起到提升、塑造和传播企业形象的作用。

改革开放后，由美国发展起来的企业形象设计观念在我国得到了发展。所谓企业形象设计，是指企业通过传达系统如各种标志、标识、标准字体、标准色彩，运用视觉设计和行为展示，将企业的理念和特性视觉化、规范化和系统化，来塑造具体的、公众认可并接受的评价形象，从而创造最佳的生产、经营、销售环境，促进企业的生存发展。企业形象有三个组成部分：VI（视觉形象）、MI（理念形象）、PI（产品形象）。其中的 PI 实质是"家族化产品"，但在实践推广中却过分强调 VI，以致在普通人观念里，CI 就是企业标志的应用，CI 变得十分表面化。图 3-51 所示为国外某果汁品牌 VI 设计。

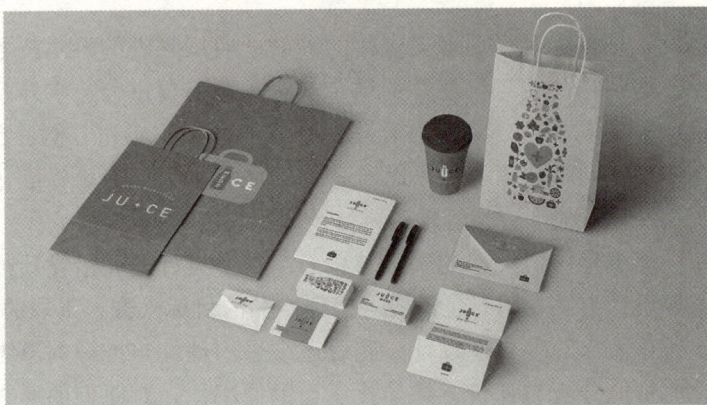

图 3-51

产品形象是企业向消费者展示其内在品质与企业信息的最佳契机和最佳窗口。产品形象设计作用于人与市场，通过这些外延的表现，有助于树立企业品牌、塑造企业形象、宣传企业文化。在产品的不断接触和使用中，人们逐步接受了其中传达的企业信息和品牌信息，认可了企业形象、树立产品的品质形象。

（1）产品形象的构成

根据产品概念的层次划分，产品形象也分为以下几种层次：

①核心产品形象：即产品的品质形象，具体表现为核心的功能形象、效用形象、质量形象，即产品的功能和效用在满足消费者需求和欲望方面给消费者留下的印象。产品的品质是通过产品的内在质量反映外在的企业形象的，如德国的奔驰汽车（图 3-52）给人更多的是对德国产品先进的制造技术、良好的产品性能以及严格的质量管理体系的联想，从而形成"奔驰-技术-品质-德国"这样的联想。从某种意义上来说，"奔驰"的形象就是德国的形象。

图 3 - 52

产品的品质形象涉及到产品的设计管理与设计水平，无论是在产品的功能、性能、材料选用、加工工艺、制作方法、设备条件以及人员素质等方面都要有严格的管理。在产品形象设计中，首先要提高设计管理水平，如有明确的产品设计目标计划，组织有效的产品设计开发队伍进行关键的技术攻关，提供包括"软"的（高素质的设计人员）、"硬"的（符合设计开发要求的设施、设备）配置在内的完善的设计技术配置服务，满足产品设计开发的物质条件。并且要在产品设计开发过程中，实施程序过程的管理（如阶段评估、信息反馈、多方案选择等）。为满足设计开发水平，提高设计的质量，就要提高设计人员的整体素质水平，实施有效的管理模式。

②形式产品形象：即产品的视觉形象。它是产品的形态、色彩、质感、式样、包装、品牌、商标等在消费者心目中的印象。产品的特性及企业理念透过产品的整体视觉传达系统，形成强有力的冲击，将具体可视的产品外部形象与内在特质融合成一体，以传达企业的信息。产品的视觉形象是满载信息的传达媒介，设计师所赋予产品的造型、色彩、材质、包装等因素，直接影响人的情绪变化，并伴随着丰富的联想和想象。因此产品视觉形象的设计可以塑造出独特的形象个性，形成独特的情感联想，以便社会大众识别与认同。可以说形式产品形象是核心产品形象在产品外观上的具体体现，前者是后者的载体，后者是前者的归属。

产品视觉形象由基本要素与应用要素两大部分组成。

A. 基本要素设计

产品视觉形象的基本要素是企业形象视觉识别系统的基本要素，产品形象的视觉识别系统建立在基本要素设计的基础上，因此它是产品形象设计的基本元素。基本要素设计包括：企业标志、企业标准字体、企业名称、企业标准色、企业象征图案、企业吉祥物和企业精神宣传标语等内容。

基本要素的设计建立在企业经营理念的基础上，并充分体现企业的经营目标、方向、精神。基本要素设计必须风格统一并能有效地组合、配合应用，明确基本要素设计的组合、使用规范，规范制图的标准及方式，在实际使用中要严格按照标准规范，正确使用。

B. 应用要素设计

应用要素设计是以基本要素设计为基础，根据产品设计中实际的视觉表达事项，规范基本要素的使用。在产品的视觉化设计中，具体应用到以下各项：

a. 产品的外观造型系统（特定的外观造型、标准色彩、表面装饰工艺等）；

b. 产品的包装系统（包装造型、包装的文字、图像符号的排列、包装材料、包装纸、包装箱、集装箱）；

c. 产品的立面装饰系统（立面造型、企业标志、标准字体、标准色彩、辅助色彩、铭牌、标识等）；

d. 产品的服务系统（产品货单、使用说明书、技术资料书、质量跟踪卡、保修卡、随货礼品等）；

e. 产品的促销媒介系统（商品册页广告，报纸、杂志广告，电视广播媒体广告，互联网广告，POP广告，户外广告，活动广告，室内广告等）；

f. 产品的展示系统（商场货架、专卖店、商品展览会、招商订货会、洽谈室、橱窗等展示环境）。

案例：宝马（BMW）汽车产品视觉形象设计

在中国最具价值的品牌调查中，宝马（BMW）连续三年名列第一。为什么宝马能获得这样的成绩呢？答案就是宝马具有明确的品牌战略并注重保持自身良好的产品形象。

从产品的视觉化传达过程及结果来看，任何一次产品形象的传播所留下的印象都是短暂的。所以产品形象不是在短期内或者一两次传播就能在消费者心目中留下深刻印象的。它需要一些相似的东西持续刺激来不断加深同一形象，使消费者对其形成较为固定的印象。因此为了使产品形象易于识别，企业可以将经过市场洗礼的优秀产品中的经典元素在设计创新时加以继承。如宝马虽然按照设计定位的不同将汽车分为多个系列，例如动感的BMW 5系、优雅的BMW 7系、喜欢挑战性的BMW 3系，但通过图3-53可以发现，这些车虽然在造型上各具特色，却都有一个相同的形态元素（图中用橙色圆点标出）——位于散热器中间的金属肾形栅格。这一形态特征对其形成驰名世界的产品形象起到了很大的作用。

③产品的附加形象：主要体现在企业为产品增加的服务和利益以及企业的服务文化和相关制度上。是售前、售中及售后的各种服务和承诺给消费者带来的方便和利益在消费者心目中的地位。消费者心目中的这种地位越高，说明产品的附加层形象越好，这是消费者成为某一产品主顾的重要原因。提高产品的附加层形象，是开展市场竞争的重要手段。

图 3－53

总地来说，产品才是市场与消费者最关心的企业要素，也是所有企业在经济活动中的核心。所以产品形象的建立对于企业来说具有重要的战略意义。深入了解企业文化是进行产品形象设计的基础，进行产品形态特征的分析与规范是具体细化的措施，在实践中规范产品设计中的行为，为产品形象设计提供科学的理论依据，也便于产品的设计开发、生产与管理的规范化。产品形象也不是一成不变的，时代变迁、科学技术不断更新，会导致社会需求发生变化。企业文化只有将延续与创新贯穿于整个产品形象设计中，才能使企业求得稳步的发展。

案例：正泰电工产品形象设计理念的品牌战略规划

一、正泰电工产品形象策略设定依据

对于正泰电工产品形象策略设定按照以下思路来进行：

①首先了解正泰企业的品牌定位及其品牌经营理念，从而把握企业自身整体情况。

②然后对市场上现有的开关产品以及电工产品消费者分别进行调研，梳理墙壁开关产品的型号、造型风格、材质色彩，并通过十字坐标比较法，了解整个开关市场产品形象的分布。了解消费者的构成与影响其购买的因素。熟悉正泰电工企业发展的外部环境情况，为制定产品形象策略做准备。

③从正泰电工现有产品入手，梳理其产品线，了解其现有产品线规划及其针对的消费人群市场，把握现有产品的形象特征，从而制定其后续产品形象设计策略。

1. 正泰企业的品牌定位

正泰建筑电器有限公司始创于1997年，主导产品包括电工、照明、智能、小家电等四大系列。历经十几年的不懈奋斗、创新磨砺，它以现代化的管理、优质的产品和良好的服务赢得广大顾客的青睐，综合实力位居全国电工行业前列。但是面对目前电工行业激烈的竞争，如何生存发展，成为正泰电工品牌思考与研究的课题。

从以上正泰的自我描述中可以看出，正泰企业作为一个在温州发展起来的民营企业，其核心价值观还是很明确的。在中国品牌研究院公布的第二届中国行业标志性品牌名单中，正泰蝉联低压电器行业标志性品牌，这也说明了正泰品牌的价值。利用好正泰的品牌价值，发挥其品牌影响力，在现有正泰品牌形象的指导下，可以树立起其电工产品的产品形象；而产品形象的树立，也是对其品牌形象的维护，从而进一步提升企业的品牌价值。

2. 市场现有开关产品形象调查比较

（1）按型号分类

墙壁开关产品按照型号可以分为120、86、118三种。其中118系列以家装较多，86系列以工程为多，120系列则以江浙地区使用为多。如图3-54所示。

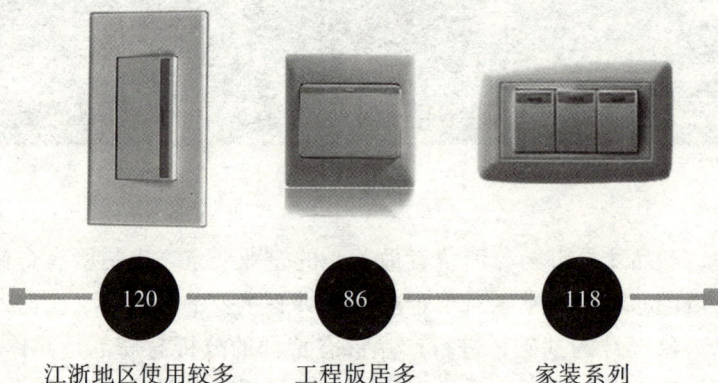

图3-54　墙壁开关型号划分图

（2）按造型风格分类

目前，市场上的开关面板外观造型也十分多变，但主要以简约风格为主，即大平板直线条设计，并在局部进行装饰，简洁实用。由于欧洲许多开关品牌进入中国市场，带来了欧洲设计的新鲜元素，流线型的欧式开关曾经流行一时，以西门子和西蒙的产品为主，给人带来动感活泼的波浪流线造型设计。市场上目前还有一些开关造型比较独特，面板装饰线条较多，指示灯、荧光条的设计也比较花哨，以飞雕的产品为代表，主要是针对低端市场，市场份额较小。

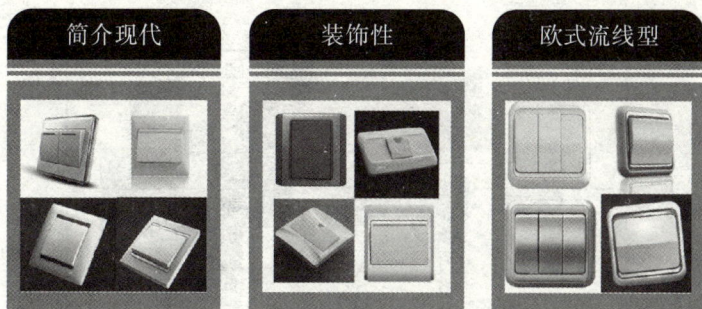

图3-55　按造型风格分类

（3）按材质色彩分类

大多数开关面板的材料为 PC 材料。主要以白色调为主，给人清洁凉爽、干净利索的联想。白色 PC 材料又有多种处理方法，有光亮平滑的白色，有压了纹理、质感鲜明的白色，有白色搭配局部彩色、深色、或金属色的点缀。

当今，以彩壳手机的热销为缩影，彩色开关面板也开始走进人们的生活。随着高新技术的发展，在这个越来越追求奢华的时代中，金属色成为时下最流行最酷的色彩，金属色也能给人带来高档豪华的感受，估计还将延续很长一段生命力。金属色又有哑光、拉丝和镀铬等多种效果，带有色彩倾向的金属色，还可搭配使用。但是由于金属材料价格较高，所以就出现了采用金属色喷涂处理的塑料面板，在市场上掀起了金属流行色的热潮，如图3-56所示。

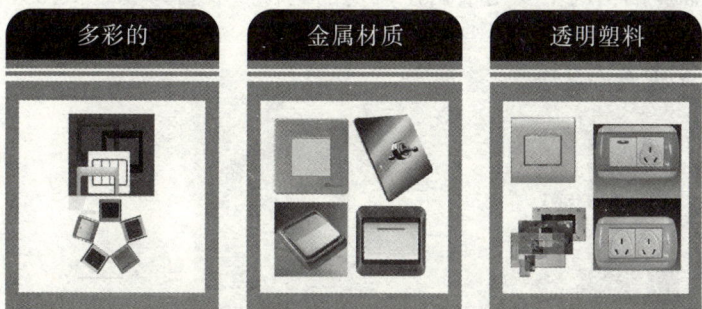

图3-56　按色彩材质分类

（4）开关面板产品视觉形象比较分析

目前，市场上的开关产品外观形态各种风格都有所体现，但绝大多数产品外观定位都比较相似，以简约风格为诉求，总体外观差异性不大，主要是从产品细节设计体现出产品的差异度，如图3-57所示。

3. 电工产品消费者构成及影响其购买的因素

电工产品在中国每年的市场容量90%以上是靠房地产市场的发展而带来。电工产品介于耐用消费品和工业品之间。一般来讲，人均消费不超过3次，重复购买频率低，日常关注度低，消费者行为介与感性与理性之间。消费者对品牌的忠诚度较低，影响购买电工产品因素主要有产品质量、外观形象、广告、服务、价格等。

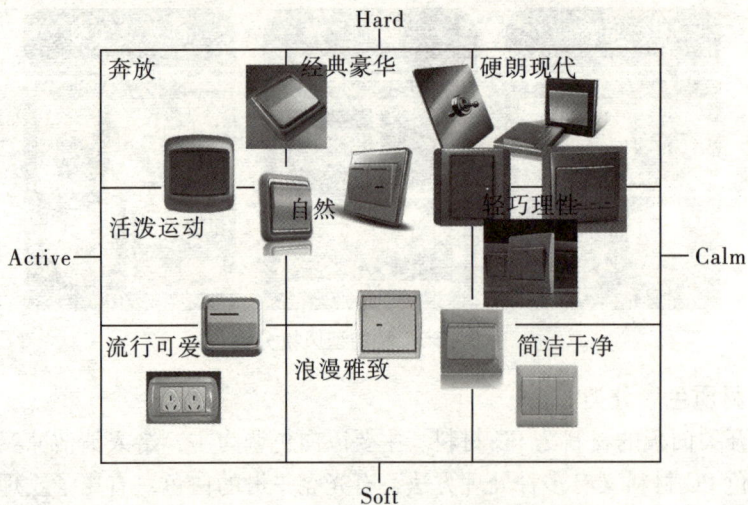

图 3 -57　开关面板产品视觉形象的比较

现阶段购买商品房的主要消费者是 20 世纪 50 年代至 80 年代中叶出生的人们。20 世纪 80 年代出生的青年消费者对生活充满激情与憧憬，购物感性较冲动，个性较张扬，对欧美生活很向往，攀比心理较强。而 20 世纪 50 年代至 60 年代出生的中年消费者消费比较理性，消费观点注重安全、实用，对价格较为敏感，是中档开关插座的主要消费群体。商店、餐馆、酒店、宾馆、办公楼、公共场所等也是开关插座的选购者，它们选择开关插座的档次主要是根据建筑物的定位。农村市场是低档开关插座、明装开关插座的主要消费群体。

4. 正泰电工现有产品线

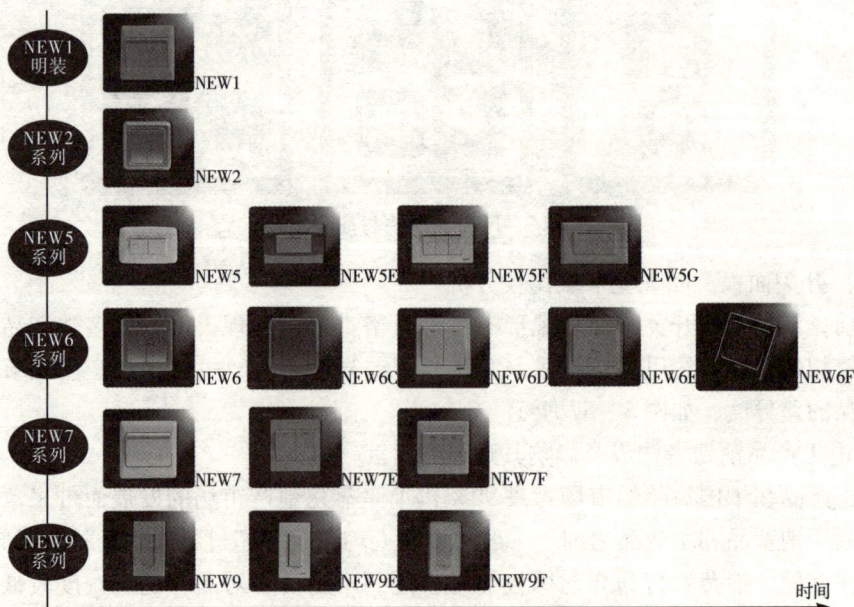

图 3 -58　正泰电工开关产品线

从图 3 – 58 可以看出，正泰开关大致分为六个系列。其中 NEW1 系列是针对农村市场的低档明装 86 开关，外形与 NEW7 系列相同，在产品外观上与其它品牌差异性不大，主要依靠其价格优势来占领市场。

NEW2 系列是欧式开关，外观造型圆润，产品种类单一，与以欧式开关为主的欧洲开关巨头西门子、西蒙等品牌相比并不具有竞争优势。市场份额较小。

NEW5 系列是 118 型号开关，属于中低档市场定位。其中 NEW5E 产品造型较为突出，中间一块面板采用银色喷涂工艺，但是与该产品线系列整体形象不符。NEW5 系列由于型号地域性限制，市场销量也不高。

NEW6 系列主要是 86 型的中档产品，NEW6 由于其面板有多种颜色搭配，成为一大亮点。NEW6C、6D、6E、6F 是最近两年推出的新品，外观设计创新，在材质、色彩等方面都有所突破，目前已经成为公司的主力产品。

NEW7 系列是 86 型号的工程版产品，主要是依靠其较低的价格，在工程上广泛应用，具有一定的市场占有率，但是由于其外观与其它品牌产品严重同质化，所以当原材料成本上升之后，对其优势构成一定威胁。NEW7E 正是为了解决这个问题而设计的，外形简洁细腻，而且成本也不高，市场反映不错。

NEW9 系列是 120 型开关，主要市场在江浙地区，NEW9 是低端产品，NEW9E 和 NEW9F 属中高档产品，首先采用了镀铬金属包边设计，造型细腻。但由于型号地域性限制，市场销量也不高。

通过上面的分析可以看出，公司目前的产品线规划较为完整合理，产品型号齐全，产品定位覆盖了高中低档产品市场，但是其中低档产品线品种丰富，高端产品线较为贫乏。在产品外观设计上，大多数产品基本以简洁的造型为主。但是由于公司刚刚引入产品形象设计规划的概念，在产品外观设计初期处于摸索阶段，也设计推出过一些造型较为夸张的产品，如 NEW5E 的银色弧线面板、NEW6C 的下圆弧形造型等，制造成本高，但市场反映一般。所以，正泰的品牌价值并没有能够在其产品形象上完整的体现出来。

二、产品形象设计策略规划实践

通过上面对电工开关市场现有产品形象、消费者等方面的分析，再结合正泰的品牌定位和正泰现有产品线，应用 SWOT 分析方法，来确定正泰企业本身的竞争优势（Strength）、竞争劣势（Weakness）、机会（Opportunity）和威胁（Threat），从而将公司的发展战略与公司内部资源、外部环境有机结合，可以清楚的确定公司的资源优势和缺陷，了解公司所面临的机会和挑战，对于制定公司未来的发展战略有着至关重要的意义。通过对比和归纳，判断企业的优势、劣势、机遇和威胁，更准确地找到通向未来品牌定位的途径（见图 3 – 59）。

通过图 3 – 59 可以看出，正泰电工在国内电工行业还是具有明显的竞争优势的，并且当前我国的市场机遇也非常好，但面对着激烈的市场竞争，它需要加强管理，向国际品牌学习，不断缩小差距，同时要以卓越的产品为基本，与消费者建立良好的沟通，才能使企业品牌形象落到实处。针对现状，为了使产品具有一致性和独特性，并且符合正泰品牌的核心价值观，现提出以下几点产品形象开发策略：

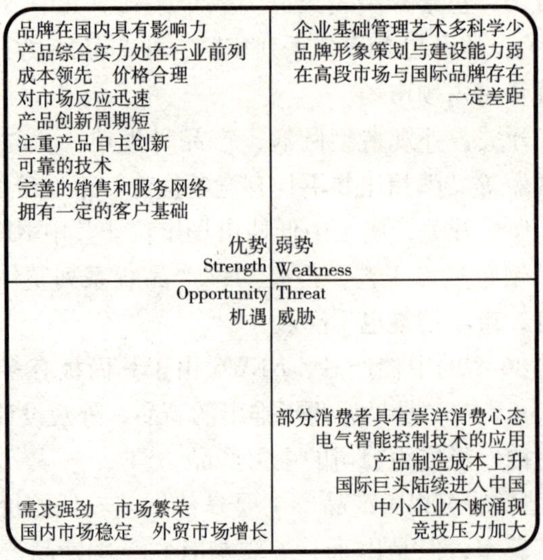

品牌在国内具有影响力 产品综合实力处在行业前列 成本领先　价格合理 对市场反应迅速 产品创新周期短 注重产品自主创新 可靠的技术 完善的销售和服务网络 拥有一定的客户基础	企业基础管理艺术多科学少 品牌形象策划与建设能力弱 在高段市场与国际品牌存在 一定差距
优势 Strength	弱势 Weakness
Opportunity 机遇	Threat 威胁
需求强劲　市场繁荣 国内市场稳定　外贸市场增长	部分消费者具有崇洋消费心态 电气智能控制技术的应用 产品制造成本上升 国际巨头陆续进入中国 中小企业不断涌现 竞技压力加大

图 3-59　正泰电工 SWOT 分析

①对低端产品外观进行改良设计，注重产品细节，例如按键荧光灯和产品倒角等设计，同时保证产品低成本优势，与其它品牌产品形成差异化。

②统一中档产品设计风格。通过近几年新产品外观设计研发以及市场的反馈，NEW6D 产品外观市场反应较好，6D 整体造型简约，关注设计的细节，采用镀铬金属包边设计，造型细腻，建议设计风格向 6D 靠拢。

③加强高档产品研发力度。虽然目前高档产品市场被国外品牌占领，但是正泰作为以成为"世界一流电气制造企业"为目标的民营企业，进军高档民营企业，产品市场填补了正泰高档产品的产品线，通过高档产品也能够很好地提升正泰品牌形象定位。

④正泰电工开关产品的产品线基本清晰，但是在市场推广时依然沿用企业内部名称编号，不利于市场推广。建议给每个系列产品起个好听的名字，例如西门子的"灵致"系列、"灵动"系列等，一方面利于市场推广，另一方面也通过名称使不同系列的开关具有一定的相关性，给人带来一种统一的感觉，以利于品牌形象的塑造。

整合开关设计元素，主要包括面板、按键、指示灯（荧光条）、产品商标四个基本内容，属于简单产品，可设计点不多，如果单纯从视觉形象上对其进行统一，则难免会给人带来死板和缺乏创新的感觉。应该从品牌核心价值上挖掘内容，使品牌精神清晰地体现在产品上，使不同产品线的产品达到微妙的和谐统一。

三、总结

面对激烈的市场竞争，正泰电工作为民营电工行业的领军企业，运用工业设计的理念，科学规划产品形象是十分必要的。通过研究产品与企业品牌、文化的内在关系，以及企业外部市场、消费环境对产品策略的影响，运用产品形象的设计理念进行新产品的开发来促进品牌的成长，同时通过企业品牌的成长来加深产品形象的文化内涵，产生超脱于实体功能技术层面的高附加值。只有这样，才能提高产品在市场的竞争力，从而拉动企业持续恒久发展。

这种基于产品形象设计理念进行设计管理的方法是值得其他企业借鉴学习的。目前国内的大多数民营企业已经开始意识到产品外观设计的重要性，但是往往只把设计当做应对市场变化的手段。盲目追随市场流行脚步，容易造成跟风的被动情况，企业将始终处于行业的中下游。忽视产品开发的策略性与产品系统化的规划，以至于最终无法在市场上建立起鲜明的品牌形象。对同一品牌下的各代产品进行"家族化"管理，通过使用延续性和一致性的设计特征，进而形成稳定的产品形象。就产品自身而言，产品个性、品牌理念或企业文化都必须通过产品的整体视觉要素的整合，以视觉化的设计要素为中心，将具体的可视的产品外在形象与其内在的理念或精神协调一致，统一为一体。也就是通过有效的设计管理，整合产品的概念、形态、色彩、材料、细节、大小等要素和其他有助于企业识别的元素，使其一致连贯，从而有助于对企业形象的理解，使其中的信息迅速有效地传达给消费者，持续成功地塑造出一个一致的并且可以清晰识别的企业形象。

▽ 3.2.5 产品 CMF 设计

CMF（Color, Material & Finishing），是有关产品设计的 C（颜色）、M（材质）与F（工艺）的基础认知。CMF 设计是作用于设计对象的，它是联系、互动于这个对象与使用者之间的深层感性部分。它多是应用于产品设计中对色彩、材料、加工等设计对象的细节处理。产品 CMF 设计主要研究使用者需求，了解并收集新材料、新工艺及色彩方面的资讯，新材料、新工艺和色彩的发展及流行趋势；以创新设计的视角，发掘细分用户的需求，提供创新的产品色彩定义及产品图案设计；协助设计师完成设计方案的材料、工艺、色彩规划。例如关门的声音取决于门的材料，把手传热能力取决于表面加工，汽车方向盘较紧凑的结构及较软的表面处理能给驾驶者充分的安全感。

CMF 是工业设计的范畴，属于设计的后端。由于国内设计行业仍在进步和发展阶段，关注的重点多是在色彩和材质这两块较显眼的部分。产品颜色的研究慢慢由早期的配色向一些装饰纹理方向延伸。材质方面，也是越来越考究，对材质强度、热处理、韧性等都有涉及。工艺方面，除了考虑"能否加工出来"，还要考虑是否能够量产，工艺是否稳定，甚至会考虑工艺成本问题。可以说，CMF 是产品设计概念的实现者，是一个产品从概念到实物的最后一个环节。

1）色彩。色彩对视觉具有刺激作用，在设计中常常具有先声夺人的力量，极易引起人的情感反应与变化。人的视觉对于色彩的特殊敏感性，决定了色彩设计在视觉体验中的重要价值。设计色彩主要是解决色彩的对比与调和问题。色彩对比的关键是色彩三要素的对比，即色相对比、明度对比、纯度对比，同时色彩的冷暖对比亦至关重要。

①色相对比。一般以色相环为依据，按照色彩在色相环上的位置所成的角度，可分为同一色相、邻近色相、类似色相、对比色相、互补色相。例如对比色相的对比效果鲜明、强烈，具有饱和、华丽、欢乐、活跃的特点，但也易产生不协调感。

②明度对比。适度的明度对比会带来调和感。暗色组成低明度基调，具有沉静、厚重、钝闷的感觉；中色组成中明度基调，具有柔和、稳定、高雅的感觉；亮色组成

高明度基调，具有明快、华丽、清朗的感觉（见图3-60）。

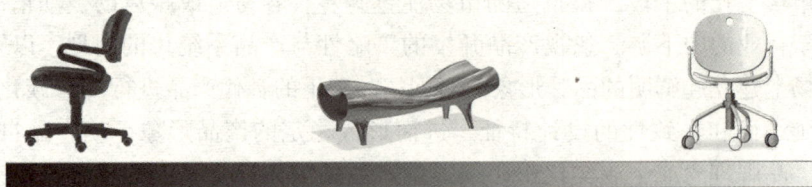

图3-60　不同明度基调的产品

③纯度对比。纯度在配色上具有强调主题的作用。高纯度基调产生强烈、鲜艳、明丽的感觉；中纯度基调产生温和、柔软、沉静的感觉；低纯度基调产生脏浊、含混无力的感觉；纯度高的颜色强烈刺激，使人印象深刻，也容易生产厌倦，须与低纯度颜色配合，才能细腻、含蓄、耐着持久（见图3-61）。

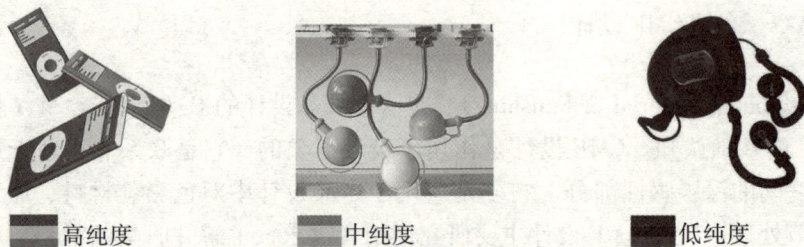

　　高纯度　　　　　　　　中纯度　　　　　　　　低纯度

图3-61　不同纯度配色的产品

④冷暖对比。从色彩本身的功能来看，红、橙、黄能使人心跳加快，血压升高，产生热的感觉。而蓝、蓝紫、蓝绿能使人血压降低，心跳减慢，产生冷的感觉。橙色为暖极色，红色、黄色为暖色，红紫色、黄绿色为中性微暖色，蓝色为冷极色，蓝绿色、蓝紫色为冷色，紫色、绿色为中性微冷色。

对比产生差异，产品色彩设计中没有对比便无精神，对比过份则使人眼花缭乱，所以在色彩对比的同时兼顾色彩调和的处理显得更加重要。在色彩的组合与配置中，运用色彩三要素间的强弱变化关系，抓住色彩的节奏与韵律，巧妙有机地调度各种色彩，按照一定的层次与比例，从而构成和谐的色彩整体。

产品设计在色彩的选择搭配上主要从两方面考虑：第一，体现产品本身的性能和用途；第二，消费者对产品的使用考虑与色彩感受。这就要求设计师在熟悉产品与消费的基础上，认真研究色彩的感情，从中找出恰当的色彩语言。同时还要在同中求异，突出具体产品的个性，找到最为适合的"个性色"。例如苹果电脑（见图3-62）率先采用五彩斑斓的透明糖果色，打破了电脑产品一贯采用的黑灰色调的传统，给人们的视觉带来强烈冲击，仿佛生活也变得更加丰富多彩。

2）材质与工艺。设计师除了在造型功能上进行完美的设计创意外，还要能够对材料进行恰当的选择，达到形态、色彩、材质的有机结合，使产品富有更多的表情与意义。

图3-62 苹果电脑

材料的质感主要是指产品表面特征给人带来的视觉和触觉感受以及心理联想。视觉质感是靠视觉来感知的材料表面特征。材料表面的光泽、色彩、肌理和透明度等都会产生不同的视觉质感，从而形成材料的精细感、粗犷感、均匀感、工整感、光洁感、透明感等感觉。相对于触觉，视觉具有一定的间接性。人的大部分视觉感受其实是经过触觉感受经验积累获得的。根据这一特点，人们运用工艺手段，达到仿造材质以假乱真的效果。例如，在工程塑料上烫印铝箔呈现金属质感，在纸上绘制木纹、布纹、石纹等，在产品设计中应用较为普遍。

触觉质感是人们通过手和皮肤触及材料而感知的材料表面特性，是人们感知和体验材料的主要途径。人们一般易于接受蚕丝质的绸缎、精加工的金属表面、高级的皮革、光滑的塑料和精美陶瓷釉面等，因为可以得到细腻、柔软、光洁、湿润、凉爽的感受，使人产生舒适、愉快等良好的感官效果；而对接触粗糙的物体、未干的油漆、锈蚀的金属器件等，会产生粗、黏、涩等不愉快的心理反应，造成反感或厌恶。

由于自身属性不同，不同材质可以创造出不同的气氛感觉，如表3-2所示。

表3-2 不同材质的不同感觉

金属	坚硬、冰冷、光泽、现代、高贵、稳重、牢固、冷漠、贵重、硬朗、结实、重量感、沉重、有质感、阳刚、厚实、理性、时尚
塑料	轻巧、人造、脆弱、柔软、柔韧、冷漠、温和、实用、反光、可塑、亲切、华丽、波普、轻便、廉价、可爱、耐用、生硬、鲜艳、中庸、通俗、科技
玻璃	透明、光滑、透彻、清脆、光亮、冰冷、晶莹剔透、脆弱、易碎、纯净、纯洁、清闲、清爽
木材	自然、亲切、温暖、舒服、粗糙、温馨、古典、轻质、踏实、厚重、高雅、纯朴、肌理、清新、生命感
陶瓷	光滑、高贵、脆弱、古老、细腻、光亮、易碎、艺术、柔和、贵重、华丽、古朴、优雅、光洁

续表

皮革	柔软、现代、温暖、舒适、高贵、结实、有质感、奢华、珍贵、光亮、光滑、庄重、野性、庸俗、时尚、手工、细腻、典雅
橡胶	弹性、耐磨、柔软、韧性、难闻、粗糙、耐用、实用、易塑、结实、运动、暗淡
织物纤维	柔软、温暖、舒服、温柔、细腻、柔和、美丽、感性、质朴、光滑、亲切、粗糙、柔韧、毛茸茸

相同的材料经过不同表面处理工艺也能产生丰富的语义。以塑料材质为例，塑料虽然是一种较年轻的材料，却有着丰富的质感，具有优良的性能和很高的可塑性，被大量运用在产品设计中。特别是在手机产品设计当中，大多使用塑料材质，但是却创造出千变万化的质感（如表3-3所示）。

表3-3 塑料材质在手机产品中的不同应用

	连接屏幕和键盘的部分采用柔弱无骨的塑料膜，按键方面，特殊的硅胶材料有不错的手感	柔软、独特		采用柔软的塑胶材质	活力、柔软、运动
	细腻塑料外壳，面板处理成网状并利用镜面反射原理，因而极富层次感	细腻、时尚、精致、简约		仿金属工艺制造外壳，表面是金属镀层	时尚、优雅、轻巧
	塑料外壳、水晶质感的按键	年轻、活力、时尚、透明		塑料亚光质感	理性、时尚、细腻、精致、唯美

在产品设计的过程中，设计师熟练掌握材料的基本性能和感觉特性，及时掌握新技术、新工艺和新材料的发展动向，运用适当的技巧处理适当的材料，往往会为设计注入新的表现力与生命力。通过色彩、材料、工艺与造型的完美结合，给人带来一种自然、丰富、亲切的视觉和触觉的综合感受，使所设计的产品给人以美的享受。

实践课题：家具产品 CMF 设计分析

实践要求：搜集优秀的家具产品，运用 CMF 设计原理，对其进行色彩搭配、材料质感以及加工工艺方面的分析，并进行 CMF 设计解析，示范案例如图3-63、图3-64、图3-65所示。

图 3 –63

图 3 –64

图 3 –65

3.3 面向目标人群的产品创新方法

人是产品设计中最基本的要素，即人是产品设计活动得以形成、实施的关键所在。这既包括人的心理要素，如需求、价值观念、行为意识、认知行动，也包括人的形态、生理特征等生理要素。面向目标人群的产品创新方法，侧重于对产品设计中人的因素的研究，主要以人机工程学、设计心理学等设计理论为研究基础。明确"消费者为中心"设计观念，了解消费者怎么想、怎么说、怎么做，对于产品设计开发至关重要，因为这是设计开发前定位产品概念的依据。以"消费者为中心"开展的产品设计就是要从消费者的利益和角度出发，研究什么才是消费者的需求。

3.3.1 人性化设计

"人性"是一个哲学概念，现代汉语的诠释为：人所具有的正常感情和品行。人性与人道有紧密的关联，体现出对人生理和精神上的一种关怀。"人性化设计"是一种关注人性需求的设计，在产品造型设计中，首先要考虑人的因素，如人机关系、产品使用者的需求动机、使用环境对人的影响等。人性化设计要求产品与人有良好的互动关系，产品在造型、质感、色彩和结构尺寸方面要符合环境和社会需求，能符合不同人群使用时生理与心理特点，特别要注意为儿童、老人和残障者作体贴入微和优先的考虑。人性化设计的中心思想是使产品设计符合人性的需求，尊重使用者的人格和生理与心理需要，使人们生活得更加方便、舒适与体面。它有助于提高产品的经济价值和社会价值，并有助于提高和完善人的人性和人格，促进社会和谐发展。

在工业设计越来越备受关注的今天，人们对产品设计是否具有人性化，已成为人们衡量产品价值的一个重要尺度。现在的工业设计领域也已不再仅仅注重实用性，而是在它的外观或者其他的附属功能上下工夫。工业设计要以"人"作为出发点。通过对"人性"的研究，挖掘"人"在物质、精神、心理等各个层次的需要而进行人性化的设计。

人性化设计是指在符合人们的物质需求的基础上，强调精神与情感需求的设计。它综合了产品设计的安全性与社会性，就是要在设计中注重产品内环境的扩展和深化。影响人性化设计的要素主要包括四个方面：环境因素、人的因素、文化因素以及产品本身的因素。

人类生产方式的主要载体——设计物，它在满足人类高级的精神需要、协调、平衡情感方面的作用是毋庸置疑的。设计师通过对设计形式和功能等方面的"人性化"因素的注入，赋予设计物以"人性化"的品格，使其具有情感、个性、情趣和生命。当然这种品格是不可测量和量化的，而是靠人的心灵去感受和体验的。设计人性化的表达方式就在于以有形的"物质态"去反映和承载无形的"精神态"。

人性化设计的实质就是在考虑设计问题时以人为中心来展开设计思考。以人为中心不是片面地考虑个体的人，而是综合考虑群体的人、社会的人，考虑群体的局部与社会的整体结合，考虑社会的发展与更为长远的人类生存环境的和谐与统一，因此人性化设计应该是站在人性的高度上把握设计方向，以综合协调产品开发所涉及的深层次问题。在工业化发展的一个漫长时期内，人们曾忽略了在产品"物"的形态里还包含与人的生理、心理密切相关的多种因素，致使许多工业产品在设计中出现了种种不利于人的弊端，不久便被淘汰。于是致力于改善这种状况的人性化设计，伴随着人机工程学和设计美学的发展而成为当今最重要的设计观念。

进一步讲，产品的人性化设计主要从两个层面满足人的需要。一是生理和心理层面需要。人性化的设计观要求在"以人为本"的思路指导下，将设计的重点放在如何使产品更适合人的使用上。现代人机工程学对人体生理和心理的研究已经较为完善，设计师主要借助人机工程学来使产品适应人的生理、心理特点和使用习惯，提高产品在使用中的便利性和宜人性。

二是审美和文化层面。人性化的设计观要求产品设计要从人对美的评价标准出发，通过对造型、材质、色彩等方面的合理组合，给产品的使用者带来审美的愉悦。产品的文化价值的需求涉及社会价值观念、民族习俗、伦理道德等诸多方面的内容，这就要求设计师在设计之前要通过细致的调查分析，了解目标消费者在上述范畴内的喜恶倾向，并依靠自身敏锐的感知力对产品功能和形式加以预测。

案例：笔记本电脑中的人性化设计细节

站在消费者的角度考虑，我们当然希望笔记本厂商在设计产品的时候，最大程度的从人体工程学出发，充分考虑人体操作舒适度、安全、健康应用等方面。当一款笔记本加入了必要而到位的人性化设计的时候，换来操作好友度的极大提升，让用户使用起来更加得心应手，感觉更加舒适体贴。

在舒适度方面，我们可以列举一些人性化设计的典范，包括键盘灯设计、键盘边框插孔标识、散热口后置及左置、触摸板多点触摸、吸合式屏幕设计、提示各种功能开闭状态的指示灯、轻触式快捷键，等等。

进入信息时代后，个人信息安全被高度重视，如大多数人的笔记本电脑中都有不能和别人共享的各种文件。基于此，在安全方面各种人性化的安全设计被植入笔记本产品，包括指纹识别系统、人脸识别系统、键盘锁、硬盘防震、防水设计，等等。下面具体举例说明。

1）IBM 的 Think Light：从 T20/X20 开始，Think Pad 笔记本电脑开始为其增加了一个称为 Think Light 的设计。所谓 Think Light，其实就是内建在屏幕顶端的一个高亮度LED 灯，在光线昏暗的时候开启它可以用来照亮键盘，方便打字。看起来好像只是个小玩意，其实这个小巧的 Think Light 功能兼具聪明实用的特色。如图 3-66 所示。

图 3-66

2）惠普的触摸板屏蔽键设计：由于设计位置的原因，在打字过程中使用者的手腕会触及触摸板导致鼠标移动，给使用带来很多不便。为了解决这个问题，许多厂商想尽办法，如设计软件屏蔽等，不过操作起来都不是很方便。而惠普的工程师在触摸板上方设计了一个条形按键，可以通过它一键屏蔽触摸板，操作起来非常方便。如图3-67所示。

图 3-67

3）惠普的背光键盘设计：背光键盘的按键采用镂空印字法，使用透明材料制造按键，通过印刷不透明的特殊涂层覆盖到键帽表面，再经键帽下方 LED 光源照射，产生键盘上字符发光的效果。同时其背光还可以进行两级的亮度调节，用户在光线较暗的环境中使用时也不会发生误触。如图 3-68 所示。

图 3-68

3.3.2 情感化设计

产品的情感化设计是由唐纳德·A. 诺曼（Donald Arthur Norman）在他的代表作《情感化设计》一书中提出的。唐纳德·A. 诺曼是尼尔森·诺曼集团的联合创办人和灵魂人物，苹果公司先进技术组的副总裁，认知科学学会的发起人之一。以本能、行为和反思这三个设计的不同维度为基础，阐述了情感在设计中所处的重要地位与作用，深入地分析了如何将情感效果融入产品的设计中，这可解决长期以来困扰设计工作人员的问题——物品的可用性与视觉性之间的矛盾。

情感是人对外界事物作用于自身时的一种生理的反应，是由需要和期望决定的。当这种需求和期望得到满足时会产生愉快、喜爱的情感，反之则产生苦恼、厌恶的情感。在设计过程中，设计师可以分别从用户本能的、行为的和反思的三种维度展开设计，从而使产品达到功能与形式的美的统一。

本能水平的设计关注的是外形，人是视觉动物，对外形的观察和理解是出自本能的。如果视觉设计越是符合本能水平的思维，就越可能让人接受并且喜欢。行为水平的设计关注的是操作，这是我们应该关注最多的，特别对功能性的产品来说，讲究效用，重要的是性能。使用产品是一连串的操作，美观界面带来的良好第一印象能否延续，关键就要看两点：是否能有效地完成任务，是否是一种有乐趣的操作体验，这是行为水平设计需要解决的问题。优秀行为水平设计包括四个方面：功能性、易懂性、可用性和物理感觉。反思水平的设计关注的是形象和印象。反思水平的设计与物品的意义有关，受到环境、文化、身份、认同等的影响，会比较复杂，变化也较快。这一层次，事实上与顾客长期感受有关，需要建立品牌或者产品长期的价值。只有在产品、服务和用户之间建立起情感的纽带，通过互动影响了自我形象、满意度、记忆等，才能形成对品牌的认知，培养对品牌的忠诚度，品牌成了情感的代表或者载体。如图3-69所示可口可乐瓶盖的设计，就是很好的情感化设计的例子。可口可乐为人们免费提供各种种功能不同的瓶盖，只需拧到旧可乐瓶子上，就可以把瓶子变成水枪、笔刷、照明灯、转笔刀等工具，给予了瓶子第二次生命。这种功能性和趣味性也使可口可乐的品牌形象更加深入人心。

随着人们消费需求的提高以及市场竞争的日益激烈，人的感性心理需求得到了前所未有的关注，人们已经不再满足单纯的物质需求，人的需求正向着情感互动层面的方向发展，使得消费者和制造商对产品满足人的心理需求方面提出了更高的要求。对于情感化的需求可能体现在很多方面，比如希望在玩游戏的时候能有更多的任务提示，或者当电源不足时能够提醒赶紧充电。这种对于系统的更加拟人化的需求，只不过是因为人类天生对于机器的恐惧和陌生。产品真正的价值是可以满足人们的情感需要，最重要的一个需要是建立产品自我形象和其在社会中的地位需要。当以物品的特殊品质使它成为人们日常生活的一部分时，当它加深了人们的满意度时，爱就产生了。

图 3-69

对应本能、行为和反思三个层次，实现产品的情感化就要求产品形态的情感化、产品操作的情感化以及产品特质的情感化。漂亮的外形、精美的界面由此提升产品的外在魅力，并最快传递视觉方面的各种信息。视觉的传达要符合产品的特性、功能与使用环境、使用心理等。巧妙的使用方式会给人留下深刻的印象，在情感上会越发喜欢这种构思巧妙的产品，这种巧妙的使用方式会给人们的生活带来愉悦感，从而排解了人们的压力，所以得到用户的青睐。真正的设计是要打动人的，要能传递感情、勾起回忆、给人惊喜。只有在产品、服务和用户之间建立起情感的纽带，通过互动影响了自我形象、满意度、记忆等，才能形成对品牌的认知，培养对品牌的忠诚度。

案例：Mr. P 系列产品设计

诞生于 1996 年的卡通人物 Mr. P 是由几位泰国设计师共同创立的，其设计理念就是将生活里所有的物品注入幽默的生命。作品中令人赞叹的原创思考和功能，让人喜爱。我们总相信在其简单线条的设计下，漂亮的幽默感绝对来自不简单的坚持。设计品从杯到盘，生活里行为所及的大小物品都在设计范围，充满造型趣味的 Mr. P 小男孩，逼真的倔强表情，光着身体，头顶着百折帽，如果你故意拿起他的百折帽，就会看到 Mr. P 低头羞涩的一张脸。以充满裸体造型的趣味，却一点都不叫人觉得难为情，可爱男孩的心，出于天真的创意，恶搞、幽默、简单的创意设计让人印象深刻。图3-70所示为 Mr. P 系列小产品。

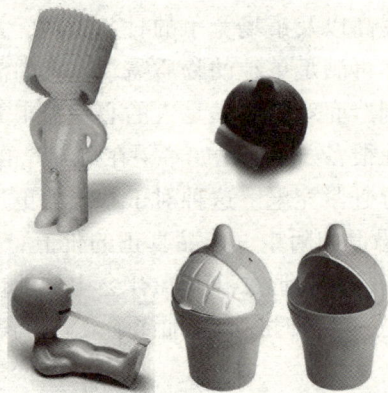

图 3-70

现在 Mr. P 已经成为一个全球化的潮流品牌，全球时尚达人热捧的恶搞潮牌。它不仅是创意家居小产品，还出现在箱包、服装、服饰、儿童用品等产品上。许多大牌球星、好莱坞明星都会穿戴 Mr. P 的产品，如图 3 - 71 所示。

图 3 - 71

3.3.3 用户体验设计

"用户体验"的概念最早是随着计算机网络的发展提出来的，主要是指用户和人机界面的交互过程中所产生的体验。在软件界面设计或网站设计当中，用户体验划分为四个互相关联的要素：功能性（functionality）、使用性（usability）、内容（content）和品牌（branding）。设计者可以通过检验这四个要素是否满足，来衡量一个网站是否具有良好的用户体验。

这四个要素对于工业产品设计同样适用。开发一款产品，首先是要让产品有用，满足功能性需求。第二点是追求使用性，这点也非常重要。例如，消费者想购买一台高档洗衣机，但是可能因为这台洗衣机操作复杂，用户不知道怎么使用，当然就不会花钱购买。好的产品能够让用户不去读说明书，一看就知道怎么使用，这也是未来设计的一个方向。第三点是丰富内容，网站的内容指的是网站的页面及其传递的信息，借用到产品设计上可以理解为产品的物质实体。通过对产品造型、色彩以及材质的设计，传递一种信息，让产品产生吸引力。"有内容"的产品能够对用户产生吸引力，使人爱上这个产品。做好这三点，产品设计就要努力上升到品牌。品牌往往意味着优良的品质、时尚的设计及优秀的售后服务。购买名牌在某种意义上是人们身份地位的象征。创造一种强调体验的品牌形象，会为购买者的选择赋予更大的理由，同时也要求通过产品来体现品牌形象。以哈雷摩托车为例（见图 3 - 72），改装的魔力使每一辆哈雷摩托独一无二，对于消费者而言，拥有一辆哈雷摩托，意味着拥有无限的可能。风和速度的召唤、特有的噪音语言、震颤的快感、超脱日常生活的束缚，这些体验使人为之痴迷，甚至有些痴迷的使用者将哈雷摩托的标志纹在身上。这时，顾客购买的并不是纯粹的产品和服务，而是自由、冒险的品牌体验，正是这些无形的体验价值，使产品卓尔不群。可见，好的设计所要达到的最终目标也就是要树立起自己的品牌在消费者心目中的体验价值。

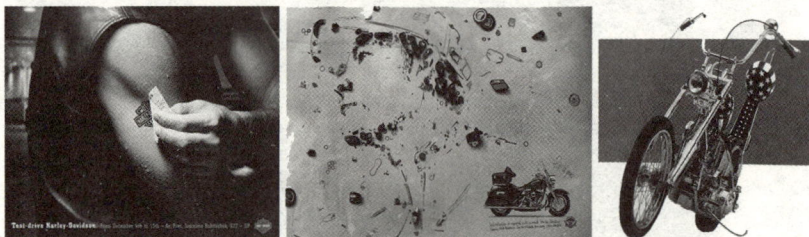

图 3-72　哈雷摩托车

用户体验是一种纯主观的在用户使用一个产品或服务的过程中建立起来的心理感受。因为它是纯主观的，就带有一定的不确定因素。不确定因素决定了每个用户的真实体验是无法通过其他途径来完全模拟或再现的。但是对于一个界定明确的用户群体来讲，其用户体验的共性是能够经由良好设计的实验来认识到。飞利浦就曾经做过关于用户体验的实验研究，并根据研究设计出一系列厨具。飞利浦"用户为本"的研究主要是采用根据目标用户的特定情景描述来进行设计的方法。具体操作办法有四个，如图 3-73 所示：①用者画图：利用工作坊，邀请市场目标用户描绘他们心中理想的产品（User Drawings）；②用户访问：访问和接见目标用户，请他们谈谈心中最满意和最不满意的产品（Semi-Structured interviews）；③家居探访：到目标用户的家中作深入的访问，看看他们最喜欢的产品或器物（Home visits）；④个人录像访谈：邀请目标用户以录像机为对象，描绘他们对理想的产品有关的故事（Private Camera Conversation）。

图 3-73　飞利浦用户研究

通过对用户的调研，然后用氛围图版、情态图示、风格矩阵、潮流图示、材料图版等形式来诠释用户体验的感觉。以此作为设计的依据，飞利浦开发了一系列具有前瞻性的厨房用品，主题定为"厨房的艺术"。例如图 3-74 所示的床上用小餐桌的设计，设置的情景描述为：周末慵懒的早上。人们经过一周的工作，这个时刻需要休息与放松，同时早上起床喜欢看看报，了解一周发生的新鲜事。这款餐桌可以用来很方便地在床上吃早饭，同时有上网功能，可以浏览网上的新闻、收发电子邮件。可见通过把握消费者的参与欲望和体验需求，可以启发设计师的灵感创造，使其不断对产品内涵进行新的诠释，从而不断产生新的产品设计理念。

图3-74　飞利浦床上餐桌设计

　　基于用户体验的设计方法和以往的设计方法最大的不同之处，就在于以往的设计往往是设计师头脑中的想法和创意，最终通过营销广告的宣传使用户被动地接受。而基于用户体验的设计强调用户的使用过程，以交互的过程作为设计依据。它设计的对象不再是一个具体的产品，而是包括了产品与用户交互的整个过程系统。

　　体验设计是将消费者的参与融入到设计中，通过产品设计营造出特定氛围，为消费者提供全过程全方位的美好体验过程。在产品体验设计的时候，设计师需要考虑的更系统更全面，注重事物之间的相互作用和联系，不仅包括核心产品的设计，更包括其外延的整体设计。通过产品，营造整体氛围，引导人们的情感融入其中，达到情感的共鸣，产生难忘的体验。

　　从对体验设计的定义中可以看出以下三点：

　　1）体验设计是以消费者的参与作为设计依据的。体验设计突出顾客参与的感性价值，设计更加人性化。消费者参与设计可以分为三种类型：适应性参与、协作化参与、装饰化参与。适应性参与是指产品设计应当根据用户的兴趣、年龄、性别、教育背景和性格特点来进行，以适应用户的口味，唤起人们参与。这种参与是被动的，但由于产品的适应性，决定了引起参与的必然性。成功的体验设计产品能够抓住用户的需求，使用户参与其中。协作化参与指企业与用户互相合作共同完成最终产品。例如戴尔电脑为用户提供了一些基本的零件配置，用户通过自主选择定制出所需要的产品。戴尔一年之中为顾客提供了25000种不同配置的电脑，每一台电脑都是顾客协作化参与设计的结果，成本低的同时也满足消费者的个性化需求。装饰化参与是指企业提供给用户有基本功能需要的产品，而产品外部的装饰可以按照用户的需要来设计。例如苹果的iPod产品种类并不丰富，外形也极为简洁。但正是由于外观简洁，就给了用户很大的自由设计空间。iPod创造了一个巨大的持续增长配件市场，包括录音设备、音响、适配器、彩绘外壳等（见图3-75）。用户在自己动手的过程中创造了体验，打造属于自己独一无二的产品，并且产生心理上的满足感与成就感。

图 3 -75　iPod 丰富的配件

2）产品在体验过程中作为"道具"出现，需要与整体氛围相协调，并且起到烘托作用。产品体验设计必须服务于产生体验的整个氛围的需要，这就意味着产品的概念具有更为广阔的外延，设计师在设计的时候要考虑得更加全面。为了烘托整体情景氛围，设计师需要对各种设计符号元素拿捏自如，通过一定的排列组合，达到所要的效果。使使用户通过对设计符号的解读，体会出设计者传达的信息，获得相关的体验。所以设计师对设计语义的理解及对设计符号的构成规律的把握能力显得尤为重要。如图 3 -76 所示，一个为欧式装修风格，一个为中式装修风格，这两个场景的营造都是通过场景中的产品表现出来的，包括桌椅、餐具、灯具、墙面的处理。而欧式装修风格则运用了涡卷、植物纹样、欧式柱头，水晶灯灯具，顶面的彩绘西方油画，仿佛使人感受到欧洲的浪漫风格。中式风格在造型上运用了明清家具简洁的造型元素，灯具采用红色纱幔灯罩，墙面用大幅水墨画壁纸装饰，给人带来古朴的东方气息。不同造型符号元素的运用使相同的地方给人带来不同的体验。

图 3 -76

3）体验设计的目标是使消费者获得美好的体验过程。能否让使用者在使用产品的活动过程中拥有美好的回忆、产生值得回味的体验成为衡量产品设计优劣的标准。产品不光要具备美的外形，吸引人们的目光，而且还更要关注产品在使用的过程中带给人们的感受，过程比结果显得更加重要。以手机产品为例，目前国产手机在外观设计上其实与苹果手机的差别不大，但是在使用起来却没有苹果舒服，往往手感不佳，操作复杂，正是使用过程体验的差别，拉开了品牌之间的差距。

拥有好的产品体验的设计应该具有以下特点：①人性化。具有人性化的操作和符号会让使用者倍感亲切，并且可以感受到使用的贴切性。②生活体验。体验生活中各项存在的事物和勾起回忆的经验与符号。③回馈性。生理或心理上的回馈（让产品与人之间产生动作或心灵上的回馈）。④愉悦感。产品富有愉悦的生命力会使用户感到愉悦轻松快乐。⑤功能简约不复杂。尽可能避免不必要的线条与功能，让使用者轻松使用，并保持外形的洁净感；在背景单纯的情况下，显示出产品要表达的主题。⑥合宜的色彩与材质运用。适当的色彩及材质会让情感的感受表达更加明显。

设计是一种以人为本的创新。设计本应首先考虑用户，其次是商业，而大多数企业恰恰相反——先考虑怎么赚钱，而没有真正从用户的角度去思考。苹果的 iPod 是体验设计的一个优秀典范。"从一开始我们就想要一个看起来无比自然、无比合理又无比简单的产品，让你根本不觉得它是设计出来的"，iPod 的主设计师如是说。苹果公司通过调查发现：真正的乐迷会希望将自己的全部音乐收藏放在 MP3 播放器里，随时随地找出最想听的播放。更多人情愿电脑随意播放。针对上千名 iPod - shuffle（见图3 -77）使用者的调查表明，随意播放功能深受 iPod 使用者喜欢：随意播放让人不知道什么将出现，但知道那是自己喜欢的。因此，用来找歌的显示屏并非必须，甚至功能键也可以被简化为只有六个——播放、暂停、下一首、上一首、声音提高、声音减小。iPod 本身没有什么特殊的功能，也就是播放，倒歌，但是苹果在用户体验方面做了很好的创新。

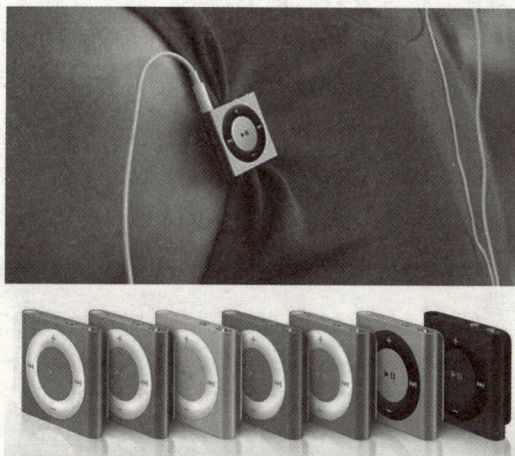

图3 -77

《商业周刊》曾经断言，"能否有效的管理'客户体验'将决定企业在下一个十年的生存"；戴尔公司的口号是"客户体验：把握它"；惠普中国区总裁孙振耀宣称"全面客户体验是惠普的十年发展战略"。当然，体验营销是一个很大的话题，涉及到管理的方方面面，但反映到产品层面，就是需要产品在满足用户的实际功能需要之外，更能满足用户的心理需求与精神需求。科技总是冰冷的东西，然而当科技遇上暖暖的人文理念与设计，便如化学反应中的催化剂一般加速了美的诞生，未来的产品设计，一定是技术性能与应用体验的完美结合。

案例：The Lock USB 优盘设计（设计者：陈朔）

1）用户的体验需求

自1998年优盘问世至今，与生俱来的便携、体积小容量大、存储快、安全性高等优点使优盘迅速赢得用户青睐，成为人们工作、学习、生活中不可或缺的部分。市场产品的主流和发展趋势正朝着精巧、高速、大容量、安全的方向发展。

优盘主要是由 IC 控制芯片、闪存、PCB 板和电子元器件组成，如图3-78所示。

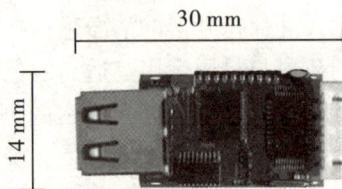

图3-78　优盘芯片

目前，众多商家涉足优盘市场，导致优盘种类繁多。优盘已发展到一个比较成熟的阶段，现在的消费者主要是使用优盘存取文件，携带使用是否方便和外形是否美观是影响消费者购买的主要因素。目前市场上的优盘一般是盖子和主体分开的，使用时容易丢失盖子。携带时优盘配备的挂绳也不受消费者的欢迎。优盘信息安全性问题也逐渐受到关注，出现了指纹认证型优盘，只有通过指纹认证后才能使用该设备，但价格偏高，消费者难以接受。

因为在价格水平、性能可靠性和存储容量等方面满足了大多数普通用户的需要，优盘目前已经形成了庞大的消费用户群体，这其中既有要求经济实惠的学生一族，也有注重性能及信息安全性的商务人士。

2）设计脉络归纳

经过对现有产品的调查分析，发现目前的优盘产品主要存在三个问题：大多数优盘盖子与盘身分开，造成盖子容易丢失；携带的方便性问题；盘内信息的安全性问题。如果在设计时能够很好的解决这三个问题，无疑将会大大提高消费者的使用体验。优盘的设计脉络分析如图3-79所示。这款优盘的设计将目标人群定位为学生族，采用"锁"的符号形式，同时解决了优盘在使用过程中盖子易丢失问题、携带方便问题和优盘内信息的安全性问题。外壳采用磨砂塑料和软胶两种材质，手感舒适，具有亲和力。色彩运用彩虹七原色，丰富诱人，同时根据每种颜色还分别设计了七款彩壳，满足年轻人追求个性的 DIY 心理。

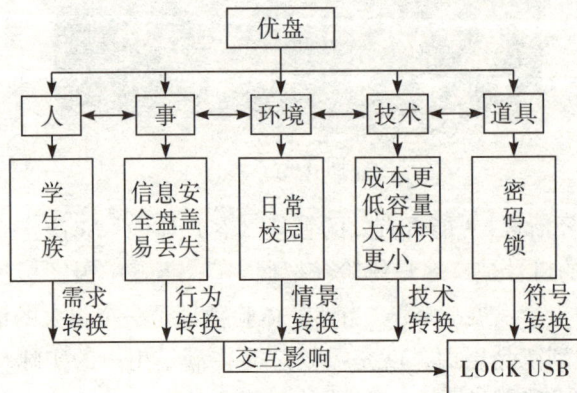

图3-79

设计说明：①主题鲜明。功能简约，外形简洁明了，避免了不必要的线条与功能，让使用者轻松使用。②人性化。关注人们的使用过程中遇到的问题以及使用者的心理需求，同时满足功能和心理需求。③生活体验的反应。体验生活中勾起回忆的经验与符号，由"锁"这个符号，联想到安全性的保证，说明这款优盘具有保护内部存储信息的功能。④合宜的色彩与材质运用。材质采用磨砂塑料和软胶两种材质，手感舒适，具有亲和力。色彩运用彩虹七原色，丰富诱人。⑤良好的互动性。用户可以通过设置密码锁或更换彩色外壳等活动与产品产生交互，得到回馈，建立人与物之间的情感。⑥愉悦感。产品外形具有趣味性，使用户感到愉悦快乐。⑦产品氛围的渲染。根据每种颜色分别设计了七款彩壳，满足年轻人追求个性的 DIY 心理，提高产品的附加价值。如图 3-80、图 3-81、图 3-82 所示。

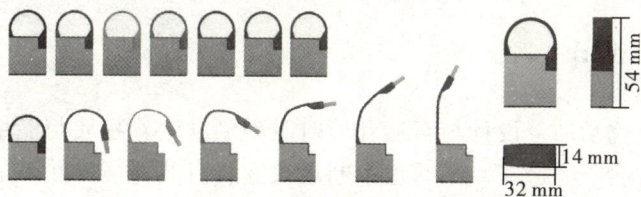

图 3-80　二维渲染与尺寸图

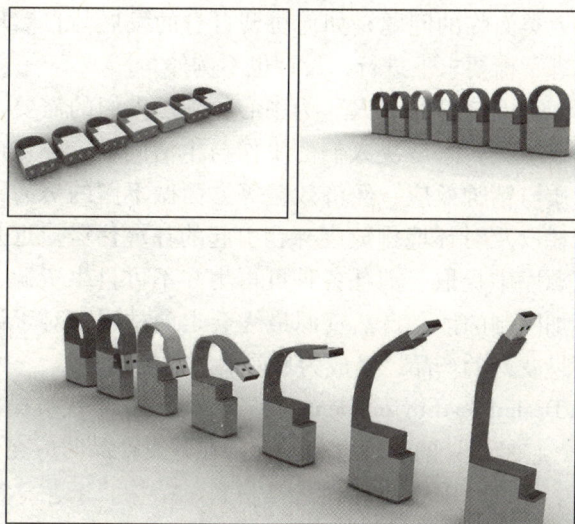

图 3-81　三维效果图

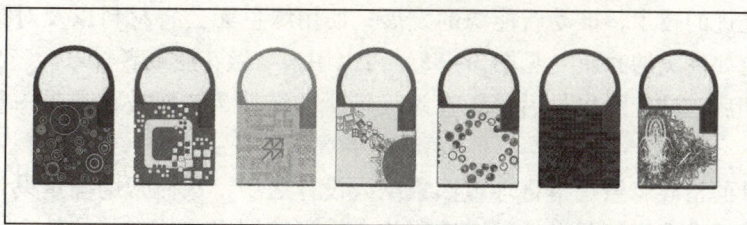

图 3-82　彩壳设计

3.4　面向未来的产品创新方法

今天是由昨天的人们、上一辈的人们造就，一个怎样的明天，很大程度上和今天的发展构思相联系。无论真实与虚无，未来都立足于现在。现代管理学之父德鲁克有言，"预测未来最好的方法，就是去创造未来。"现在的问题必将对明天的生活造成影响。产品设计师肩负着重要的责任——从可持续发展和信息化发展的角度着手未来世界的构建。

3.4.1　生态设计

作为人类的造物活动，设计与自然环境时时刻刻发生着物质与能量的交换。人类造物活动使人类社会不断进步，同时也不断地改变着自然环境，并对全球环境系统产生不同的影响。进入工业文明以后，随着科学技术的发展，人类的工业活动与自然生态系统不断发生冲突，对自然环境产生了不同程度的影响。生态问题是无国界的全球性的关注焦点。当前人类面临的问题是如何协调自身的发展与自然环境的关系，使人类所有文化活动在生态平衡要求下进行，设计也不例外。

传统的设计原则，是围绕着以"人"为中心，满足人们的需要，把人们的需要转换成具体的物理形式或工具，来解决人们的工作与生活问题，并在产品造型、色彩和肌理以及所产生的物质与精神效应、经济效益等方面做不懈的努力，而无视产品生命周期的资源和能量消耗以及对环境排放废弃物引起的环境污染。近几十年来，人类快速、大量地从自然资源库中提取、消耗各种可再生和不可再生资源，自然资源的消耗处于临界点，如果不加限制的话，自然资源最终会走向枯竭。对于设计师而言，设计出既赏心悦目又与环境友好的产品，已成为目前最大的挑战。

"为环境设计"（Design for Environment）在 20 世纪 90 年代被提出，也叫作"绿色设计"、"生态设计"。它是设计的新理念，设计师在开发产品时应充分考虑生态要求和经济要求之间的平衡。在设计中应合理地选择材料、结构、工艺，在制造和使用过程中尽可能地降低能耗，不产生毒副作用，其产品易于拆卸和回收。产品的生态设计表现在能源、健康、连续使用上。在可持续发展和设计的方向上，产品应在经济预期计划内采用最先进的技术，推动新能源的发展；使用绿色无公害材料以及对持续使用方式的支持：比如优美的酒瓶（见图 3－83）可以用来当做花瓶或者灯罩。产品在经过原本的使用周期后，试着跳出最后销毁在垃圾场所的结局，转而被赋予另一重身份，得以继续使用。

生态设计的指导思想是指将环境因素纳入设计之中，从而帮助确定设计的决策方向。生态设计要求在产品开发的所有阶段均考虑环境因素，从产品的整个生命周期减少对环境的影响，最终引导产生一个更具有可持续性的生产和消费系统。产品生命周期是"一种产品从原料开采开始，经过原料加工、产品制造、产品包装、运输和销售，然后由消费者使用、回用和维修，最终再循环或作为废弃处理和处置"。力图在产品的设计初始阶段进行预防，而不是等出现问题之后再去解决。要对产品周期的每一个阶段做精心的环境分析与设计。

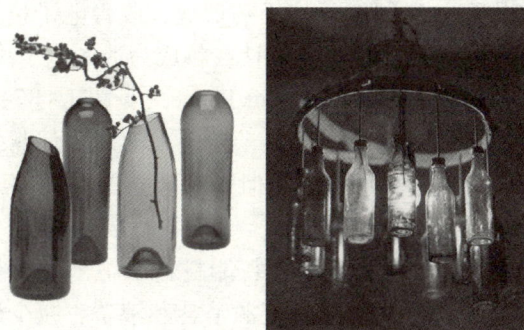

图 3－83

寻求生态可持续发展方案主要有：

1）非物质设计与服务设计。例如，没有具体物质材料和形态、色彩、肌理、线条等因素将电子邮件、电子书、电子词典等表现出来，从而逐渐使设计脱离物质层面，这样一来，大大减少了纸张的用量，属于非物质设计。当今，产品设计与制造中有这样的一种思路，就是制造者提供的是产品的功能和服务，而不是产品本身。产品出售后仍然归属企业，企业提供的只是产品的功能或服务，产品报废后由企业回收，对产品的整个生命周期负责。这样，一方面促使设计师尽可能设计出寿命长、耐用性高的产品；另一方面也大大减少了资源浪费和对环境的污染，提高了产品的环保效益，有些学者称它为"服务设计"。例如，北大校园创业项目 OFO 共享单车的设计（见图 3－84）。由于高校内的主要交通工具是单车，但校园单车又面临"买车、修车、丢车、毕业后转让或废弃"等痛点，于是 OFO 共享单车团队于 2015 年 9 月开始在北大开始试验。团队推出了标志性的小黄车——车体颜色统一涂刷为黄色。学生可以通过微信服务号和 APP 使用小黄车。且因为小黄车上安装有传感器和智能装置，可以实现定位、解锁、用车、付费等用车流程。目前已经在全国的高校中推广。

图 3－84

2）加强产品的耐久性和功能灵活性的设计和再设计。通过标准化与模块化产品设计，使产品易于升级，零部件易于更换，且能循环利用，延长产品的物理性和功能性寿命。例如，电脑主机内部的模块化设计，避免了因整体报废而导致的资源浪费和环境污染等问题。目前电子市场可持续发展面临的问题很多，如回收成本很高、无法有效利用回收资源等。怎样有效遏制电子垃圾的形成，改善电子垃圾对环境的破坏，已经成为科技领域需要面对的难题。模块化设计或将成为遏制电子垃圾形成的关键技术。现在，很多模块化的手机已经亮相，例如 Fair Phone（见图 3 - 85），用户用螺丝刀可自行升级该手机的屏幕、处理器等部分。而且，换下来的旧零件其公司负责回收，这无疑是可以改善电子垃圾对环境造成的影响。但 Fair phone 的售价很高，在短时间内，还很难在市场上普及。

3）新材料新技术的应用。例如，研发智能材料和纳米化学技术，使产品变得轻便、耐用、智能、精细、便宜，从而降低资源消耗和浪费，减少地球承载力能负荷的程度。近几年来，由高性能的材料和技术所决定的微型化产品设计成为发展趋势。产品小，相关材料和能源消耗就低，储存空间和运输成本就少，再加上赋予产品人文价值和艺术形式，这种设计就会具有环保的神奇魅力。新材料新技术也包括环保材料与回收材料的应用，如图 3 - 86 所示为法国著名设计师菲利普·斯塔克设计的一款电视机，机壳采用的材料均为可降解的环保材料，既不造成资源浪费，也不会破坏环境，因而成为绿色设计的典范。

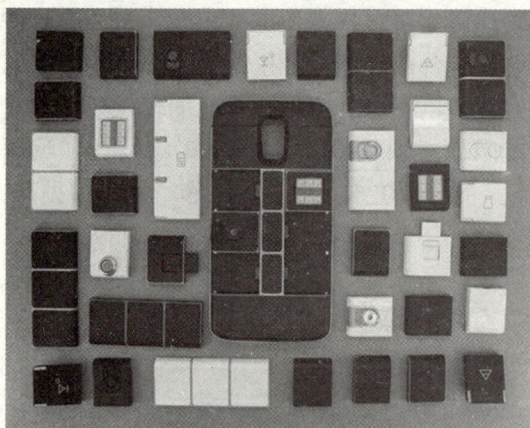

图 3 - 85

图 3 - 86

4）积极开发太阳能、风能、地热能、潮汐能、生物燃料等新能源。这些能源零消耗，零排放，是真正的绿色清洁能源。例如，海南三亚地区的公交候车亭就采用了太阳能发电技术。如图 3 - 87 所示，太阳能公交车站由一把把撑开的蓝色大伞组成，每把伞顶安装着六块太阳能光伏板。供电线路与光伏板接通，公交站上的广告灯箱照明效果非常好，外观也很漂亮。并且由于使用太阳能供电，不需要重挖道路，埋设电缆，这样对于偏远路段的新建公交车站来说，安装也将会更加便捷。

图 3 - 87

案例：南京城市公交候车亭生态设计（设计者：陈朔）

南京城市建设以"山水城林"为特色，拥有便捷宽阔的林阴大道，遍布全城的文物古迹，这些使这座城市更具生活品位和魅力。"十二五"以来，南京市建成了环紫金山绿道等 200 多公里长的城市绿道，推进了绕城公路等 18 条总长 720 公里的进出城重要道路绿色通道建设。滨江风光带也已经基本建成，成为南京城市一条靓丽的绿色风景线。将南京城市的"生态"特色融入到公共交通设施设计之中，应用生态设计的理念对南京的公交候车亭进行设计改良，从而使其在满足人们生活需求的同时，更好地顺应城市的发展趋势，契合南京的地域环境特色，以此来达到设施、使用人群、生态环境三者和谐共融的目的。

设计的主要创新点在于以下三个方面：

1）依据南京的气候特点。南京属于亚热带季风气候，四季分明，春秋短、冬夏长，光照资源丰富，在顶棚设置太阳能光伏电板，将太阳能转化成电能，进行存储，满足公交车站日常用电需要，节能环保。同时考虑到南京的梅雨天气，顶棚向下滴水，极易形成路面积水，给行人乘车造成不便。所以将顶棚的造型设计成后倾式，这样由于重力因素，雨水自然后流，滴入花槽灌溉植物，有效利用了水资源同时也减少了路面积水。

2）将普通公交候车亭的广告灯箱墙面改为植物墙面，墙面设有模块化植物花槽，方便安装拆卸，根据季节任意搭配栽种各种植物。一方面，花槽随意搭配变换排列，给原本沉闷单调的车站增添了活力和趣味，美化装饰了环境，很好的体现了南京"山水城林"的城市特色；另一方面，由于公交候车亭树立在路边，非常容易受到汽车尾气以及灰尘的污染，植物墙对于城市街道的空气也具有一定程度的吸收净化能力。

3）南京作为省会城市和旅游城市，每天都迎来大量的外地人口。对于不熟悉周围环境的外地人来说，缺乏对现有站牌上的公交路线以及站名等信息的直观地理概念，所以并不能很好的引导外地乘客有效乘车。该公交候车亭设有触摸式智能公交线路地图查询设备，该设备安装有百度地图软件，乘客只需要输入想要到达的地名，系统将为乘客安排出多条行车方案供选择，方便人们合理安排时间与计划路线。

具体设计方案如图3－88、图3－89所示。

图3－88　公交候车亭正面

图3－89　公交候车亭背面

3.4.2　智能化设计

随着计算机技术的发展与互联网络的普及，电脑替代和延长了人脑的部分思考能力，使人类更好地解决信息处理问题，并结合互联网开辟了新的传播信息的途径，大大地提高了信息传播的范围和效率，将人类从"工业时代"带入"信息时代"。

信息革命对产品内在的影响表现为：产品将实现高度的信息化、智能化和网络化，成为人们生活和娱乐的数字化伙伴，产品的制造系统也会更加智能化和网络化。信息技术对产品外部环境的影响主要是对人的需求变化的影响。

信息革命对设计的影响主要表现在三个方面：①数字化的设计工具的应用；②新的设计学科的出现；③设计方法和观念的变革。数字化的设计工具的应用主要是计算机辅助设计和信息交流两方面。这些工具的应用大大提高了设计师的工作效率和工作质量。新的设计学科的出现是指在设计领域出现了多媒体设计、电脑动画设计、虚拟空间设计、远程设计、数码摄像及图文特技等各种设计形式的信息设计。设计方法和观念的改变是指计算机和网络技术的应用代替了某些数据性和分析性的工作，把设计师从繁杂的体力劳动中解脱出来，从而使其拥有更多的时间和精力集中思考创新。

产品的物质功能是由使用者的物质性需求决定的，同时受到技术的制约。以往的产品具有安全性、可靠性、经济性、便捷性、舒适性和协调性等特征，信息时代的产品还有一些新的数字特征，主要表现为：智能性、网络性、沟通性。

所谓智能性，指产品自己会"思考"，会做出正确判断并执行任务。比如智能冰箱能根据食品的条形码来识别食品，提醒你每天所需食用的食品，甚至提示你的营养搭配是否合适，商品是否快过保质期，如果缺少了一些物品，它会自动上超市自动订购商品等。再如，伊莱克斯智能吸尘器三叶虫（见图 3 –90），每天在无人指挥的情况下，自动完成清洁任务。如果感觉电力不足，三叶虫会自动前往充电，充完电后还会沿着原来的路线，继续完成未结束的清扫工作。

图 3 –90

所谓网络性，是指产品可以随时和人通过网络保持联系。这种联系超越了空间的限制，人可以随时随地控制产品，产品之间也是互相联系的。西门子公司已经研制成能与因特网连接的家用电器，如冰箱、电炉、洗碗机、洗衣机以及洁具。这种冰箱可以通过网上超市自动订购商品，电炉可以从网上获取菜谱，帮助准备菜肴。一旦出现故障，它还能自动呼叫维修服务等。如图 3 –91 所示是未来智能厨房电器设计。

图 3 –91

所谓沟通性，是指产品和人的主动交流，形成互动。这种互动是积极的，一方面产品接受人的指令，并做出判断，提供参考意见；另一方面产品可以觉察人的情绪的变化，主动和人沟通。比如未来的洁具可以随时化验使用者的排泄物，并将化验数据送给家庭的保健大夫，电脑会在适当的时候提示你的健康状况，提供休息娱乐方案。电子宠物会觉察主人的情绪，根据判断用不同的沟通方式取悦主人，如图 3 – 92 所示是索尼公司设计的智能机器狗 aibo 爱宝。

图 3 – 92

计算机和网络技术对人类的影响才刚刚开始，未来会有更加广阔和深入的应用，将渗透到人们生活的中的每个环节。无论是吃穿住行，还是学习娱乐，都会发生革命性的变化。未来产品将显示出更多的数字化特征，产品的智能化的程度更高，会根据情景判断做出不同的选择。网络系统将更加有利于人的生活，家庭生活网络系统会让家电更加和谐的工作。社会网络系统将模糊了工作和娱乐的界限。产品网络化扩展的趋势越来越快，由单体变为系统，由线状变为网状，由封闭变为开放。总之，科技会变得更加人性化，产品会更加有生命力和亲和力，将变成我们生活中富有情感和生命力的伴侣，更加自然的融入我们的生活中。

第四章

产品开发流程实践综合案例分析

4.1 指纹锁产品开发流程实践

客户：常州华中集团指纹产品事业部，1995 年成立，坐落于常州大苍路，是国内一家以设计、制造、生产指纹设备为主的合资企业。该公司生产 AM 系列分体式牙指纹锁产品。

项目：AM2060B 指纹锁产品设计。

周期：40 天。

1. 企业原始产品

明确设计内容：当我们跟客户确定设计合作后，会由我们的市场人员及设计人员跟客户沟通，了解设计的内容及工业设计所应实现的目标。如图 4 −1 所示。

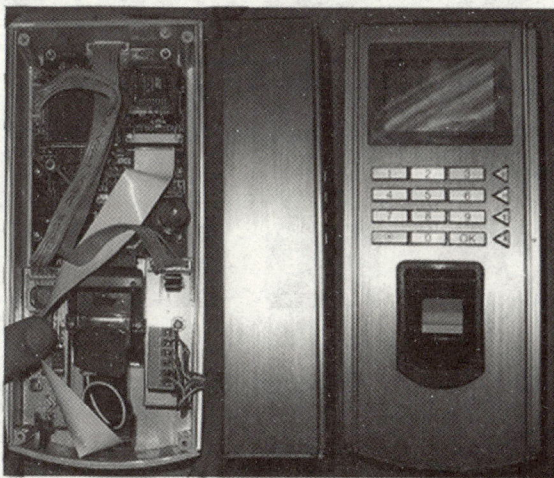

图 4 −1

2. 确定产品主要内部模块

根据客户提供的原始产品或产品功能模型，分析产品的功能实现原理、结构的变化幅度，确定产品的限制条件和设计重点。如图4－2所示。

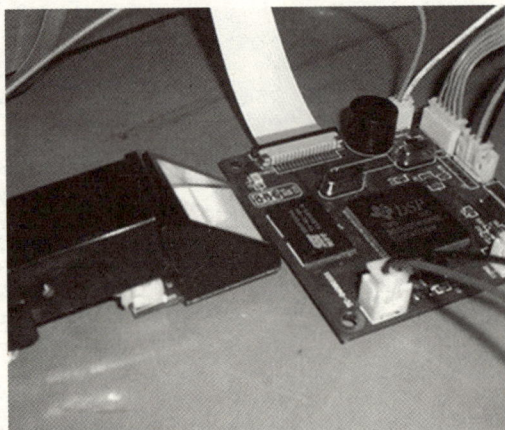

图4－2

3. 竞争对手产品市场调研

设计调研是设计师设计展开中的必备步骤，此过程使工业设计师必须了解产品的销售状况，所处生命周期的阶段，产品的竞争者的状况、使用者和销售商对产品的意见。这些都是设计定位和设计创造的依据。像指纹锁这类产品，设计难度主要集中于外观的悦目性和形态定位的准确性上，以及如何缩短设计周期来抓住变幻莫测的大众消费市场。如图4－3所示。

图4－3

4. 与客户商定产品粗略结构排布

在对产品的概念进行定位后，与客户确定产品的粗略结构排布，分析技术的可行性、成本预算和商业运作的可行性，了解客户对产品的基本构思。如图4－4所示。

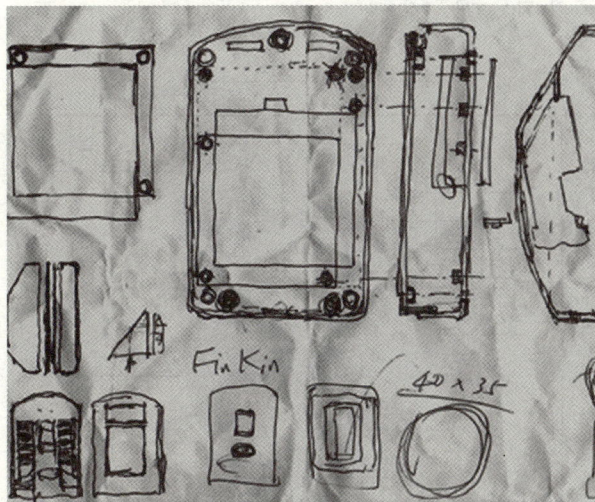

图 4－4

5. 构思产品草图

构思草图阶段的工作将决定产品设计70％的成本和产品设计的效果，所以这一阶段是整个产品设计最为重要的阶段。通过思考形成创意，并加以快速的记录。这一设计初期阶段的想法常表现为一种即时闪现的灵感，缺少精确尺寸信息和几何信息。基于设计人员的构思，通过草图勾画方式记录，绘制各种形态或者标注记录下设计信息，确定三至四个方向，再由设计师进行深入设计。如图4－5所示。

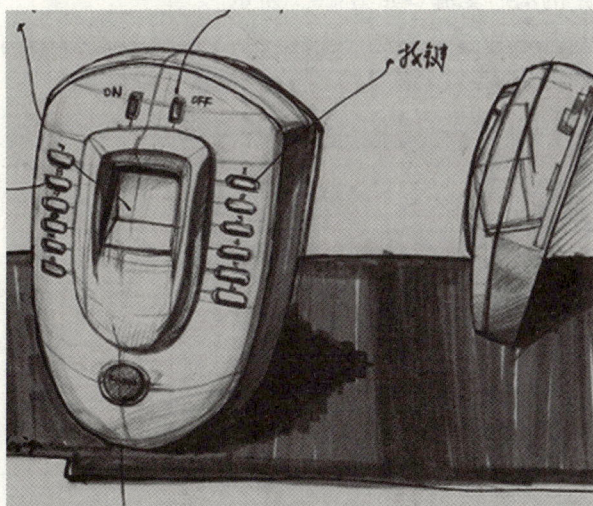

图 4－5

6. 完成产品平面效果图

2D 效果图将草图中模糊的设计结果确定化、精确化。这个过程可以通过 CAD 软件来完成。通过这个环节生成精确的产品外观平面设计图，既可以清晰地向客户展示产品的尺寸和大致的体量感，又可以表达产品的材质和光影关系，是设计草图后的更加直观和完善的表达。如图 4 – 6 所示。

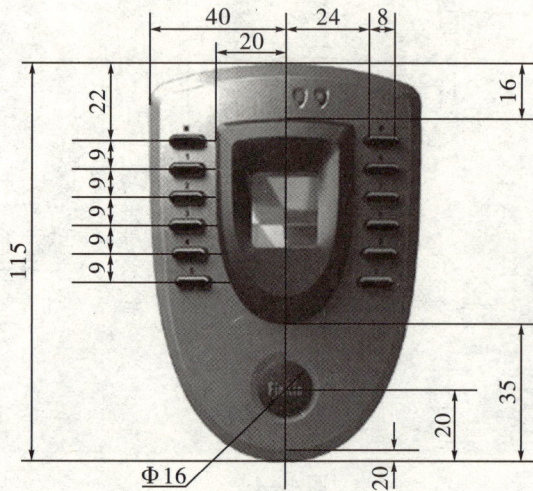

图 4 – 6

7. 产品 3D 设计图

产品 3D 设计图即用 3D 的语言来描述产品形态和结构的过程，它的最大的优点是设计的直观性和真实性，在三维的空间内多角度地观察调整产品的形态，可以省去原来的部分的样机试制过程，可以更为精确直观地构思出产品的结构，从而更具体表达产品构思，提高产品设计质量。3D 图有精确的形态比例关系，和精致的细节设计，可以直观的用于与客户的沟通交流。如图 4 – 7 所示。

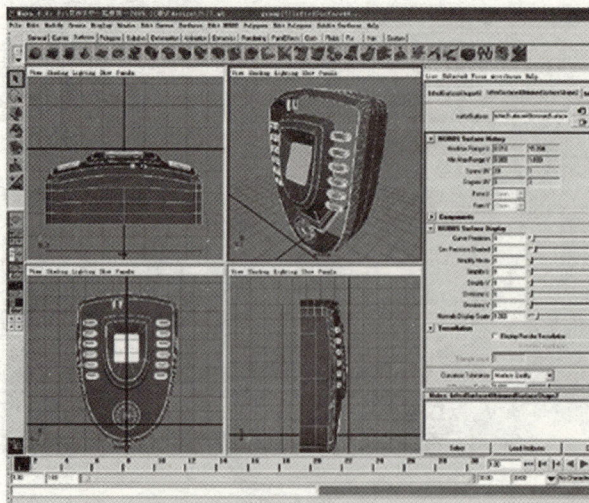

图 4 – 7

8. 多角度效果图

多角度效果图，给人以更为直观的方式从多个视觉角度去感受产品的空间体量，从而全面地评估产品设计，减少设计的不确定性。如图4-8所示。

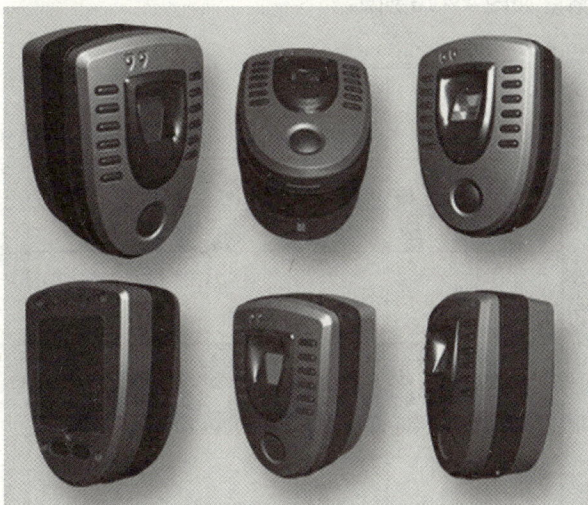

图4-8

9. 产品色彩设计

产品色彩设计具有低成本高附加值的特点。消费电子类产品具有市场细分的发展的趋势。当产品进入细分市场时，产品在色彩选择上也会迎合目标消费者。在色彩和材质的选择上，不同的消费者必然有不同的喜好，通过色彩手段刺激消费者的购买欲，产品就会有更好的市场业绩。据国际流行色协会调查数据表明：在不增加成本的基础上，通过改变颜色的设计，可以给产品带来10%~25%的附加值。如图4-9所示。

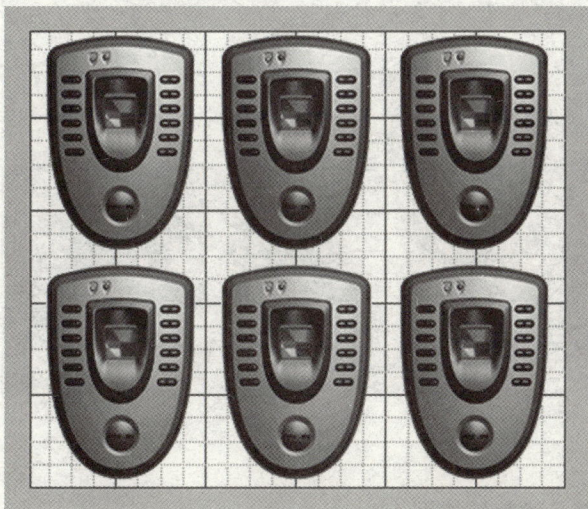

图4-9

10. 产品表面标志设计

产品表面标志的设计和排放将成为面板的亮点，给人带来全新的生活体验。VI 在产品上的导入使产品风格更加统一，简洁明晰的 LOGO，提供亲切直观的识别感受，同时也成为精致的细节。如图 4 - 10 所示。

图 4 - 10

11. 产品结构设计草图

产品结构设计草图是要设计产品的内部结构、安装结构以及装配关系，评估产品结构的合理性。如图 4 - 11 所示。

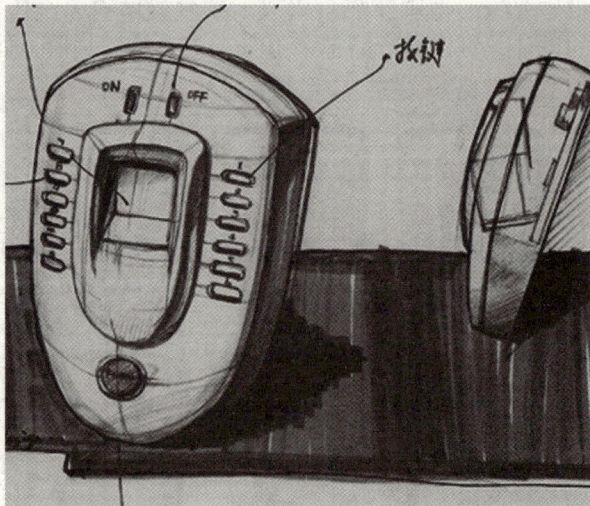

图 4 - 11

12. 完成 1:1 产品线筐结构图

按设计尺寸，精确地完成产品的各个零件的电子文件和零件之间的装配关系。如图 4 - 12 所示。

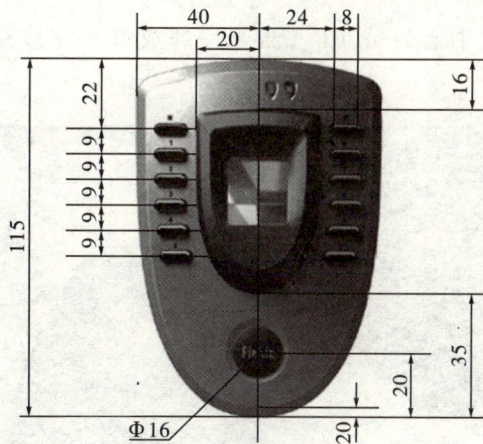

图 4 – 12

13. 产品结构爆炸图

即分析零件之间的装配关系是否合理，是否存在干涉显现，分析各个部件的载荷强度。如图 4 – 13 所示。

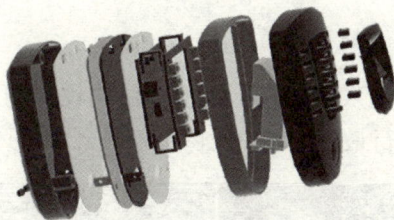

图 4 – 13

14. 修改结构图

即要对结构设计中的问题进行修改和调整，确定最终的结构文件。如图 4 – 14 所示。

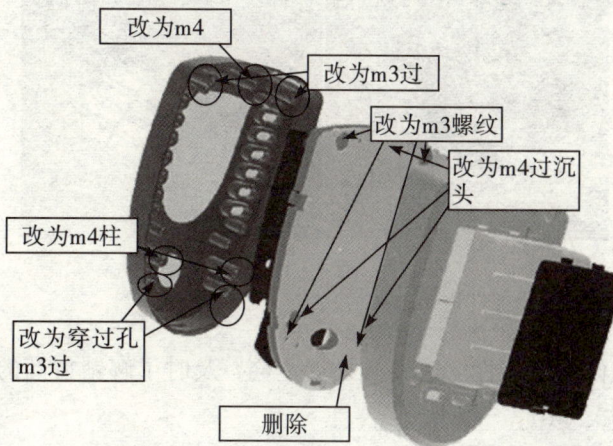

图 4 – 14

15. 模型样机制作

通过 CNC（数控加工中心）或 RP（激光快速成型）完成结构样机制作。如图 4－15所示。

图 4－15

16. 样机调试

将全部电路和各个零件装入样机模型，检验结构设计的合理性，体验设计产品的使用感受，对出现的问题进行最后的调整，降低模具开发的风险。如图 4－16 所示。

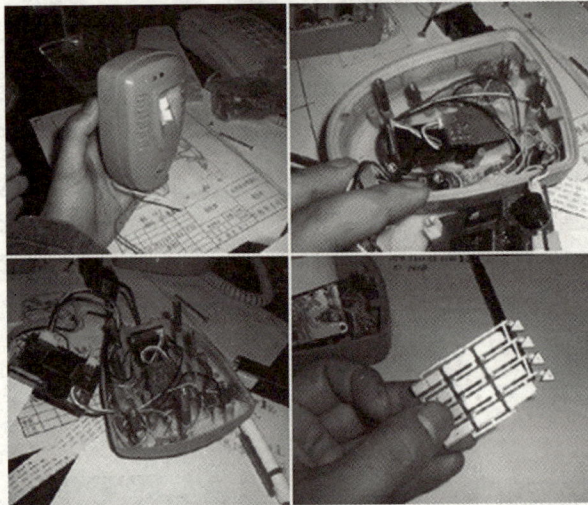

图 4－16

17. 产品调试

即测试样机工作的可靠性。还要参加展览会，及时了解销售商的要求和意见，确定产品的上市计划。如图 4－17 所示。

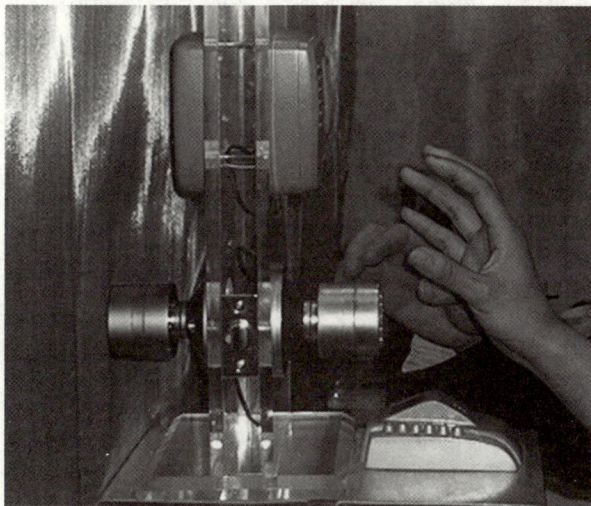

图 4 – 17

18. 完成产品

完成产品设计，投入模具开发，进行大批量生产。如图 4 – 18 所示。

图 4 – 18

4.2 电热水器工业设计流程

以电作为能源进行加热的热水器通常称为电热水器，它是与燃气热水器、太阳能热水器相并列的三大热水器之一。

本案介绍电热水器这一常见家用电器的工业设计流程。通过前期详尽的市场调研，并对市场现有产品从设计的角度进行分析，归纳出市场上现有电热水器的品牌定位及造型特点。此外，还通过采访和问卷调查形式分析了目前市场的销售和消费者需求，力图为企业进行恰当、正确的"电热水器设计定位"提供充分的资料依据。

在现代产品开发中，流程分为前期设计定位、设计创作、工程设计、手板制作、生产协助，设计贯穿其中。

4.2.1 前期设计定位

1. 电热水器的特点

电热水器的主要作用是为家庭卫浴设施提供持续性热水，本案旨在介绍如何设计一款优良的电热水器，经过总结优良的电热水器特点如下：

安全性：作为大功率电器的电热水器，不漏电是放在安全指标中的第一位的。

可靠性：由于电热水器属于大型家电，价格不便宜，安装也较为复杂。所以电热水器被期待的寿命往往超过 5 年，如何恰当地选择材料，合理地设计结构，保证电热水器的低故障甚至零故障率成为设计重点。

功能性：能够在尽可能短的时间提供充足、持续、温度稳定的热水，并尽可能地节省用电。

易读性（操作界面）：综合考虑产品形态和色彩方面，力求使电热水器的操作界面简单易懂，让产品使用者感到亲切、友好，从而在产品和用户之间建立起无形的交互沟通，使得用户在拿到产品后无需阅读说明书也能够使用产品。

协调性：电热水器是家用电器的一种，其形态色彩应与整个家庭环境尤其是卫浴环境相协调，不令人感到突兀。

悦目性：在实现热水器功能的前提下，产品造型尽可能地给人以美感，力求美观、大方。

2. 电热水器的分类

电热水器按储水方式可分为即热式和容积式（又称储水式或储热式）两种。

容积式是电热水器的主要形式，按安装方式的不同，可进一步区分为立式、横式及落地式三种，如图 4 - 19 所示。

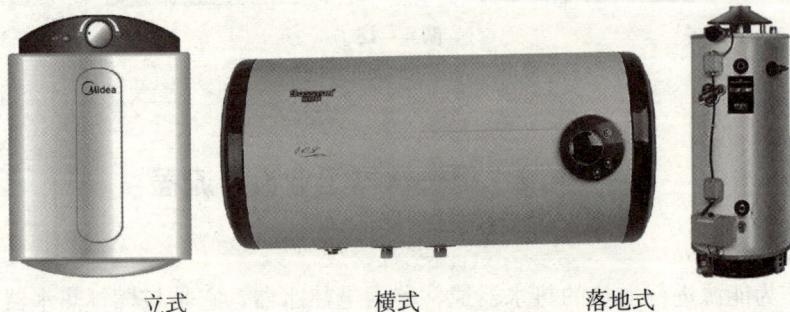

立式　　　　　　　横式　　　　　　　落地式

图 4 - 19

即热式电热水器一般需 20 甚至 30 安培以上的电流，相比储热式电热水器，即热式电热水器有着诸多优势：即开即热，水温恒定，制热效率高，安装空间小。但由于使用时的电流过高，需要有专用电缆，而专用电缆成本过高，因此在现阶段很难投入到家庭中使用，如图 4-20 所示。

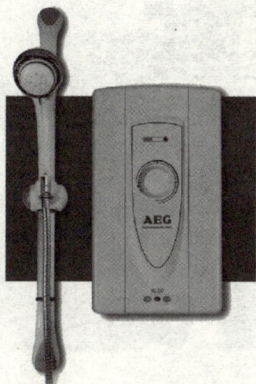

图 4-20 即热式

按容量分类：市场上电热水器常见容量为 10 L、15 L、40 L、50 L、60 L、80 L、100 L。

3. 电热水器的关键部件

（1）内胆：内胆是热水器的核心部件，直接影响热水器的安全性能、使用性能和工作寿命。

（2）电加热管：电加热管的质量直接关系到热水器的使用安全。

（3）镁阳极棒（镁棒）：镁阳极棒具有中和与消除水中化学物质与防止形成水垢的作用，能够提高热水器的耐腐蚀能力，延长热水器的无故障寿命。在热水器的设计中应根据热水器的地理区域定位，有针对性地分析使用区域的水源，合理地选择内核配件。

（4）保温层：热水器保温层的好坏直接影响到热水器的保温性能。决定保温性能的主要因素是保温层材料和保温层厚度。目前常用的保温材料有石棉、海绵、泡沫塑料、聚氨脂发泡等。在这几种保温材料中，聚氨脂发泡的保温性能最好，泡沫塑料保温性能次之但成本很低，石棉和海绵因其难以与热水器紧密贴合，一般只作为热水器辅助保温材料。

4. 电热水器的目标用户群

家用型电热水器的目标用户群就是一般家庭，按照不同期望和需要可以分为如下三种：

（1）厨卫用水，如洗碗、洗菜或洗漱间洗脸、刷牙用，因此人们将其形象地称之为厨房宝或小厨宝。

（2）家庭洗浴（淋浴）使用，按照家庭人口数量不同其容量可相应变化：1 人使用适宜选用 40～50 L 容量的热水器；3 口之家适宜选用 80～100 L 容量的热水器；3 人以上的家庭适宜选用 120 L 以上的热水器，如图 4-21～图 4-23 所示。

（3）家庭洗浴（浴盆）使用，由于浴盆使用大量热水，设计电热水器时容量应高于 150 L。

图 4 - 21

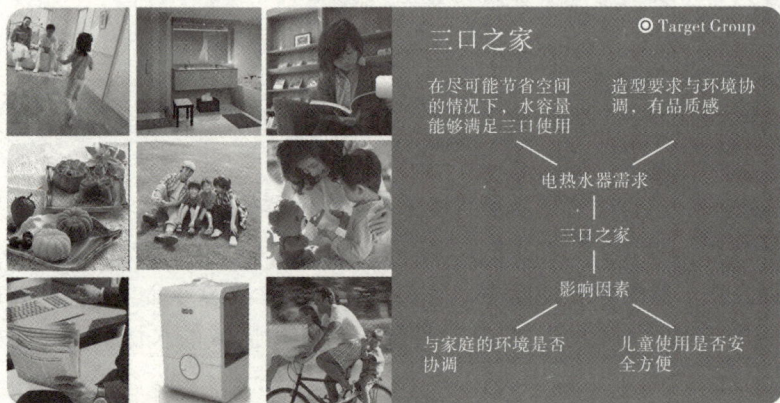

图 4 - 22

图 4 - 23

4.2.2 电热水器的设计调研

1. 调查销售终端

设计调研的目的就是找出那些最受欢迎的热水器产品，分析它们集中的价位区间，从而找出最具影响力的品牌以及成功产品的设计元素。

此部分调研主要采用访谈形式：通过对各大卖场的销售人员进行访谈，了解到购买热水器时消费者非常在意对品牌的选择。如果消费者在购买前已经听说或心里认可了某品牌，那么他们往往会在这一品牌内挑选产品进行购买。其次，在关注质量和功能的前提下，消费者对电热水器所占空间大小也十分关注。因此在造型设计上，如何让消费者从视觉上感觉节省空间，也是一项十分重要的环节。

2. 调查产品最终使用者

为了真实了解客户的期望，我们还应通过问卷形式对产品的最终使用者进行调查。问卷如图 4-24 所示。

调查表

您好，这里是××××热水器设计项目，希望通过本项调查了解您对热水器的看法和偏好，感谢您的支持与合作。

1. 您最肯定以下热水器产品的哪些特点，请在相应表格中打"√"。

热水器	造型创新性	外观亲和度	主体实用性	评论
	√			
		√		
		√		
			√	
	√			
			√	
		√		
	√			
	√			

2. 您认为目前的热水器分为几类？（   ）

A. 2 类 　　　　　B. 3 类 　　　　　C. 4 类 　　　　　D. 5 类

请列举你知道的热水器种类＿＿＿＿＿＿＿＿＿＿＿＿＿＿＿＿＿＿＿＿＿＿＿＿＿。

3. 您使用过以下哪些品牌的热水器产品？（   ）

A. 海尔 Haier 　　　B. A. O. 史密斯 　　　C. 阿里斯顿 　　　D. 美的 Midea

E. 师康 　　　　　F. 万家乐 　　　　　G. 其他＿＿＿＿＿＿＿ 　　　.

4. 如果现在您需要购置一台热水器，你会选择什么价位的产品？（   ）

A. 1000 元以内 　　B. 1000～2000 元 　　C. 2000～4000 元 　　D. 4000 元以上

图 4-24

97

3. 市场同类产品现状

市场上现有的电热水器产品如图 4 – 25 所示，从图可以看出市场产品主要集中在三个区域。

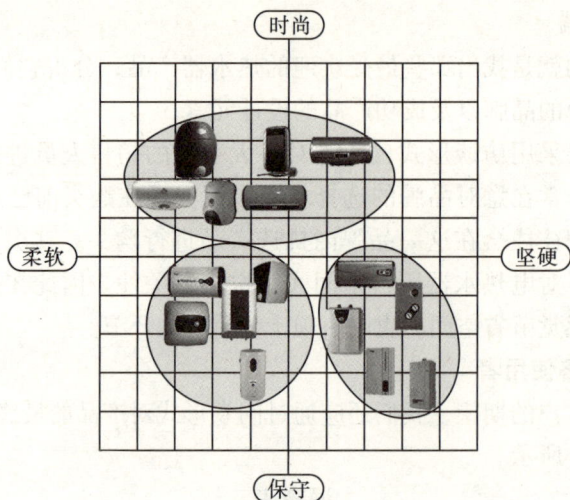

图 4 – 25

（1）按照造型特点

时尚型：造型时尚，消费群体个性鲜明，一般多为年轻人。此类产品容量较小，主要面对单身或者年轻的两口之家，但其中有一些造型简约、时尚、大容量的产品仍会面向高消费群体。

中庸友好型：产品造型中有较多的曲线和曲面元素，让人感觉较为亲切自然，一般多面向三口或五口之家使用，体积容量也较大。

保守冰冷型：此类产品造型较为保守，多为方形，并有较多直线元素，容量也较大。一般多用于宿舍或公寓。

（2）按照安装方式

按照安装方式可以将热水器分为横式、立式和落地式三种，如图 4 – 26 所示。

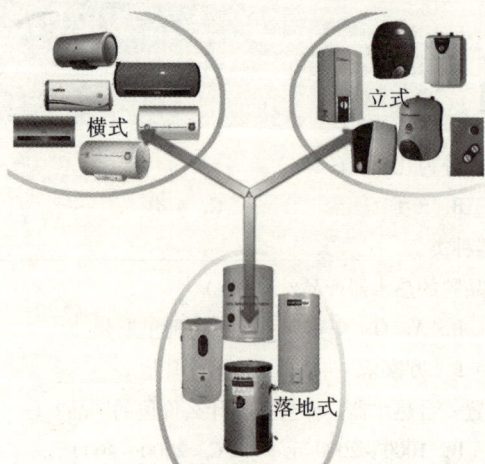

图 4 – 26

横式安装时热水器被水平挂置在墙体上，适合于容量不大于100L的热水器，对墙体有一定的强度要求。此种造型的电热水器多为圆筒，其外壳能够均匀地分担水产生的压力，因此此类电热水器的结构设计也最为合理。

立式热水器安装时垂直地挂置在墙体上，适合于容量不大于100L的热水器，对墙体有一定的强度要求。

落地式热水器安装时可垂直放置在坚固的地面上，适合于100L以上大容量的热水器。

SWOT 分析

如何贴切地满足客户需求是开发新产品时必须首要考虑的因素，任何一种存在的产品都不可能尽善尽美，其自身往往优劣并存，亦受到各种内外环境的影响，图4-27所示的就是热水器这一产品设计前应提前考虑的因素。

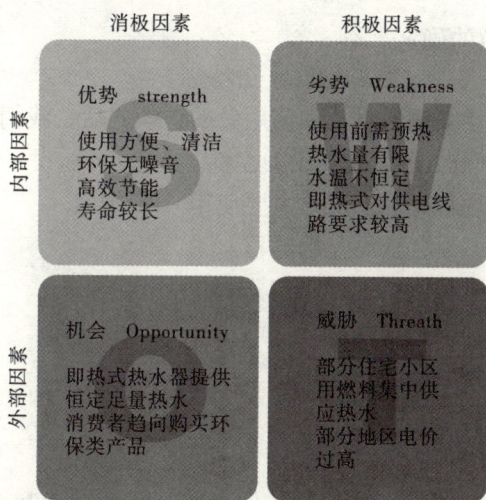

	消极因素	积极因素
内部因素	优势 strength 使用方便、清洁 环保无噪音 高效节能 寿命较长	劣势 Weakness 使用前需预热 热水量有限 水温不恒定 即热式对供电线 路要求较高
外部因素	机会 Opportunity 即热式热水器提供 恒定足量热水 消费者趋向购买环 保类产品	威胁 Threath 部分住宅小区 用燃料集中供 应热水 部分地区电价 过高

图4-27

4.2.3 设计定位讨论与沟通

通过拍摄用户实际使用电热水器的过程，发现了以下几个值得讨论和研究的问题，如图4-28所示。

①如何设计热水器的控制面板，机械式还是数显式？如何让使用者即使在没有说明书的情况下亦能够读懂操作面板，并能够操作热水器。

②如果电热水器安装位置过高，是否需要配备遥控器进行操作？

③如果不配备遥控器，控制面板位置应固定在多高以适应不同身高的用户群？或者可以让用户选择控制面板的位置？

经过进一步地与设计师交流并结合前面的调研分析，发现以下几个问题值得大家去思考和解决：

①目前的产品主要存在哪些不足？

②我们需要在哪些方面区隔与市场现有产品产生的差异化？

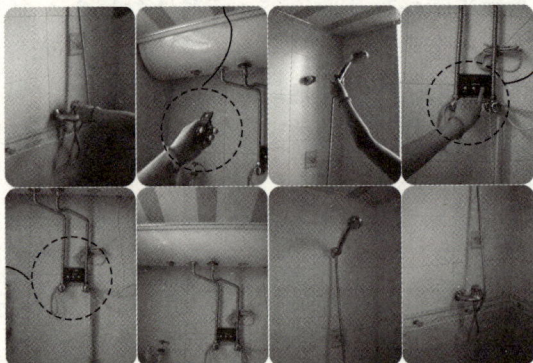

图 4-28

4.2.4　设计定位的确定

经过对市场产品的详细调研以及和使用者的访谈之后，我们确立以下设计定位：

①即热式热水器，面向于年轻的两口之家。

②具有简洁淡雅的悦目外观，材质主要使用 ABS 塑料。

③具有一定科技感，设置液晶显示屏幕。

④使用便利，且易于理解，无需遥控器。

⑤能很好地与家庭环境相协调。

4.2.5　设计草图

设计者力求最大程度地保证热水器整体形态的简约、柔和。前后壳体采用 ABS 塑料注塑成型。前壳体采用牙白色或者乳白色，后壳体采用深灰色，以形成前后壳体的色彩对比，减轻形态的单调性与厚重感，同时使得形态更为优美。主操作界面均为居中布局，简洁而明晰，如图 4-29、图 4-30 所示。

图 4-29

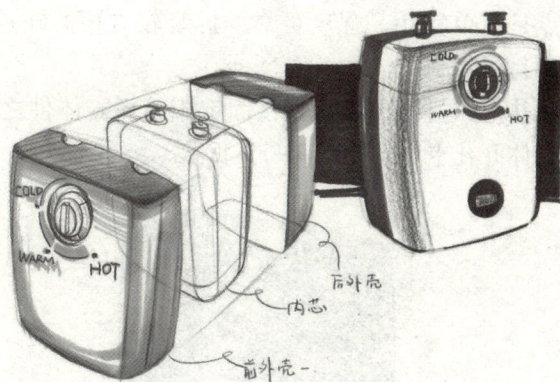

图 4 –30

4.2.6 结构设计

在外观数模的基础上，根据产品的内核和整体排布状况，开始设计单个零件，然后分别设计各个零件的结构。产品的主要部件是进出水口、热水器内胆、内部加热管、底部接线柱、显示屏和隔热层，如图 4 –31 所示。

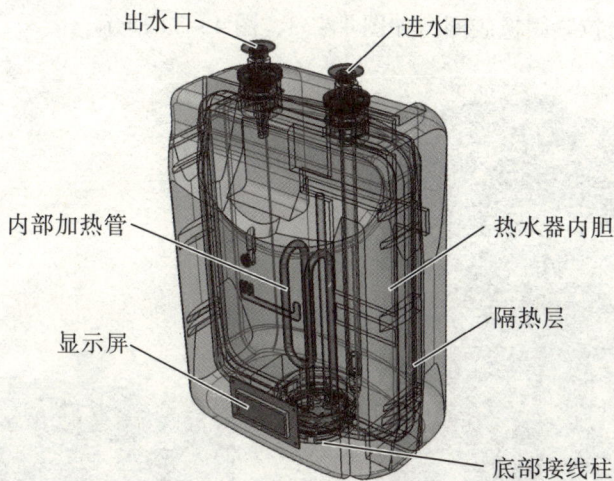

图 4 –31

此产品结构的主要的设计顺序是：①考虑各个元器件在产品中的固定位置和方向。②各个零件自身的结构形式和强度要求。③外壳体之间的连接方式和结构。

首先，前后壳体的连接方式是唇边咬合上下两个面后施以螺钉连接。通常塑料件产品的连接方式主要有三种：卡勾连接、螺钉连接、粘接或者焊接。

卡勾连接的优点：卡勾是壳体的一部分，产品使用中无需其他紧固件，拆装方便、易于回收，通常以塑料件使用卡勾连接为首选，缺点是模具结构复杂、卡勾设计不合理时容易断裂失效，不易维修。

螺钉连接的优点是简单实用，强度可靠，拆装较方便。缺点是增加了附属零件，内埋铜螺母的零件不易回收利用。

内核器件通过隔热泡沫材料包裹后直接固定于前后壳体件之中。进出水口处的水管的橡胶件和塑料壳体开孔卡合，如图 4 − 32 所示。

图 4 − 32

后壳体的主要结构特征是挂钩和出线孔，通常电器电源线都有抗拉要求。我们在接线口处设计了防拉紧固橡胶圈，如图 4 − 33、图 4 − 34 所示。

图 4 − 33

图 4 − 34

显示屏 PCB 通过螺丝柱和前壳连接，指示灯镜片是通过卡勾来直接和前壳体开孔连接。塑料旋钮和旋钮器件的金属杆实行过盈配合。通过图 4 − 35 的半透明显示，可以看出整个热水器产品比较简单。

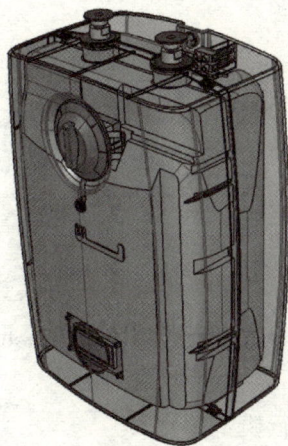

图 4 – 35

完成整个产品的结构设计之后，我们将初始的平面效果图显示出来，对比一下产品设计最终 3D 效果和原始 2D 效果图之间的差异。通过图 4 – 36 可以看出，整个产品设计的前后衔接还是很统一、很完整的，基本实现了一开始的构思，达到了产品设计的效果，因而可以开始后续的工作。

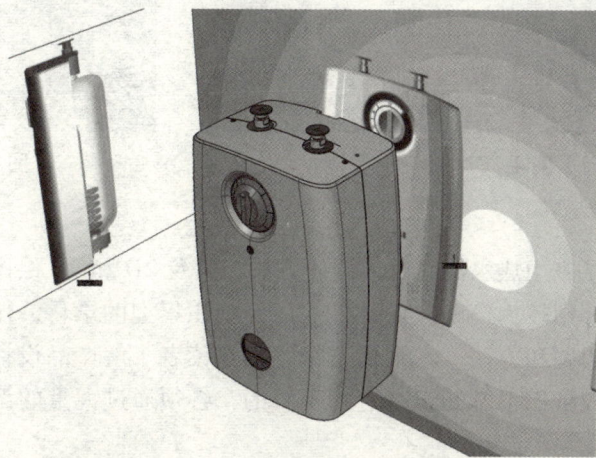

图 4 – 36

4. 2. 7 产品 3D 展示

此案例中，采用 Bunkspeed 公司的 HyperShot 1.7 作为渲染器来渲染热水器模型，真实地模拟出具有照片级效果的热水器效果图。如图 4 – 37、图 4 – 38 所示。

可以导入 HyperShot 渲染器的三维模型格式有

· SolidWorks

- Pro/ENGINEER Wildfire 3，4
- Rhino 4.0
- SketchUp6
- Alias Studiotools
- 3DStudio Max（3DS）
- IGES
- STEP
- Obj
- FBX

其中可以不借助接口而直接导入的文件类型有 3D Studio Max（3DS）、IGES、STEP、Obj、FBX 格式。

本案例中将使用 Obj 格式进行模型的导入。

图 4 -37

图 4 -38

总结

本节主要讲述了家用热水器的设计调研方法，以及 2D 和 3D 绘图的表现形式，对于结构形式设计的介绍较为简略。设计是一门经验积累型的学科，任何一个案例都无法涵盖所有的设计思路和方法。本书借三个案例让读者了解产品设计的全过程，但要想真正做好设计仅仅依靠书本知识是远远不够的，必须通过大量的设计实践来感悟设计真谛。

4.3　交通工具产品开发流程实践案例

在专业汽车出版物上，经常出现汽车造型师的效果图和油泥模型，但是有关汽车造型过程的内容却很少有介绍。汽车造型师的工作仍然不为众人所知，被称为"最不被理解的商业艺术"。

汽车造型活动几乎是随着汽车的诞生而开始的。最早的造型设计者大多也是汽车机械与结构的设计者，造型的目的是为了满足功能和结构的需求。1910 年以后，汽车逐渐成为商品，最直接的消费者是贵族人群，造型设计者以花哨的装饰吸引用户群，以至于在当时设计者被称为"款式设计师"。直到福特 T 型车问世，才把消费群体定位为普通大众，并将功能、材料、成本和大生产方式结合到造型设计之中，奠定了工业化生产条件下的汽车基本形态和审美取向，体现了"少即是多"的设计思想。其后很长一段时间内，汽车造型没有新的突破，直到重视造型的通用公司推行了"全产品系列体制"（Full Product Line System），在不改变批量生产方式的前提下，推进产品的多元化和差异化。此后，汽车造型结合空气动力学、人机工程学等发生了巨大的变化，"款式设计师"的称谓也逐渐被"汽车造型师"所取代。

如今的汽车造型工作主要采用由哈里·厄尔（Harley Earl）所建立的程序。哈里·厄尔在 1928 年美国通用汽车公司组建的"通用汽车艺术与色彩部"标志着造型设计正式进入了汽车开发程序，当时采用的造型方法是：首先绘制二维效果图，然后将该图转换成全尺寸的二维三视图，以用于制作模板等，随后制作全尺寸三维模型，通常用油泥，有时也用木板和石膏。然后，将全尺寸的油泥模型用作获取车身表面信息的基础，用于工程部门的结构设计和开发。

其中属于造型的工作包括：绘制概念效果图；将效果图转换成全尺寸的胶带图和正视图；制作缩比模型和全尺寸油泥模型。油泥模型的制作过程花费时间长、成本高，需要油泥雕塑专家（也称油泥模型师）的协助。他们在设计开发期间接受造型师的监督和指导，在制作模型的各个阶段，用手工或电子方法精心测量模型，并向车身工程师提供信息，向造型师的 CAD 接口提供原始数据。

整个造型工程受到各个方面的决策影响，包括造型室人员和更高管理层人员。通常以哈里方法所建立的系统作为主模型，在此基础上做一些改动，使用一些汽车设计咨询和小的设计室专用的造型方法。

◆◆ 4.3.1　汽车开发设计规划

汽车开发是一项高风险、高投入、长制作周期的项目。社会经济发展，地方政策变化，能源开发，甚至当今的国际局势，都有可能影响到某一地区对汽车的消费。而汽车工业的日渐成熟，愈来愈先进的开发手段，更加大众化的售价，使得大部分车型必须依靠大批量生产与可观的销售才能收益。在巨大的开发费用之下，每一款车型的成败对企业都至关重要。目前，较短的新车开发周期也需大约 18 个月，这段漫长的过程中将发生不可预测的变化，因此，如何引领汽车消费的潮流，如何准确预测未来的市场，如何顺利地执行汽车开发工作，如何在瞬息万变的市场中做出最快最准确的反应，是汽车开发商一直在探寻的课题。一个完善、有效的汽车开发流程，可以最大限度地节约开发费用，可以最直观地发现问题或可能出问题的环节，从而做出最敏捷的调整。汽车造型设计则是车型在正式投入生产之前最重要的工作，以下部分将结合新福特福克斯、沃尔沃 S60 等多款汽车的造型设计过程，来详细说明汽车造型设计的一般程序。

一、先期研究

前期工作会对之后的开发工作起到指导作用，汽车行业对于前期工作尤为重视，几乎所有国外大型汽车企业都设有专门从事先期研究与开发的部门。先期研究包括对社会变化、公众需求、技术发展趋势作出分析调查，对造型、色彩的偏好变化作出预测；研究竞争者的动向，分析竞争产品；进行试探性开发以检验造型和技术细节等。只有前期对汽车行业发展做了足够的研究，才可能正确地制定产品设计战略，顺利地进行产品开发规划与造型前期工作。

先期研究的工作方法包括：

1. 自由讨论法（头脑风暴法）

自由讨论法（头脑风暴法）（如图 4 – 39 所示）是一种依靠直觉生成概念的方法，它注重产品的功能与结构，团队成员用语言在规定的时间内进行交流。在起初的头脑风暴会议中，所有的团队成员应该头脑开放、没有约束。这时，没有必要严格执着于产品的特征，而应该着重于产品的功能需要。头脑风暴能激发人的热情。人人自由发言、相互影响、相互感染，能形成热潮，突破固有观念的束缚，最大限度地发挥创造性的思维能力。

图 4 – 39

2. 文化探寻法

文化在设计领域中有着非常重要的作用，主要是指通过了解某一地区特有的文化现象，而对产品进行设计。文化是某一特定人群的行为模式，而文化探寻法正是对这种行为模式进行研究，即通过大量的资料收集，整合，确定产品的功能与特征。设计作为对文化和工艺进行重新思考的过程，设计新产品以适应社会和满足消费者的审美需求是必要的。通过文化探寻法的研究，给产品增加文化上的特质是必要的。

文化探寻法通常分为以下几个步骤来进行：查阅资料，实地调研，资料统筹，提取信息，确定设计方向，设计产品如图 4 – 40 所示。在文化探寻法实施的过程中，一般会先进行资料的收集，通过收集资料，对所要了解的文化现象会有一个初步的认知。然后会进行实地的调研，通过对出现这类文化现象地区的考察，了解这种文化对人们生活方方面面的影响。对前期收集到的资料进行整理，将这种文化的每一条特征细化，分类。从中提取出该文化现象的文化特色，将这些特征转化到某一件具体的产品上，提取出相应的设计信息与设计元素，最后设计出具体的一件产品。

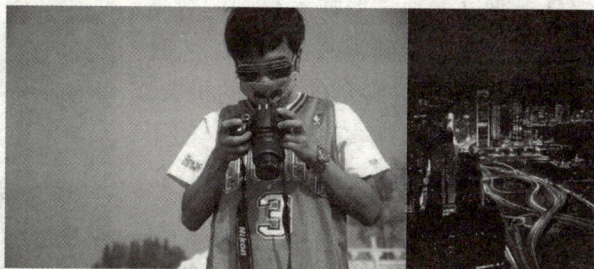

图 4 – 40

3. 焦点小组法

焦点小组访谈法又称小组座谈法（如图 4 – 41 所示），就是采用小型座谈会的形式，由一个经过训练的主持人以一种无结构、自然的形式与一个小组的具有代表性的消费者或客户交谈。焦点小组是在可用性工程中使用比较多的一种方法，通常用于产品功能的界定、工作流程的模拟、用户需求的发现、用户界面的结构设计和交互设计、产品原型的接受度测试、用户模型的建立等。

在汽车设计中，通常由设计团队组织焦点小组，邀请消费者进行焦点访谈，并根据焦点小组的结论来决定设计方向。焦点小组用于产生想法时非常有效，在设计之初，邀请社会各个方面的使用者就某个真实而明确的焦点听取他们的意见和想法，焦点小组的数据通常需要有现场观察和访谈作为补充，因此焦点小组中讨论的行为通常作为我们的最初经验。

焦点小组具有群体动力（Group dynamics）、自由开放（Open discussion）、定性数据（Qualitative data）和适合探索目的（exploratory purposes）等特点。群体动力是指焦点小组参试之间存在交互作用，参试之间会相互影响。焦点小组是一种定性方法，因此要避免通过焦点小组收集定量数据。在焦点小组的数据呈现过程中也要避免用定量的方式呈现结果。

图 4 – 41

4. 人种学法

人种学研究又叫实地研究或者定性研究（如图 4 – 42 所示）。人种学的研究强调观察现实世界环境中的用户。观察使用者在使用某件产品时可能会花费大量时间，但可以产生关于产品有用性的有价值的、定性的信息。通过人种学的技术得到的数据在开发中能帮助解决通过可用性诊断出来的问题。人种学的研究能指出满足消费者尚未被满足的需求的机会，能够帮你保持或者创造竞争优势。观察真正的客户使用实际产品，能提供关于产品的总的情况以及能够怎样扩展。这些观察将不仅仅向产品设计者揭示问题，而且将经常提供怎样处理这些问题的线索。

5. 心情板法

心情板法是指收集使用对象对产品色彩。外形或其它材料引起人们情绪上的变化，作为设计方向与形式的参考。此外，心情板也可以作为可视化的沟通工具，快速地向他人传达设计师想要表达的整体"感觉"。

图 4 –42

首先，需要明确体验关键词。在一个设计项目中，通过进行涉众访谈和用户研究，设计人员创建了产品的人物角色，基于人物角色，综合用户研究结果以及品牌/营销文档，可以得出体验关键词。当人物角色和体验关键词都确定后，可以通过使用情绪板来探索产品的视觉风格，并作为和内部人员进行早期沟通的基础。

其次，应基于时间限制以及用户的需求对情绪板的呈现方式进行选择。一般来说，可以从实体/数码、拼贴/精致模板两个维度来区分情绪板的呈现方式。

6. 用户日志法

用户日志法是让用户自己记录产品的使用日志，日志可以持续一周或者更长，通常让用户每天或每隔几个小时就记录下自己的活动，感受和期望（如图 4 – 44 所示）。现在的用户日志大都通过照片等方式记录在网上，但也可以用传统的纸和笔来做记录。

图 4 –43

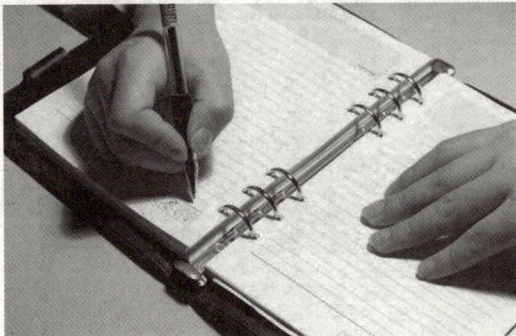

图 4 –44

还有其他很多的设计方法，但其根本都离不开对社会发展、行业趋势、设计偏好的研究和预测。

二、产品开发规划

汽车产品的开发是根据企业产品规划而确定的。产品规划是企业根据市场需求、技术发展趋势以及自身的发展战略而制定的。汽车及其零部件的开发是一个多部门联合协作的过程。

产品开发规划对汽车公司能否取得商业上的成功有极为重要的作用。产品规划部门和营销项目编制部门紧密配合，负责研究全面的市场信息、竞争对手公司的产品性能及他们自己的销售量等，圈定产品周期及是否淘汰目前的工装，并根据这些信息，制定更换现有模型或引进全新车型的策略。

1. 车型定位决策

企业经营活动的目的是获取最大的经济效益，只有其产品在市场上畅销才能实现这一目标。因此，制定企业产品开发计划首先要预见产品的市场需求情况，即车型的未来需求定位。密切关注市场的动向，仔细分析社会的经济形势，掌握用户对产品的使用需求。正确的车型定位是企业成功的前提。在汽车新产品开发之前，通常要求对产品和市场进行调查，了解市场需求和新技术的发展状况，同时结合企业自身的特点、技术水平、设备状况、工艺水平、生产能力和公司实力等状况进行分析，提出可行性研究报告，必要的时候还要走访客户、考查配套商或者作必要的先行试验等。通过公司评审，修改报告并形成统一意见，然后决定新产品的开发。如果能提前预测市场行情，及早做好准备，迅速推出适用的车型抢先占领市场，就会给企业带来巨大的经济效益。这一阶段必须要确认新产品的技术状态、产品档次、产品配置、目标成本以及预期售价、合理利润等，同时要求编写"产品开发可行性报告"和"产品设计任务书"。这些都是产品开发的初期资料和基本依据。

图 4 - 45

以福特福克斯（Focus）为例。（如图 4 - 45 所示），1998 年生产的第一代福克斯与 2004 年生产的第二代福克斯在全球大卖了一千多万辆，福克斯以它独特的造型设计和优秀的驾驶感成为主流车型的标志。它的成功归功于创新性的掀背式设计，以及第二代福克斯在内饰品质感提升上做的大量努力。但不论是四门轿车、酷派还是旅行车，在不同的地区都需要设计不同的版本以适应当地的审美习惯，在北美地区尤其明显。这对福特来说，仍是设计上的遗憾。在这个市场背景下，第三代 Focus 蕴含了极为关键的战略意义——One Ford。全新 Focus 是第一款遵循 One Ford 架构所打造的全球战略车款，在全新 C 级距共用平台——C－Platform 基础上，将 Focus 推展成为 Ford 在全球市场的主力车系。One Ford 架构的另一个重要意义，在于以全球战略车来催生 One Focus。扬弃以往 Focus 车系区分欧规、美规甚至亚太规格的差异化版本，在第三代以后，将只有全球一致的 Focus 版本。

2. 可行性分析

可行性分析包括使用调查、市场情况、企业的技术条件、工艺分析、成本核算等，也就是预测该种车型是否符合需要，对比竞争企业同类车型的情况，分析企业的技术工艺能力，需要什么样的生产规模，能否收到较大的经济效益。许多竞争对手的汽车被仔细研究，甚至被完全分解，以确定他们的成本、结构方法与质量。一旦决定开发新的车型或改造现有的车型，那么要先获得工程和造型部门的看法，然后制定项目的车型设计任务书。

市场调研是为了确定所开发产品应用的领域及该产品的预期市场占有率，同时全面了解市场对该类产品的功能、性能、安全、寿命、外观等方面的要求而进行的。市场调研还应对该产品的销售和售后等有所了解。技术调研包括对目前市场上同类产品的技术水平、所使用的新技术、新材料和新工艺等进行预测，同时关注国家的重点项目、科技发展信息及产业结构调整对技术提出的新要求、国家是否有新的技术法规和使用标准等。

进行可行性分析。从本企业的生产经营角度，对新产品开发是否可行进行分析，分析本企业的技术来源和技术优势，对产品的开发周期和开发费用等投资作预测，对该产品的产量和盈利能力作预测，最终编写《产品开发可行性报告》并上报决策管理层。

公司决策层对可行性报告的全面性、可行性和准确性进行评审，提出最高决策。

可行性报告通过决策并批准立项之后，则列入企业开发计划。

可行性分析之所以重要，是要充分考虑各方面的影响因素，明确产品开发的目的和方向，否则不经过周密的调查研究与论证，盲目上马，轻则造成产品先天不足，投产后问题成堆，重则造成产品不符合需求，在市场上滞销，给企业带来重大损失。

产品规划部门参与项目的全过程，出现在造型和工程的主要决策阶段。产品规划部门也要确保营销部门为车辆推向营销商和公众做好准备。

3. 编写车型设计任务书

产品设计任务书是产品计划和开发项目的全部要求，是产品总体方案的设计依据，对技术设计来说，是非常重要和关键的信息。设计任务书须经国家机关或企业最高领导批准，作为一项指令向设计部门下达，用以确定生产纲领、考虑拨款和投资等。设计任务书由书面形式组成，包括：

1）产品设计和立项的依据、产品的用途和适用范围、产品的总体方案概述、关键性技术方案、总布置及主要结构概述、基本的技术参数和性能指标；其中写明要设计的汽车简述、车型系列、发动机、需安装件、变型车、各个主要尺寸、主要质量指标、主要性能指标以及各个总成的型式和性能等具体要求。

2）与其他同类产品的比较和改进目标，对产品的性能、寿命、成本的要求，标准化的综合要求，以及产品所遵循的法律法规；

3）确定产品的开发周期和开发团队名单；对产品的试制试验周期和上市日期的推算；设计开发进度时间表以及成本目标等。

随着项目的进行或对原来策略进行修改，有可能发布更为详细的参数清单，特别是汽车内部参数。

三、汽车造型前期

1. 造型项目任务

造型设计是汽车设计开发流程中非常关键的工作，其不确定、不可控的因素最多。造型设计的成功既取决于设计师，也取决于公司在开发组织、设计管理方面的整体水平。虽然造型设计并不能完全依靠理性分析的方法进行，更主要依靠设计师的感悟与经验积累，但是造型项目终究只是整车设计开发的一个组成部分，有效的设计管理体制可以激发设计群体的创造力，引导设计思路沿着正确的方向发展。因此企业设计部门接到设计任务书后，需要明确设计任务，并有条理地把任务分解成若干个子项目，再向其下属的各个单位下达。

根据其内容的不同，造型任务可分为下面两种：

（1）局部造型（现生产车型改型）

一款已经投入生产的车型来已经经历了设计开发以及生产准备等各个环节，这些环节已投入了相当长的时间与资金，在车型投产后，也要经过较长的生产和销售周期，才能收回成本，获得利润，所以市面上的车型往往只有在取得一定的经济效益后才会考虑全面更新换代。尤其是企业愈小时，汽车年产量愈小，更新换代的周期愈长。但是，为了满足用户求新、求美的心理，除了需要改进汽车的结构和性能以外，还可以不断地修改其局部造型，从而赋予汽车新的面貌，刺激市场对改型产品的需求，创造更大的经济效益。

局部造型是对一些结构和装配方式相对简单的零部件造型加以修改。例如，对汽车曲面罩、保险杠、前照灯、前翼板等少数几个外部或内部零件更改造型，不会投入太多资金，也不会改动许多生产程序和管理环节。可以说，局部造型以及相关的结构修改乃至生产调整都能在较短时间内实现。一个成功的局部造型，能使车型具有新颖的面貌，不失为一种对市场快速反应的好方式。

以福特嘉年华为例，车身比例与造型充满张力，汇聚了"动感设计"的所有活力元素，体现出强烈的运动感和自信、时尚、个性的气质。饱满利落的腰线与车裙的呼应使鼓起的轮拱充满了肌肉感，整车姿态蓄势待发（见图4-46）。2011年，新款嘉年华延续整体车身比例与侧面设计不变，对前后脸进行了局部造型设计，将车身侧面的腰线延伸致雾灯，并对进气格栅、大灯组合的比例均有细微调整。这些细微的局部造型设计，就将动感演绎得更加淋漓尽致，从而提升了车型的整体设计感（见图4-47）。

图 4 -46　2008 嘉年华

图 4 -47　2011 嘉年华

（2）整车造型（换代造型）

随着汽车的更新换代，为了丰富产品线，或是为了实现产品造型的全面升级，给消费者产生强烈的视觉冲击和精神感染（如图 4 -48 所示），带动销售增长，则需要对整辆汽车进行造型。整车造型是对全车外形和室内的全新设计，涉及重新开发的部件很多，工作量很大，开发周期长，投入的人力物力和资金也较多，而且整车造型的成功与否对企业至关重要，将影响未来相当长一段时间内产品的竞争力。

图 4 -48　宾利历代整车造型设计

不断开发的新车型是对瞬息万变的市场形势的直接反应，是保持企业创新精神的原动力，也是企业研发实力的证明。全新整车造型的设计研发，使新技术、新材料得到应用，概念性的设计得以量产化，遗留的一些难题得以验证与解决，因此是促进产业发展的有效手段。

全新沃尔沃 S60 就属于整车造型设计。S60 是沃尔沃旗下有史以来最成功、最畅销的车型之一，也是最富驾驶激情和高科技含量的一款高性能豪华轿车。它集聚卓越动力性能，领先智能安全科技及北欧时尚动感设计于一身，为那些充满激情、积极进取，并富有独特品位内涵的当今中国社会新精英阶层提供超越同级的高性能驾控享受。S60

最早一款历史车型可追朔到 50 多年前的沃尔沃 P120 Amazon 车系（1956 年），再从 140 车系（1966 年）、240 车系（1974 年）、850 车系（1991 年）、S70（1996 年）、第一代 S60（2000 年）到 2011 年初登陆中国市场的全新 S60。

在沃尔沃 80 多年的发展历史中，全新沃尔沃 S60 的出现代表了沃尔沃品牌焕然一新的形象转变，时尚动感的设计、领先的动力系统和安全科技，使其成为最抓人眼球的一款沃尔沃。只需看一眼，就能产生强烈的驾驶欲望（如图 4 - 49、图 4 - 50 所示）。

图 4 - 49 沃尔沃 新款 S60

图 4 - 50 沃尔沃 S60 内饰

2. 工作场所及造型人员的组织与配备

宜人工作氛围和环境可以为设计师提供一个激发创造力的场所：空间宽敞、明亮、整洁，不受外界干扰，绘画工具随手可得，能够使造型设计师心无杂念，迅速进入设计状态。通常，制作模型的设施和场地与造型师并不在同一个空间内，但是大多数造型师乐意与模型近距离接触，得到最直观的三维感受，并且便于方案的修改与检验，因此，方案设计与模型制作场所接近为好。

一个比较完善的造型单位，由造型师、色彩花纹设计师、实物模型师、数字模型师组成。在明确设计任务之后，造型师负责提供造型方案，绘制效果图，并配合实物模型师和数字模型师制作胶带图和三维数字模型等工作；色彩花纹设计师负责汽车外部色彩设计和室内覆饰材料的图案、纹理、色彩的设计或选择；实物模型师负责制作实体汽车模型（物理模型），亦即根据造型方案和胶带图，在造型师的配合与指导下雕塑出光顺、连续、精确的模型；数字模型师负责在计算机中构造汽车模型，亦即根据造型师给出的形体数据运用计算机进行造型。数字模型师的逆向工作需要使用三维坐标测量仪测量实物模型的整套数据，并把实物模型的形面转化为三维数字，再进一步转换成数学模型（如图 4 - 51 所示）。

图 4 - 51 Fiat MIO 概念车设计团队与场所

3. 信息收集、资料准备

项目开始之初，信息的收集和资料的准备是必不可少的一步。开发团队可以针对本次任务做一系列的专项调研，如研究与此款车型相关的造型趋势。企业往日的资料积累也是很重要的一个方面，一些机构设计、汽车布置等相关信息就需要企业在以往所做项目中的积淀。

信息资料的整理收集通常包括查找有关的国家标准和法规，使汽车造型符合这些标准和法规所给定的范围，例如汽车外廓尺寸限值、各种灯的位置、汽车号牌位置、仪表板的布置等标准与法规；获取与造型相关的布置图和控制尺寸，如整车的总布置图、车身总布置图、相关部件和零件的布置与外廓形状等，作为造型基本形体的依据；并需要大量的造型资料，借鉴和研究已有和最新推出的同类车型，学习先进的汽车结构、性能、造型方面的设计，在大量的资料基础上准确预测汽车造型趋势，这也是与一个团队的敏锐洞察力分不开的。

越详尽的资料与信息越能准确地反映出目前同类车型的发展现状，但是作为开发团队来说，绝对不能被现状所局限，形成准确的预测能力才是以上铺垫的最终目的。

四、总布置设计

汽车总布置设计指的是把发动机等机械部分以及乘员和行李都包括在内的壳体形状的确定。总布置分为汽车总布置（或称为总体设计）和车身总布置。在中文里的"汽车总布置设计"偏向于车辆底盘的设计，而 Package 设计更多地偏重于车身的尺寸形状设计，也就是车身总布置设计。在一个企业中，汽车总布置通常由整车部门负责，而车身总布置又通常由车身部门负责。两个部门必须相互配合，协同工作。

总体设计是汽车设计开发工作最重要的一环。设计是否相互协调和配合，是决定汽车性能的因素之一。总体设计的任务是：正确选择性能指标、重量和主要尺寸，提出整车总体方案，规定各个部件的参数和具体要求。汽车总布置设计需要根据整车性能指标去选择各个部件，把它们安排在恰当的位置，以保证它们互相匹配，运转互相协调，从而使整车发挥出最好的性能。现代化大型汽车企业的"平台化和模块化"战略便是总体设计的一部分。这种战略的基本构思是采用为数不多的构造模块拼成尽可能多的各种车型，这就需要将各种构造模块选配组合，纳入特定的汽车平台之中。因此，某种汽车的总体设计是企业统一的产品规划的组成部分。汽车总体设计除了考虑基本车型以外，还要考虑一系列变形车方案。

车身总布置设计是总体设计的重要组成部分。不同用途的车会有不同的内部空间布局，成员人数、座位形式、载物空间与其他功能空间等的因素影响着车身布置的合理性和稳定性。确定车体基本尺寸是车身总布置的主要任务，根据的是人体测量学发展的技术设定车内空间尺度（如图 4-52 所示）。当车身的关键点如 H 点发生了较大的变化时，必定要重新考虑驾驶员的前后视野、不同身材人员的使用情况、与总体布置是否相协调等的状况。

图 4 —52

总的来说，车身总布置的任务是根据汽车各个总成的相对位置和乘客座位以及内部空间的空间轮廓，把人员和货物安排在恰当的位置。并考虑适当的间隙，就可以定出汽车的基本尺寸和形状，形成一套汽车配套图，作为造型的原始依据。

配套图（或称为总布置图）是一个工业术语，是全尺寸的三视图，表示所涉及的汽车的基本轮廓和人机工程要求。由工程师和人机工程师组成的专家队伍与产品规划和造型人员共同协商制作。这些图纸还将提供给有关的所有造型和工程部门。原始样图在透明的塑料描图纸上绘制，网格线间距100mm，也称为10cm线。通常会画出驾驶员和乘客的大概位置，与百分比人体模型轮廓相一致。人体尺寸范围大多采用50%的女性值到95%的男性值。据此确定出所需的座椅调整空间和视线需求。若需要表示运动的范围，方向盘、踏板、手制动杆和换挡杆也应画出。行李箱容积、油箱和其他部件的关键间隙也将画出，风挡玻璃和侧玻璃的理想位置也应表示出来。车轮位置、悬架形成和所有尺寸参数也将包括在内。

这些三视图为所有部门的整个开发提供基准的尺寸控制。网格基准成为随后绘制工程或车间图的基础。一旦设计师得到配套图信息，他们就能在基本轮廓的基础上，调整车身与部件比例，检验设计的合理性与可行性，并对局部作出合理性的调整。配套图在后期也是制作全尺寸胶带图的基准。典型的汽车配套图信息应包括下列内容（所有为全尺寸的）（如图4 –53所示）：

A 总长、总宽和总高；

B 轮距和车轮、轮胎的尺寸；

C 前轮距和后轮距（在胎面的中心测量）；

D 前悬和后悬，在车轮中心测量；

E 接近角和离去角；

F 发动机和传动器轮廓，散热器位置；

G 油箱位置；

H 风挡玻璃位置和角度；

I 所有灯光和信号灯的法规要求参数；

J 最小／最大保险杠高度和间隙；

K 悬架间隙；

I 50％女性和95％男性人体模型尺寸（所有座位）及驾驶员座椅的调整范围，H

（臀部）点应当表示出来；

  M 视角（只对驾驶员）和挡光区；

  N 驾驶员活动范围和方向盘位置及调整；

  O 加热器外壳和通风管；

  P 头和肩到车体的间隙、其他乘客的间隙；

  Q 眼到风挡架的尺寸；

  R 踏板和换挡杆位置；

  S 乘客进出的车体开口区；

  T 行李装载室要求；

  U 基本车身轮廓。

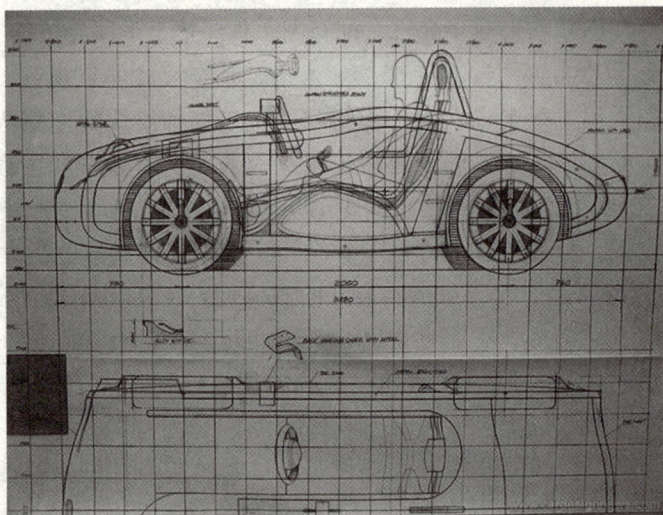

图 4-53　Royal College 毕业作品布置图

汽车的外轮廓尺寸主要取决于整车性能要求。总长较长的汽车纵向稳定性好，室内容易布置，但整备质量会增加，且通过性不好；总宽较宽的汽车，横向稳定性好，室内宽敞、明亮，但行车占用面积大，迎风面积大且操控困难；总高较高的汽车，乘员进出车辆方便，室内明亮，但由于迎风面积增大，空气阻力增加，且对横向稳定性影响也较大。整车的长、宽、高之间有一定的联系，相互制约。车身侧窗的倾斜度主要影响上下车的方便性。车身的外轮廓尺寸与发动机、地盘等尺寸和位置直接相关。外形尺寸的设计原则是：在满足性能要求的条件下尽可能缩小外形尺寸，以达到节省资源、降低整车整备质量的目的。

五、方案效果图

1. 构思草图

构思草图用来记录造型师的灵感。构思草图通常是素描画（单色绘画），可用铅笔、钢笔或塑料水笔等工具作画，图纸幅面以 A4（或 A3）较适宜。

构思草图以总布置设计所定出的基本尺寸和形状为依据，遵守正确的尺寸关系和比例。需要说明的是，在构思草图阶段需要的是设计概念，而不是精确的设计，准确性并不是主要要求。每位设计师都有自己的风格偏爱，对于多数人来说，设计师的构思效果图看起来并不完整，不需要的部分和线条都被省略掉，同时稍微夸大，以表达需要强调的概念和信息。

在构思草图的初期阶段，设计师把自己对设计项目的想法和意图等"看不见的东西"表现在图面上，使头脑中的构思视觉化，表现出所构思车型的形象特征，从而得以进一步推敲汽车形象。此时草图的效果不一，主要依据设计师自身的喜好表达（如图4-54、图4-55、图4-56所示）。

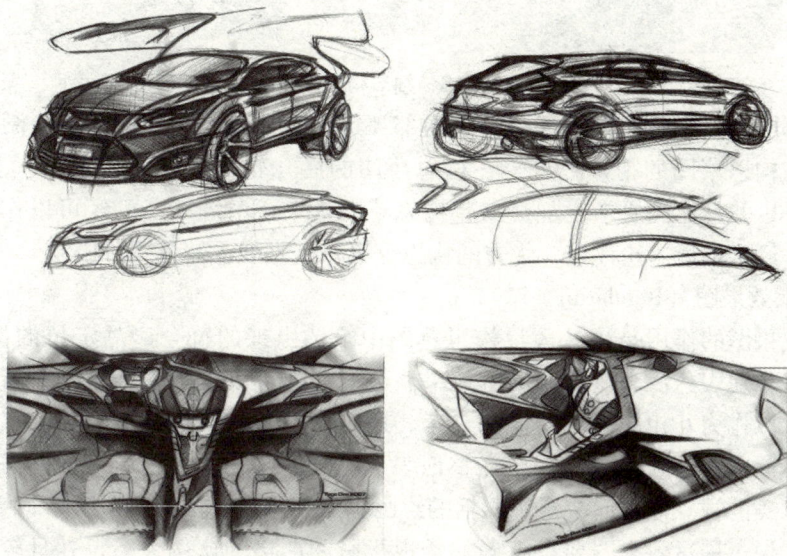

图4-54　新福特福克斯构思草图

图4-55　Volvo S60 构思草图

图 4-56 细节构思草图

构思草图阶段一般都会进行几轮的内部评审，设计师之间互相交流，激发灵感的火花，抓住构思草图的精妙之处。在构思草图的后几轮，概念逐渐完善，主题性强，特征效果好，并且比例要求更加严格，构思草图效果逐渐统一，已经可以作为第三方评审展示。经过最后一轮评审，优秀的构思方案将进入展示效果图阶段。

2. 展示效果图（Rendering）

展示效果图的作用是将从大量构思草图中筛选出来的符合产品定位的优秀方案，发展为较完整地表达汽车造型的展示效果。造型师既可以从中验证自己对新车的造型构想，又可以作为互相研讨和交流的参考，还可以作为汽车选型的依据。汽车展示效果图与一般的彩色绘画不同，需要完整地表达汽车的结构。要抱着严谨的态度，不可以为了追求美的视觉效果而故意用概括的绘画手法去掩盖汽车的结构缺陷。

一般来说，展示效果图要有正确的透视投影和严格的比例关系，并且较好地表达汽车质感。在以往，展示效果图通常采用纸上作图，以 A2 或 A3 幅面为主，多采用马克笔、色粉、水彩/水粉画、喷笔的工具。如图 4-57 所示。

图 4-57 新福克斯设计师 Andrea di Buduo 手绘效果图

在现代汽车造型设计中，越来越多的设计者倾向于直接在二维屏幕上制作数字效果图。使用电子效果图系统的最大优点不只是免去了纸、笔，更重要的是它可以很容易地修改、保存设计，并将设计印刷或传输到世界的任何位置，便于评审，这使管理人员有更大的决策余地。如图4-58、图4-59所示。

绘制透视图稿时，视点的高度最好选1.5 m或1.6 m，以便符合成年人站立时眼睛观察事物的正常感觉。透视角度的选择：若需要表达汽车的侧面，则可选30°左右；若需要表达汽车的正面，则可选60°左右；若需要同时表达正面和侧面，则可选45°左右。

整车造型中，造型设计师还可以在开始绘制效果图时用正投影的形式给出汽车的3个视图（侧视图、前视图和后视图）。由于这些视图更具有真实的比例感觉，便于造型师在后来绘制透视投影图时掌握好尺寸和比例。也方便最后生成胶带图。

图4-58 福特 Kemal Curic 方案效果图

图4-59 沃尔沃 S60 方案效果图

在汽车造型设计后期，方案已定稿后，往往需要制作展示效果图用于对外发布。此时并不要求固定的透视效果，主要追求视觉上的冲击力和震撼力，表达出设计主题，给消费者最深刻的印象。图4-60、图4-61、图4-62是几款车型的展示效果图。

图 4 –60   Alfa Romeo Giulietta

图 4 –61   Mazda Shinari

图 4 –62   Jaguar C – X75

　　展示效果图除了可以反映整车外形，还可以反映室内造型以及局部造型（如图4 –63、图 4 –64 所示）。

　　内饰效果图更注重整体氛围的营造，要求设计师有敏锐的色彩感知和逼真的材质表现能力。同时也要求具有统一的比例、透视角度以防误导评审人员。

图 4 - 63　Opel Meriva 逼真的内饰效果图

图 4 - 64　新福特福克斯 表现不同材质的内饰效果图

通常情况下，一幅方案效果图主要表达的是整体感觉，对细节和局部描述是不够的，因此，汽车造型整体方案确定后，还要对许多局部和细节进行造型，这其中包括构成车体本身的一些功能部件和附属部件。一个整体造型允许有几种不同的局部方案，以便进行对比分析，从中选定与整体相互呼应的最佳方案（如图 4 - 65、图 4 - 66、图 4 - 67 所示）。

图 4 - 65　Focus 方向盘设计

图 4 - 66　Volvo S60 旋钮设计

图 4 - 67　Focus 后门的不同设计方案

3. 方案评审

造型师团队中每位造型师至少要完成一套效果图（由透视图及其他视图组成），这就确保至少有 5~6 套效果图供项目组评审人员评审（如图 4-68 所示）。有时在完成比较紧急的项目时，也会由几位设计师共同合作完成一套或几套效果图，在这种情况下，更要求不同设计师采用相同的表现手法，使用相同的颜色、比例、透视角度，保证效果的一致性和评审的公平性。

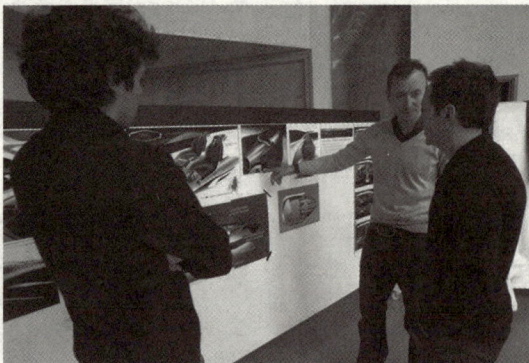

图 4-68　Jaguar C-X75 概念车效果图评审现场

六、比例模型

油泥在 50~60 摄氏度的加温后会变得柔软易于加工，适合大的形体塑造，而温度回落后又快速恢复，适合细节的刻画，同时这个过程可以反复多次，丝毫不会影响油泥的质量。油泥质感细腻光滑，可以符合汽车外形设计对表面光顺度几近苛刻的要求，并且比例模型制作时间也较为快捷，因而，油泥模型自然地成为目前汽车造型设计的主要手段。

在构思方案的后期阶段，就可以尝试开始进行比例模型的制作，常用比例为 1:4 或 1:5。比例模型具有真实的三维空间感，可以让设计师感受到车型的实在比例和相对关系，真切地表达出曲面真实的空间形状和转接关系，辅助设计师构思方案草图。

构思草图评审之后，被选出的方案继续作为比例模型的依据，设计师在模型基础上延续效果图的构思，反复修改尝试，使得设计构思逐渐趋于成熟。随着模型反复地推敲设计，效果图也会有相应的改进与细化。这是一个反复评审与修改的过程，见图 4-69。

图-69　Mazda Shinari 模型设计师正在修改比例模型

比例模型在方案设计过程中起着很重要的作用。它不仅仅是将设计方案从纸上变为立体的过程，更是一个真实体验和再设计的媒介。比例模型便于修改和三维再现的特性可以激发设计师对形体空间变化的新的感受力和想象力，这也是推动方案设计的关键。比例模型是作为最后选型评审的重要依据。

Focus 的比例模型（如图 4 - 70 所示）制作在一开始填敷油泥的时候就选择了对称的方法，只做一半，利用镜子的镜面反射来观察整体效果。在完成一半的制作后，再将另一半对称上去。这样使得在油泥方案初期阶段更方便快捷，可以让设计师花更多的精力来探索设计。

图 4 - 70　新福克斯缩小比例模型

近年来计算机辅助设计发展迅速，有着建模快速、数据精确等的优势。在方案设计初期阶段，快速运用计算机建立三维模型可以帮助设计师体验车型的三维空间感，研究面的转折效果，预测设计修改对真实产品的影响。拥有计算机三维建模基础，可以使前期方案设计事半功倍。但是与实体模型相比，数字建模的灵活性和真实感还较低，在人机交互方面的感受还有一定的差距，因此，即使计算机技术发展到了相当发达的地步，真实的油泥模型还是不可或缺的一步。

七、方案评审

选型讨论会由项目负责人召集，以该车型造型团队的全体人员为乙方。评审小组应包括造型、总布置设计、结构设计、工艺技术等方面的专家，还可以包括企业领导的代表和企业的战略规划专家等。见图 4 - 71。

程序：

①准备好若干套造型方案提交评审，每套方案应包括几幅彩色效果图和一个缩比模型；

②项目负责人主持会议；

③每套方案由一位造型师陈述，各套方案依次进行，就造型、结构、工艺等问题展开答辩讨论；

④最后的评审意见只能集中到唯一的方案上，如果不能从现成的方案中选出一套最满意的方案，就要根据归纳的意见进行返工修改，此时主持人宣布休会；

⑤等待修改方案完成后在恢复会议，直到方案令人满意为止。

选型讨论会结束，汽车的初步设计阶段亦结束。可呈交选定的一套造型方案，作为技术设计的依据。

图 4 – 71　mazda – shinari

八、模型设计

造型评审活动结束之后，正式进入模型设计阶段。同样的，在这个阶段中，负责人需要制定一份明晰的项目进度表，合理安排胶带图、外形模型和内饰模型的制作周期，并确保项目顺利进行。

1. 1∶1 胶带图（Tape Drawing）

胶带图（如图 4 – 72 所示）是造型师在带有坐标网格线的薄膜纸上利用专用的不干胶带粘贴出汽车的线条和形状。它通常包括汽车造型的四个正视图和汽车外型设计及内饰设计，是反映造型方案效果图立体关系、指导模型师进行模型制作的图样。

1∶1 胶带图反映真实的尺寸和形状，在其制作过程中，其他技术人员需要及时配合，检查胶带图所表达的形体是否与内部结构干涉等问题。

胶带图需用工具有：表面平整、面积大的竖立面板，有骨架并有万向轮，可移动；固定在面板上的塑料薄膜纸，其上可用大型绘图仪绘制出坐标网格、造型尺寸理论控制线、相关部件位置及轮廓，既可以作为胶带的粘贴面同时也起到参考作用；进口不干胶带，宽度可选，通常是黑色。该胶带具有弹性，可贴出光顺曲线，粘度不高，可反复黏贴，在模型及胶带图调整和表达设计线条。

图 4 – 72

在汽车企业开发过程中，胶带图大多线条简洁，依据汽车整车及车身总布置的尺寸，没有复杂的光影表现。相对于平面软件制作造型方案轮廓线的方法来说，传统胶带图便于修改，更加直观，是一种接近手绘的方式，使设计师感到更加亲切。计算机打印的线稿通常作为参考，而胶带图可以将方案表现得更有张力。

胶带图最终完成而且不再更改，称为"冻结"。胶带图冻结后，将胶带图上的每一条线编号，再把反映线条特征的一些关键点定出，同时将它们的坐标数值采集下来，记录在纸上，模型制作人员根据胶带图并在设计者的配合下进行油泥模型的制作。有些企业在胶带图完成后，还要绘制全尺寸彩色效果图，帮助造型师更进一步深入推敲，为制作全尺寸模型提供更细致而准确的依据。

2. 全尺寸模型

（1）全尺寸外部模型（全尺寸模型——Full Size Model）

全尺寸模型是汽车开发过程中不可或缺的一个关键步骤。全尺寸模型可以抓住比例模型的神韵，将其放大到现实大小，提供真实的空间和视觉感受，是最接近实车的物体。设计师可以直观地预测设计的最终效果，斟酌推敲细节设计，是设计阶段的重要产物。另一方面，作为生产阶段的数据原型，可以采用三维坐标仪测量最终定型模型，收集全套造型数据，在 CAD 中进行逆向数学建模，并同时进行对称和光顺处理。数学模型的数据还可以作为结构设计、工艺设计以及加工制造的依据。因此，全尺寸油泥模型的光顺度与精确度也在很大程度上影响了加工生产过程中的产品精细程度。

全尺寸模型的制作方法有多种，不同的企业内部都会开发适合自己的制作模式。从材料上说，最常见的全尺寸模型是以钢、铝为骨架的主要支撑结构，聚苯乙烯发泡材料或木材作为骨架的填充材料，油泥完全包裹骨架，经过粗刮、精刮、装饰等步骤，最终完成全尺寸油泥模型的制作。见图 4-73。

图 4-73　mazda-shinari 全尺寸模型

意大利设计仍习惯以石膏或白色泡沫作为模型材料。全尺寸模型要表现内部结构时会采用特殊的骨架设计，留出内饰部分，最终实物在效果上非常接近实车。见图 4-74。

全尺寸模型是比例模型和数字模型无法取代的。比例模型作为快速体现设计构思的手段，能很好地反映整体比例与动势效果，但是无法深入细节设计，也不能准确预测圆角或凹槽在扩大数倍后的感受体验。

图4-74　Changan Chana 概念车的模型

　　以福特 Focus 为例，从整体上看，经过缩比模型评审之后进入到全比例模型制作的其中两个方案。最大的差别似乎就只在腰线的处理方式上，但是由于腰线的比例发生变化，其他一系列细节的比例，如尾灯、保险杠、进气格栅，尤其是窗线，都发生了细微的变化。这种微弱的调整和面的感受变化是在效果图上甚至是缩比模型上也很难直观地体会到的，只有通过全尺寸模型的制作，让人身临其境感受到它的每一处细节、每一寸面的变化，才能直接地传达出设计的感受。全尺寸模型是最终评审确定方案最直观的表现，此时的效果已非常接近真车。见图4-75、图4-76。

图4-75　新福克斯全尺寸模型－方案一

图 4 -76 新福克斯全尺寸模型 - 方案二

（2）全尺寸内饰模型

而对于内饰设计来说，除了设计主题的表达，很重要的就是人机设计的体现。尽管在汽车总布置设计时已经考虑到了人机关系，但那只是最基本的总体布局，涉及到具体细节，比如方向盘的位置是否会遮挡仪表盘、中控面板的角度是否适宜驾驶者的操作、按键布置是否合理，这些都是很难在二维方案上体现出来的。此时，全尺寸模型就显得异常重要。全尺寸内饰模型的设计初期也是人机关系和内饰各部件之间配合程度的探索过程。见图 4 -77、图 4 -78。

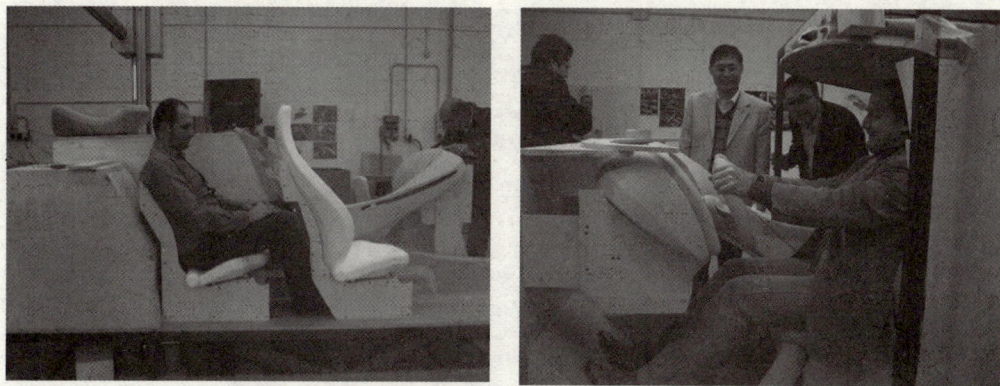

图 4 -77 长安 Chana 内饰设计初期对人机的探讨

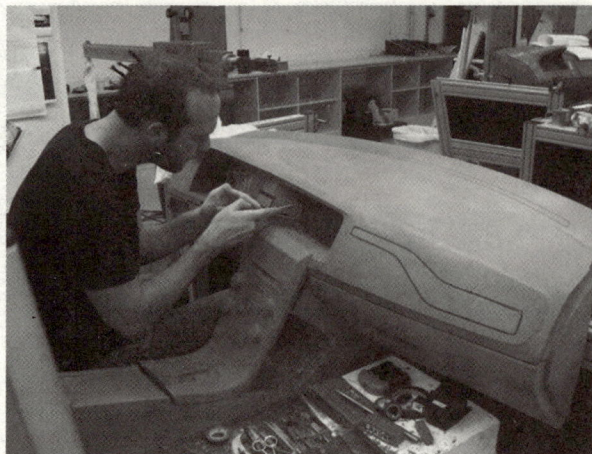

图 4 - 78　模型师正在制作沃尔沃 S60 内饰模型

　　内饰模型还非常注重色彩与材质的搭配。在内饰效果图中，各种材质都尽量真实地反映出来，到了模型后期阶段，设计师会根据方案效果图，从经销商定制或亲自调制与挑选漆的类型和所用皮革的品质。有些部件例如方向盘或座椅等可能会直接使用实物。见图 4 - 79、图 4 - 80。

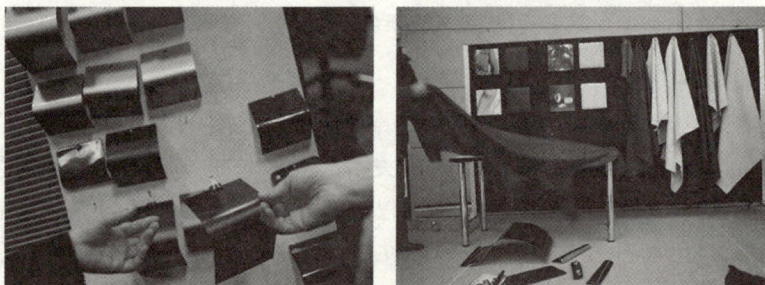

图 4 - 79　色漆和皮革的材质选择

图 4 - 80　沃尔沃 S60 内饰模型

九、造型的审批

呈交审批的项目包括如下 4 项：1:1 外部模型、1:1 内部模型、1:1 胶带图和效果图（全尺寸和缩小比例的整体效果图以及局部效果图），作为表达一个车型的完整造型的依据。

（1）审批人员的组成

审批人员必须包括企业的最高领导（CEO 亦即第一把手）和最高技术主管。再聘请企业战略专家和造型、设计、工艺等方面的专家组成审批委员会。

（2）审批方法

①把上述几项造型依据放置在合适的场所展示。

许多企业部建有专门的展示大厅，可把模型安置在转台上转过各种角度，用各种背景衬托，再配上灯光，营造出优雅的气氛。

②由造型部门负责人做汇报和答辩。

③审批委员会进行评价。如果认为造型工作已经达到了企业战略规划的意图和设计任务书的要求，就写出审批结论。

④审批委员会的文件最后呈交最高领导人签字审批。

（3）审批的贯彻

只有当最终评审通过，设计方案才最终定稿，方案将不再轻易做任何改动，进入数据收集发布等生产前的工作。审批后的造型是结构设计和生产制造的依据，必须严格贯彻。无论在结构设计过程中或是各个生产制造环节中都必须千方百计地体现和忠实于造型的原旨，任何人不得随意修改。需要极力避免"走样"从而丧失造型的魅力。

图 4-81 所示为设计师正在对外形和内饰全尺寸模型进行评审。

图 4-81 设计师正在对外形和内饰全尺寸模型进行评审

4.3.2 汽车开发流程与方法

一、设计草图

1. 汽车设计草图概述

有些时候十分好的构思会在头脑中稍纵即逝，所以设计师必须要有快速和准确的速写能力，以便记录一些好的想法。汽车设计草图就是在设计过程中，设计师把头脑中抽象的思考变为具象形态时，迅速地将构思、记录想法或表达想法的一种描绘。它不单单是一种记录和表达，同时设计师也通过不断创造、修改设计草图，对其设计的对象进行构思和推敲。比如对一些结构的考虑，对整个形态的把握和一些细部的处理等都需要一些十分具体的图解思考。所以在构思后期，有时候要求设计时的草图无论从形态和质感上都要描绘的十分准确、具体，这样才能为其推敲自己的设计起一个良好的促进作用。一般来讲，草图的图面上经常会出现文字注释、尺寸标定、色彩方案推敲、结构展示等。虽然看起来有些杂乱，但实际上它正是设计师对其设计对象理解和推敲的过程。总的来说，设计草图是设计师将自己的想法，迅速地由抽象变为具体的一个十分重要的创造过程。

图4－82、图4－83、图4－84所示的几位汽车设计师的草图都很有自己的风格。

图4－82 KOS SZÁZ 部分作品

图4－83 Maxim 部分作品

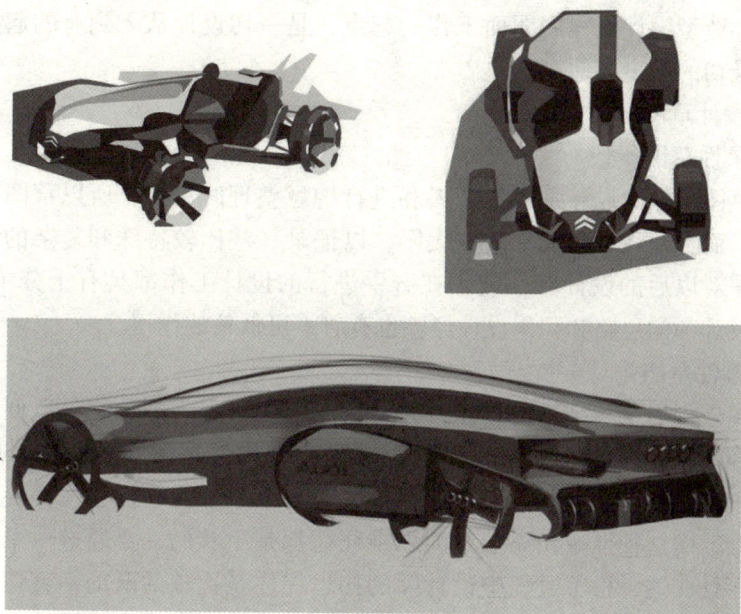

图 4 - 84   201Popkov 部分作品

一般来说，设计草图并不追求炫目的效果，图面构成通常简单，主要以简单线条勾勒车身造型的关键线和轮廓线，从而反映车身或内饰的基本形态、构造及比例关系。设计草图的精细程度取决于设计师的绘图习惯和表现能力。有些设计师偏好用线条来表现整体轮廓与构造，构思缜密，结构清晰。有些设计师则喜欢辅以简单的明暗和色彩渲染，表现型面变化，烘托整体氛围。但是在设计草图的最后阶段，都会达到可供评审的表现要求。见图 4 - 85。

图 4 - 85   大众 polo 达到评审要求的原厂图

设计草图在创意设计中的作用远超于其他任何手段，它是设计师创新思维的最初载体，是汽车造型设计流程中图面工作的起点，是一切设计从无到有的起点，也是每个成功车型最初的诞生之地。

2. 汽车设计草图的种类

（1）记录性草图

记录性草图是作为设计师收集资料和进行构思整理时用的，所以草图一般都十分清楚、翔实，而且往往画些局部的放大图，以记录一些比较特殊和复杂的结构或是形态，这类草图对以后的设计工作或正在着手进行的设计工作都具有十分重要的作用，同时对拓宽设计师的思路和积累设计经验也有着不可低估的作用。

（2）思考性草图

利用草图进行形象和结构的推敲，并将其思考的过程表达出来，以便对设计师的构思进行再推敲和再构思，这类用途的草图被称为思考性草图（见图 4 - 86）。这类草图更加偏重于思考的全过程，一个形态的过渡和一个小小的结构往往都要经过一系列的构思和推敲，而这种推敲光靠抽象的思维往往都是不够的，要通过一系列的图面以辅助思考，而且在这一思考过程中设计师的构思往往是比较活跃的，突然出现的想法和新颖的形态都需要靠一些图面以及文字注释使之明了化。作为构思的草图往往不太拘泥于形式，可根据设计师的思维发展而自由进行。

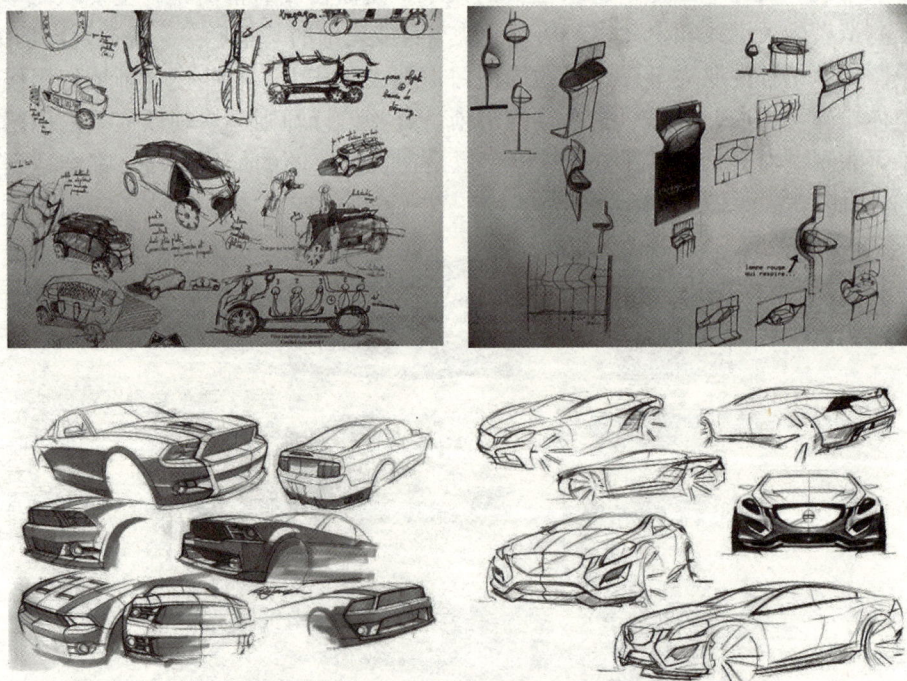

图 4 - 86　各种思考性草图

设计草图常常是设计师同设计伙伴和设计委托人之间信息交流的主要手段。这就要求设计师在设计的开始阶段，通过草图清楚地说明和表达自己的设计，以便得到别人特是合作者的理解，这是每位设计师都应具备的基本表达技能。

设计草图的绘制无论在方法和尺度上都是多种多样的，往往在同一画面上既有透视图，又有细部图。设计师的思考是一种探索，构思草图的表达，大都是片断式的，显得轻松而随便。由此既创造设计出多种变化的方案，又开阔了思路。所以一位设计师说："创作的全部内在和谐都表现在思考性的图画中。"

3. 汽车设计草图的理论基础

（1）汽车造型的比例特征的理解

不同的车型的造型特征各不相同，各部分的比例差距甚大，这给设计师的创新设计提供了较宽的思路。但是作为专业和负责任的汽车设计师，首先要掌握每种车型各自的外形比例特征，明确车型大的体量关系，把握重要的特征形态的位置与尺度。同时，要理解在实际使用功能、人机关系以及加工工艺等因素的影响下，各个部件相互之间的比例关系。比如，在设计草图的过程中要保证乘客舱的使用空间能够满足乘客的舒适性要求，就决定了这个部分不能无限制地变形与缩小；在设计保险杠、进气格栅、前灯尾灯、后视镜等部件时，就必须考虑它们的相对位置与所占造型的比例。只有在充分理解比例特征的前提下，才能使设计在天马行空的同时做到有的放矢，收放有度。

在汽车设计的过程中，通常会使用轮子作为在各个不同车辆间进行比较的通用参照物。轮子成为非常理想的比对参照物，是因为量产车的车轮一般都有明确的尺寸要求，规定了一些标准的尺寸——包括轮毂直径等对侧面影响较大的尺寸。一般情况下，同一级别的车型往往会使用相同直径或近似尺寸的标准车轮。如果以轮子的直径作为一个单元的话，可以基本把握不同车型的尺度与比例特征。前轮轴心与后轮轴心间的距离，又称为轴距。如果在正侧方向观察一辆普通轿车，其前后两轮间的间距大致为2~3个车轮直径，而车高通常在2个车轮直径左右。我们利用轮子与车身的比值来帮助确定车身侧面各部分的比例，从而准确地把握汽车侧面造型的重要比例关系。轮间距过小，造成全车比例短小；车高过高，超出其与轮子间实际的协调比例关系；作为比例基准的轮子形态不准确，正侧视时将轮子画成椭圆，或在透视图中将轮子画的过于扁长，从而使整车的比例也随之失调。见图4-87。

图4-87

（2）设计草图常用工具及使用

绘制设计草图的工具种类繁多，设计师可以根据自己的需要和偏好进行选择。常用的工具有：

①笔类：铅笔、签字笔、圆珠笔、彩色铅笔（简称彩铅）、麦克笔、毛笔、底纹笔。

②尺：直尺、界尺、曲线板、圆模板、椭圆模板。

③纸张：选用表面较细腻、吸水性能较好的纸张。

彩铅（见图4-88）是很多设计师的常用工具，因为它拥有较多的色彩可供选择，对纸面的附着力强于铅笔，可以轻松地对关键造型线加以强调和肯定，易于表现不同层次的线条对比，突出画面的虚实关系，并且在出现错误的时候可以用橡皮擦除，因此，彩铅也是很多初学者的常用工具。

图4-88

圆珠笔（见图4-89）因其不会在短时间内被磨损而使笔触变粗，落笔后的线条粗细均匀，线条肯定，画面显得非常干净，也是很多设计师偏好的工具。

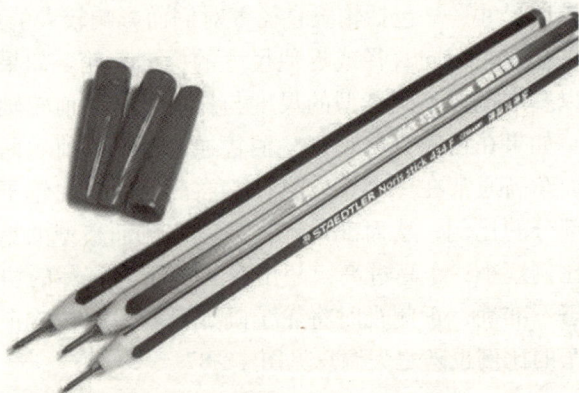

图4-89

在汽车设计中，基本不会有完全的直线出现，曲线板（见图4-90）可以提供不同弧度变化的曲线，在表现车身线条时非常常用；椭圆模板包含了不同直径大小的各种椭圆，为表现轮子区域的作图带来了便捷，因此，灵活运用曲线板与椭圆模板是在设计草图后期阶段，细致准确地表现设计方案的重要手段。

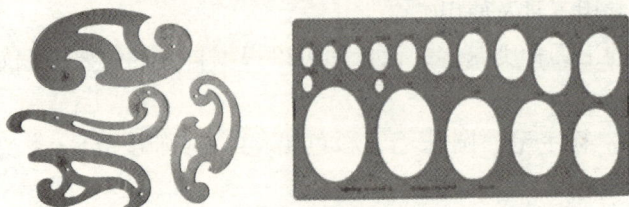

图4-90

4. 汽车设计草图的绘制方法

（1）正侧视图

在绘制汽车设计草图时，通常先设计汽车的三视图，其中以侧视图为重中之重。此时，重点是调整轴距大小以及轴距与车身总体尺寸的比例关系，从整体的角度检视轮廓、姿态，忽略细节，强调创新点。在设计前期阶段，并不追求线条的简洁，构图的清爽，可以由设计师自由发挥，只要能记录设计师瞬间的灵感与想法即可。见图4-91。

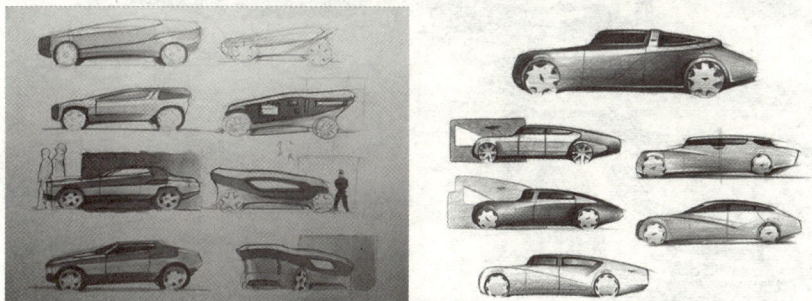

图 4 -91

当好的设计草图出现时，想要快速地抓住这种感觉，并进行深入的发展，并不需要重复地重新再画一遍，因为不同的方案的比例肯定会有细微的差异。这时就可以拿一张半透明硫酸纸，盖在希望深入发展的方案上面，对肯定的部分进行描绘，同时对其他部分进行设计、修改，这样重复几次，就可以将一个构思草图发展的相对完善。见图 4 -92。

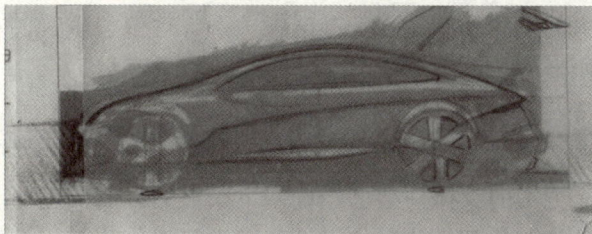

图 4 -92 用硫酸纸盖住构思方案进行深入发展

侧视图的设计草图绘制速度相当快，因此一定要绘制大量的侧视图，进行各种不同比例的调整和探究。而且，绝对不要被第一个设计方案所局限，因为第一个方案往往不是最佳方案。要努力打破自己的思维定势，尝试不同的车型比例，积累大量的构思方案。这样才能有更多的方案选择与灵感的激发。

（2）透视图

设计草图的下一个阶段，在前期大量的侧视方案中，选取可深入发展的侧视图，在此方案上进行初步的透视图的设计，来验证侧视方案是否合理，是否能将侧视方案发展为透视图并且保持侧视图的整体氛围。见图 4 -93。

图 4-93

对于透视图的透视关系的选择，普通人眼的视平线高度大约在1300~1700 mm。如果我们在约 10 m 的距离以内观察汽车，选择两点透视表现即可。而在非常强烈的俯视、仰视角度，或需表现出某些特种车辆（如高顶重卡、大型客车、大型工程车辆、大型军用车辆等）较大的高度时可适当使用三点透视。在手工绘制草图、效果图时，需要依靠设计师个人的经验和感觉去找准透视关系，这依赖敏锐的观察、扎实的手绘功底以及长期的绘画经验。

（3）细化设计草图

前期的设计草图，通常不讲究版面，不强调表现，主要目的在于记录想法、构思和推敲方案。在一个方案的大体框架已经确定下来之后，需要进一步对此方案进行深入，设计细节与继续推敲比例。此时的设计草图也可以作为将来评审的交付，因此要有清晰的表达与合适的构图。确定构图时要规划有几辆车，每辆车在画面中的位置，并考虑各车之间的相互关系。常用的构图方式有三种：

a. 标准单车构图

即在被表现的汽车周围留有合适的空白，使画面周围有足够的空间呈现部分透视线的痕迹，从而强化了整个画面的透视趋势，并具有很强的手绘草图的味道。这是标准的单车构图形式。见图 4-94。

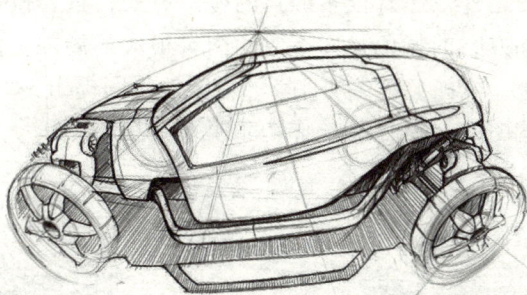

图 4 - 94

b. 满充式构图

画面基本被所要表现的对象占满，四周只留下很小的空隙。这种构图非常具有冲击力，可以最大限度地让观者将注意力集中到作者要表现的对象之上。见图 4 - 95。

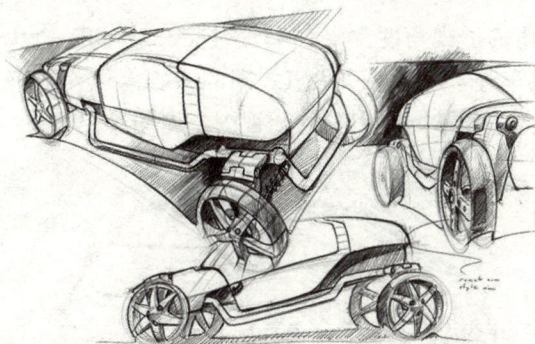

图 4 - 95

c. 经典的双车搭配构图

这种构图形式是非常经典的双车构图组合。由于画面中多了不同角度的表达，构图时就要注意对两者关系的处理。一般这两个对象要分出主次关系，比如前脸的效果图更大，后 45° 透视效果图较小。这种有主有次的组合关系既丰富了画面，也避免了平均、呆板，使画面中的视觉中心突出，是很好的双车搭配的构图范例。见图 4 - 96。

图 4 - 96

除以上的常用构图之外，还有很多形式的构图方式，只要设计师认为可以准确明白地说明设计的思想和方案的特色，并不对构图有很大的局限。但是在企业内部的一些正规的方案评审会上，往往会对参加评审的方案效果图提出一些标准化的构图要求，这样做是为了避免因构图的差异而影响观者的判断。见图4－97。

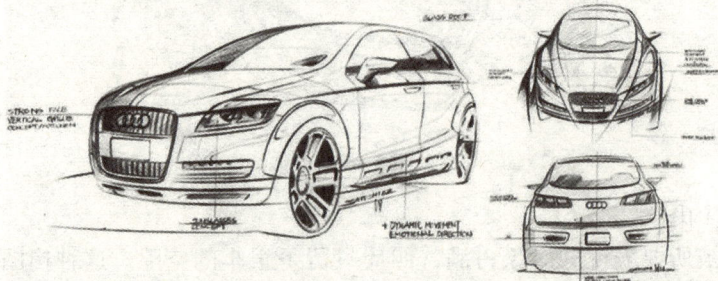

图4－97

汽车设计草图常用的透视角度主要有45°透视法，和30°－60°透视法。

45°透视法是将汽车置于左右两个灭点之间的中心部位，汽车的正面与侧面的透视变形基本相等，且两面需要被同等表现的透视图。见图4－98。

图4－98

30°～60°透视法常用于汽车正面与侧面具有主次关系，需要分别加以表现的透视图。这种情况下汽车往往靠近两个灭点中的一个。见图4－99。

图4－99

还有一些其他角度的透视图，通常是为了表现特殊角度，如顶部的造型特征，或者为了追求夸张的视觉效果而选取的特殊角度。在设计汽车草图的过程中，并不限制角度的选择，但是为了防止过于夸张的角度会对评审有所误导，最终还是会回归到常用的透视角度。

车轮是整车造型设计中的重要参照物，也是整车透视形态准确与否的关键。在设计草图中，可以根据轮子来推出整体的比例，这里有几个很管用的使用原则：

1）在侧视图中，如果前轮心与后轮心之间的距离可以放下 3 个轮子的话，那么在透视角度中，这种比例关系是不会改变的。也就是说在透视图中，前后轮之间仍然可以放置 3 个轮子，但不是正圆，而是轮子透视变形的轮廓——椭圆。见图 4-100。

图 4-100

2）在正侧视图中，车轮中的轮胎轮廓线、轮辋边缘线、轮辋内部的转折线以及轮辋中心部件的轮廓线所形成的一系列正圆都是同心的，然而在透视图中，这些"同心圆"所形成的透视椭圆却并不同心——它们沿着椭圆的短轴及其延长线分开排列——这些在侧视图观察得到的同心圆实际上并不在同一个平面上，当观察角度偏移出正侧视图以后，圆心会依据其所在位置的不同，沿着垂直于车轮平面的轴线方向发生偏移，其轮廓线也会在透视图中相互交叠。

3）在透视空间中，左右车轮的中心连线与车轮轮廓形成的透视椭圆的长轴保持垂直。这里可以借用圆柱来帮助我们理解——当圆柱竖立于桌面时，圆柱的顶面与柱面中心线是垂直的，顶面圆形中的任何一条直径与柱面中心线也是垂直关系；当圆柱被横置时，凭肉眼观察，其外部形状并无改变，其顶面与圆柱中心线仍旧会保持垂直，而圆柱的纵向轮廓线也会以柱心线为对称轴左右对称存在。因此，当空间透视使圆柱顶面的正圆变形为椭圆时，椭圆的长轴与圆柱中心线将一直保持垂直关系。

在细化设计草图阶段，要充分利用曲线板等辅助绘图工具，线条要清晰、明确，通过虚实结合、粗细有致的线条表现设计图的动态、强度、弧度、力量、速度等。在表现汽车表面非常复杂的起承转合的形态时，通常会绘制复杂曲面辅助线，用以约定各个位置的形态变化。最常见的辅助线有对称中心线、辅助断面线等。对称中心线，简称中心线，是正视图造型的重要辅助线条，在中心线两侧可以拓展不同的设计方案。辅助断面线，或称辅助截面线，主要用于表现变化复杂、微妙的曲面。

二、效果图表现

1. 效果图的分类

完成设计草图之后，需要进行设计师内部的交流，或者是提供决策者可以用以评审的效果，或者把设计方案呈现给客户。效果图是速度最快、表达程度非常逼真和完善的一种表现方法，是设计师和外部人员沟通的语言，也是汽车设计师必须掌握的一项基本技能。根据用途和要求，效果图可以分为方案效果图、展示效果图和三视效果图。

（1）方案效果图

这一阶段的效果图还是为了启发、诱导设计，在设计师内部提供交流，研究方案为目的。此时，设计方案尚未完全成熟，还处于有待于进一步推敲斟酌的阶段。这时也往往需要画较多的图来进行比较、选择。但是主题必须明确，在色彩上也要基本准确地表现出构想产品的色彩关系。在这一阶段以马克笔、色粉或彩铅上色为主，速度快，使用方便，效果突出。见图4－101。

（2）展示效果图

展示效果图的设计已较为成熟、完善。作图的目的大多在于提供决策者审定、实施生产时作为依据，同时也可用于新产品的宣传、介绍、推广。这类效果图对表现技巧要求最高。对设计的内容要作较为全面、细致的表现。色彩方面不仅要对环境色、条件色作进一步表现，有时还需描绘出特定的环境，以加强真实感和感染力。见图4－102。

在展示效果图的绘制阶段，计算机辅助设计正逐渐成为设计过程中不可缺少的工具。展示性效果图已由传统的手绘方式转变为电脑绘制。这些绘图软件不仅给设计者提供了更灵活的设计空间，还提供了逼真、强大的材质选择，可以快速地进行修改，使设计者能充分发挥自己的想象力，丰富了表现手段。

图4－101

图4－102

（3）三视效果图

这类效果图直接表现三视图或其中的几个正视图，对立面的视觉效果反映最直接，尺寸、比例没有任何透视误差、变形。缺点是表现面较窄，难以显示前两类效果图所表现的立体感和空间视觉形态。通常用来检验设计尺寸、布局是否合理、完整，或到后期与工程衔接，是油泥模型制作时的重要依据。见图4－103。

图4－103　Audi－Sportback_ Concept_ 2009

2. 绘制汽车效果图的理论基础

（1）正确的透视

因为效果图的目的在于与设计师、与决策者、与客户的沟通交流，所以正确的、可以让人理解的透视显得尤为重要。设计效果图需要比设计草图更严谨的透视表达，在表现产品时尽可能选用和实际使用状态相同的视平线位置。在绘制效果图的过程中多使用透视线，才能保证效果图真实而准确，使产品表现出很强的真实感。

（2）视角的选择

要准确而充分地表现汽车产品，视角的选择是十分重要的。因为效果图是在二维平面上表现三维形态，这就决定了不可能将三维形态的各个方面表达出来，要有选择地表现汽车的特征面。汽车效果图一般选用30°、45°、60°的成角透视。30°透视通常用以表现车身的侧面，60°透视主要表现的是前后脸，45°透视可以同时表现侧面和前后脸。在实际效果图阶段，会由决策者或客户根据产品的表现需求来确定最终的视角选择，统一的视角表现会减少不同角度对最后评审造成的影响。

（3）色彩的应用

色彩在汽车设计中是一门单独的学问，不同的色相、明度和纯度会使消费者产生不同的心理变化。色彩设计的重要性在内饰设计中显得尤为突出。汽车外型的效果图表现以造型为主要设计对象，通常要求提供的效果图整体色彩一致。而内饰设计是由造型和色彩基调共同决定的，因此不同的造型方案可以搭配各自的色彩方案，营造独特的内饰氛围。

（4）质感的表现

在效果图的表达过程中，有一些常用的材质，其表现特点和表达方法是要掌握的。

①不透光而高强反光的材料。表面镀铬处理的金属、镜子，反光特性明显，有极强的反光区和高光点。而且受环境影响特别大，常有很强的光源色和环境色。

②能透光而又反光的材料。玻璃、透明有机玻璃，通常光洁度高，受光面会有明亮的反光区，透射和反射并存。

③不透光而低反光的材料。橡胶、木材、砖石、织物等，刻画的重点在材质本身、肌理等。

④不透光而中反光的材料。如塑料、喷漆后的表面等。描绘时注意其反光程度的差别。塑料本身的色彩十分丰富，而且纯度很高，处理时应注意环境色和固有色的关系。

（5）光影的变化

不同材料性质的物体在接收了光的照射之后，会发生漫反射、反射、折射等光的变化，从而产生物体受光面、中间调、明暗交接线、暗部、反光及阴影等区域。光影的丰富变化使得一个简单的物体在现实环境中显得非常生动。在汽车效果图的表现过程中，真实地捕捉到光影的复杂变化，是增强效果图真实感的一个重要因素。

3. 汽车效果图的绘制方法

（1）彩铅效果图

彩铅效果图拥有丰富的明暗调子，通常在线稿的基础上用阴影来表现明暗交接与反射、反光等光影变化。彩铅画法通常选择普通的复印纸或专业效果图拍纸簿中的一张，尺寸为 A4 或 A3。第一张往往不是最终效果图，而是轻轻打稿，进一步确定方案车型的尺寸位置、透视角度、整体外廓形态以及轮子的位置，参照轮子的尺寸控制好方案的车身长、高比。画出轮廓线之后继续勾画车身的主要造型线，如腰线、窗线等，反应方案的主题。在此过程中不用刻意追求画面的干净，更不必要使用橡皮擦去除不确定的线条，只用通过不断地尝试、比较和探索，才能知道哪一根线条最抓住整车的动势和精髓，突出饱满而充满张力的动感。在第一遍打稿过程中，所有的线条都可以作为下一步效果图的参照和方案的改进。图 4－104、图 4－105、图 4－106 以 Harlad Belker 的手绘过程为例。

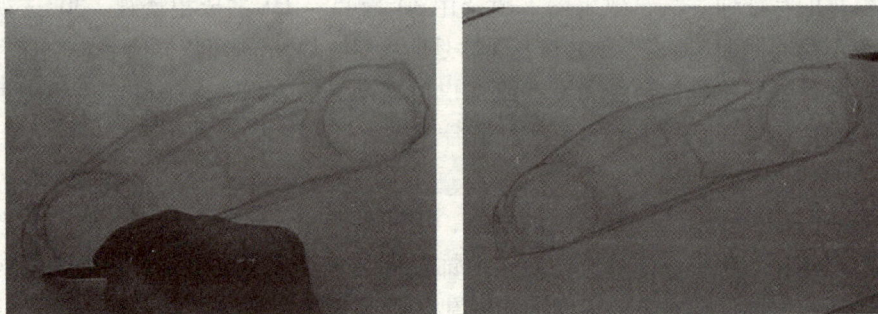

图 4－104

接下来要开始细化设计方案，强调腰线与车身的型面关系，定义开门线，完善轮毂，逐步明晰车头车尾的细节设计，设计大灯、进气格栅、引擎盖等细节方案。逐步调整各部分的比例关系，并利用彩铅，根据光影变化简单排画明暗调子，增强汽车的立体感。

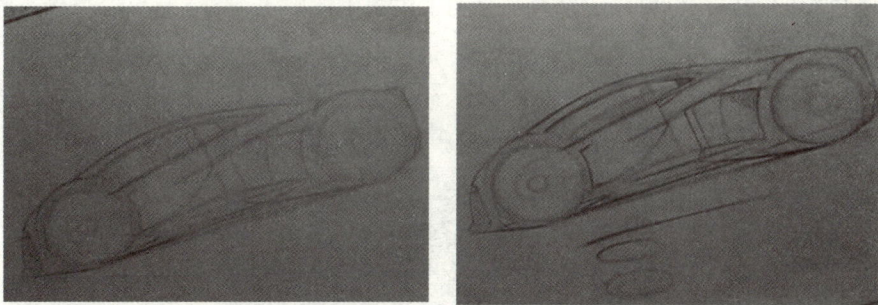

图 4 – 105

方案细化完成后，用彩铅将全车造型线有选择地重复加重一遍，勾画出从前保险杠到前轮轮包外边沿线再到车身侧围的明暗交界线的轮廓，适当加重该轮廓，注意线角转折位置的用笔变化。至此，整车造型的风格基本确定，主要造型线和光影关系也已明确。初步效果图绘制到这个程度可以作为一个相对完整的阶段性成果呈现，即使就此停笔，也可作为精彩的设计草图表达设计意图。然而最为效果图的表现，则需要深入刻画。

重新拿一张白纸或半透明硫酸纸覆盖于初步效果图之上，提取最终方案的轮廓线和造型线。再使用适当的工具，如曲线板，明确线条和细节。这时就要特别注意笔触的表达，虚实的结合，画面要求干净，用笔简洁有力，细节到位不含糊，主要造型表现突出，每一根线条都表现出其张力，整车动势明显，并使用各种排线手法，增强整车体积感。该锐利则锐利，改硬朗则硬朗，改模糊则模糊，用层次丰富的光影使方案更具真实感。

最后，利用白色彩铅或白色水粉点绘高光，起到"点睛"的效果。

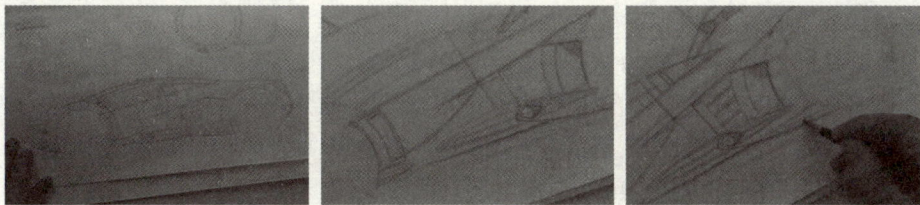

图 4 – 106

（2）马克笔效果图

马克笔（见图 4 – 107）色彩明亮而稳定，具有一定的透明性，是设计草图和效果图中非常高效的绘图工具。马克笔发挥性和渗透力极强，因此不宜用吸水性过强的纸作画，应选用纸质结实、表面光洁的纸张。色彩渗透力强，易在纸上浸润形成不必要的色团，因此着色时运笔要快速果断。一般着色顺序宜由浅到深，便于控制色调层次。颜色选择通常为一个冷灰系列（以 C 系列为主），一个暖灰系列（以 W 系列为主），再加上几种饱和度较高的常见颜色就可以应对大部分的效果图制作。其他颜色再根据个人需求添置。同种颜色如重复涂施可降低明度，丰富色彩层次，但需注意不宜重复次数太多，以免色彩失去鲜明度及发生浸润现象。还可以用彩铅作为马克笔的过渡，调和马克笔色彩的差异，也可用于修补马克笔上色留下的败笔。

图 4 – 107

a. 马克笔的分类

马克笔依其性质的不同，可分为三类：

①水性马克笔。没有浸透性，遇水即溶。笔触清晰，多次覆盖后色彩变浑浊，绘画时可以与水彩用法相似。

②油性马克笔。通常以甲苯为溶剂，具有浸透性，挥发较快，使用时动作要敏捷、准确，挥发快干后颜色会变淡，可覆盖调和过渡自然。它使用范围很广。由于它不"亲水"，所以也与水性麦克笔混合使用，而不破坏水性麦克笔的痕迹。

③酒精性。具有挥发性且有强烈气味，颜色艳丽，浸透力介于水性与油性之间。

b. 马克笔常用技法

①平涂。平涂是最基本的马克笔表现技法之一，容易表现塑胶、电镀、玻璃等材质。

②渐层。利用暖灰或冷灰色系的颜色渐层变化，表现方案的明暗变化。冷灰色系带蓝色调，最易表现不锈钢及电镀表面处理的材质。

③渲染。利用颜料的渗透性与相溶性来表现色彩深浅浓淡的渐层。

在使用马克笔绘制效果图的过程中，可以适当地使用工具，注意表现的光源要统一，笔触要整齐，虚实要拉开，并注意阴影的正确表现（见图 4 – 108）。勤加练习，才能熟练掌握马克笔的技法与应用，表现出逼真的效果图。

图 4 – 108

（3）色粉表现

色粉的主要特点是可以绘制出大面积十分平滑的过渡面和柔和的反光，特别适合绘制各种双曲面及以双曲面为主的复杂形体；在质感刻画方面，对于玻璃、高反光金属等的质感有着很强的表现力。

常见的色粉颜色是以色粉粉末压制的长方形小棒，颜色上一般分为纯色系、冷灰和暖灰色系。色粉画专用纸的特性同一般的纸不同，它的表面有很多细小的微坑，以便色粉的粉末能十分容易地附着在纸的表面。而且这种纸是半透明状，以便于进行正反双面的绘制。用低黏度的薄膜在绘画时进行遮挡。

色粉表现时通常用婴儿的爽身粉作为色粉辅助粉，用低黏度的薄膜在绘画时进行遮挡。并在结束作画之后使用定画喷剂，使浮在纸表面的色粉粉末能进入纸面细小的微坑，使得色粉很好地附着在纸的表面。

色粉表现图的基本技法和步骤：

①起稿阶段。首先在色粉专用纸上用铅笔或细的签字笔起稿，然后用麦克笔在纸的背面将重的阴影和边缘线绘出。

②贴低黏度薄膜。在色粉纸上贴好低黏度薄膜，并根据绘制的要求用专用刻刀将要着色的部分刻出并取下。

③着色阶段。

用刀把粉棒刮成很细的粉末状，然后加入 20% 左右的辅助滑石粉，并混合均匀。

用色粉专用棉条或棉花团将纯的辅助色粉轻轻涂在纸的表面，这一步是为了上色作准备，以便能在着色时比较光滑、顺畅。

用色粉专用棉条将已调好的色粉用力擦到纸面上。颜色要由浅入深逐步着色。上色时首先将被表现物最大的过渡面画出，然后再进入细节刻画。

对已上好色的部分满意之后，用色粉定画剂喷饰图面。这一步十分关键，一是可以起到固定画面的作用，二是以便于在画过的部分进行再上色。

大的颜色和明暗关系表现完毕之后，就进入细节刻画。

对已完成的图面的轮廓进行再次的修正。

④背景的上色阶段。首先用低黏度薄膜将画面的主体遮盖住，再用麦克笔添加剂同色粉粉末相混合，然后快速地涂于画面，笔触要轻松奔放，起到烘托气氛的作用。

⑤装裱阶段。因为色粉专用纸为半透明状，所以要用白色的卡纸来作为衬纸。用色粉定画喷剂将画面定画后，用低黏度喷胶将已绘制完成的画稿贴于衬纸之上，这样一张色粉表现图就完成了。见图 4-109。

图 4-109

效果图的绘制还有底色高光法，喷绘等技法。

4. 二维 CAS 在汽车设计中的应用

二维 CAS（计算机辅助造型设计）是指利用计算机技术，生成可视的数字化二维图像、图形，来辅助完成汽车造型创意设计的过程。随着计算机辅助设计的不断发展，二维 CAS 技术在汽车造型设计平面表达和创意设计过程中的应用越来越广泛。

计算机有很多人力无法企及的功能，譬如：海量存储，高速图像图形运算，实时效果展示，快速、多次复制，纹理特效的随机生成，光影、立体效果和质感的快速仿真等等。将这些功能应用于创意设计二维表达图时可以快速提升表现效果。CG（Computer Graphic）的便利性和可恢复性（如 Undo 和历史记录功能）为创作者提供了更多的可能，允许我们不断地尝试、否定、判断、反复……

在计算机辅助设计中，模拟了彩铅、马克笔、色粉等工具的笔触，使得大量的纸张、工具准备等成为历史。错误的操作步骤可恢复，类似传统尺规和椭圆板的功能弥补了很多使用者在传统手绘能力方面的缺陷。通过数位板和压感笔绘制的草图可以直接在电脑中利用专业软件进行后期渲染处理，实现了无缝连接和转换，快捷方便；一些原本在自由手绘条件下非常繁琐的工作可以在几秒内被实现，例如更换底色、调整画面整体的色彩关系、明度与对比度调整等。

在汽车造型创意设计表达过程中应用二维 CAS 技术还可以帮助设计师把更多的精力和时间放在方案思考上来。然而，倡导应用计算机辅助造型设计技术并不意味着可以忽视对创新思维和手绘基本功的训练。无论多么高科技的工具也代替不了人的创意，应用 CAS 技术目前也还只能是辅助设计手段。

同样以 Harlad Belker 的效果图过程为例（见图 4－111、4－112、4－113、4－114、4－115、4－116、4－117）。

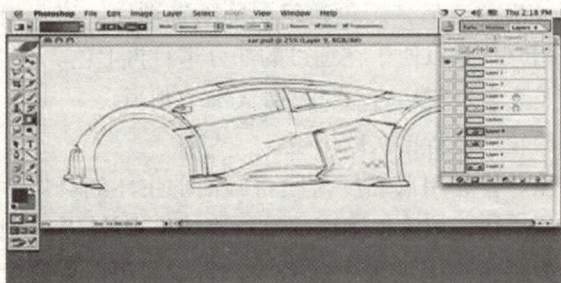

图 4－110　图像导入

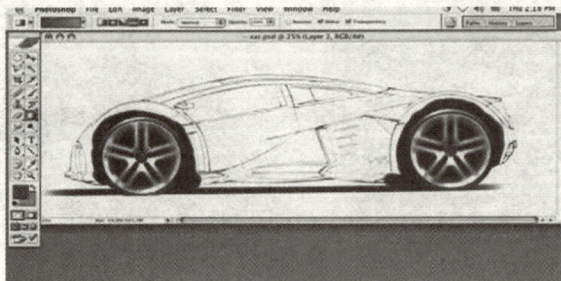

图 4－111　涂黑底部与轮子部分

图 4 - 112 平涂

图 4 - 113 大色块与简单光影关系

图 4 - 114 加天光

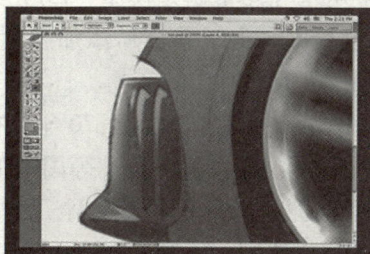

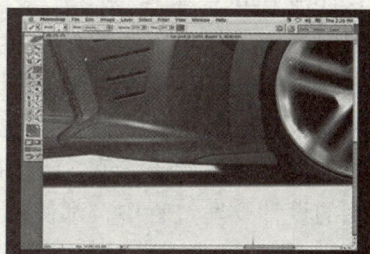

图 4 - 115 深化细节

图 4 –116　加背景与窗

图 4 –117　修饰并加高光

三、油泥模型制作方法

1. 油泥模型工作

（1）油泥模型的历史

在使用油泥制作模型之前，模型工作者还没有真正的职业名称，用木材和铁制作模型的人叫"车间工人"，其工作场所叫"车间"。后来，车间工人开始使用油泥来制作以设计开发为目的的设计模型，这个职业也有了其正式的名称——油泥模型师。

最早用于汽车模型制作的材料是木材，但是对于雕塑完成的模型来说，如需修改，仅仅覆盖先前的形状就非常困难。1919 年，后来担任美国通用公司第一任主管造型副总裁的时任设计师 Harley Earl，第一个尝试了用水性黏土制作模型。1927 年，通用公司首次将油泥引进到了汽车车型的设计开发过程中，由于其容易添加和刮削的特性，油泥在模型制作过程中的应用迅速地传播开来，成为划时代的产物。日本于 1955 年开始使用工业油泥进行比例模型和全尺寸模型制作。我国则在 20 世纪 70 年代初开始应用这一技术。目前世界上包括美、英、法、德、瑞典、意大利、日本等国家的大部分汽车公司在车型的设计开发过程中，都使用工业油泥进行比例模型和全尺寸模型制作。在意大利，木模型、工业树脂、泡沫等材料也常被使用。石膏在意大利和法国也是经常使用的材料。

（2）模型的分类

根据模型的用途不同，可将模型分成两类：量产模型和设计模型。

量产模型建立在一个平面基础上，尺寸必须精确，线图的形状和精度必须保证。通常以1:1的全尺寸比例作为量产车型的反求数据基础，获取油泥模型表面数据，校核A曲面，构建车身表面数字模型，进行逆向工程设计。模型还可以进行实际观感的评估、修改和试验（如风洞试验），得到用于量产的数据。

虽然在发达国家的汽车设计、制造水平和技术手段很高的今天，数字化设计、虚拟现实技术已经较多地应用到汽车设计工作中，但油泥模型仍然是车身开发过程中不可缺少的一个环节，油泥模型制作技术在汽车开发设计过程中有不可替代的地位与作用。

与此相比，设计模型随设计发展阶段而变化。其目的在于推敲一个设计构想，准确再现设计效果图的整体效果，而不是为了达到尺寸精度，这种工作也被称作"创作"。设计模型过程使设计师的创意变成实体，可以观察到特定的比例和主要尺寸，作为"设计原形"，可以直观地表现设计细节；还可以在实体上进行线和面的推敲，通过精心制作的线和面，进一步激发设计灵感，是造型方案的深入设计过程。

根据模型的尺寸不同，可以分模型为比例模型和全尺寸模型。与实物原大小的模型叫全尺寸模型或1:1模型，任何比实物尺寸小的模型都叫做比例模型。

1:1模型对于分析设计是最理想的尺寸，最接近真车的视觉感受。但是全尺寸模型不便于反复修改和设计，如果在最初的阶段就采用全尺寸模型，是相当困难的。所以比例模型用于探讨形体的设计是必不可少的。为了便于尺寸的转换盒计算，通常在模型制作过程中经常会采用1:8/1:4/1:2/1:1模型或者1:10/1:5/1:1模型。

还有制作得非常接近真车，其中驾驶室被掏空，在车窗断面上安装聚丙烯板使内饰可见的透明模型。见图4-118、图4-119。

图4-118 Seat IBE 概念车设计

图 4 – 119　mazda – shinari

（3）模型设计流程

在设计开发过程中，油泥模型的工作是从设计师完成设计草图开始的。在获得基本总布置图的基础上，模型设计师开始制作比例模型（1：5 或 1：4 模型）。在比例模型的早期阶段，模型设计制作是将汽车平面设计方案的草图、效果图立体化和具体化的过程。在一个立体的汽车形态上，进一步推敲和确定方案就比较容易了。一般一个车型的开发过程中，会有多个方案进入比例模型阶段，当比例模型完成时，会进行方案评审，然后决定某一个方案发展细节，制作成为全尺寸模型。在全尺寸模型制作的同时，个别部件的设计也被分别讨论，并在最后进行的设计评审会议上对生产设计方案定稿。见图 4 – 120。

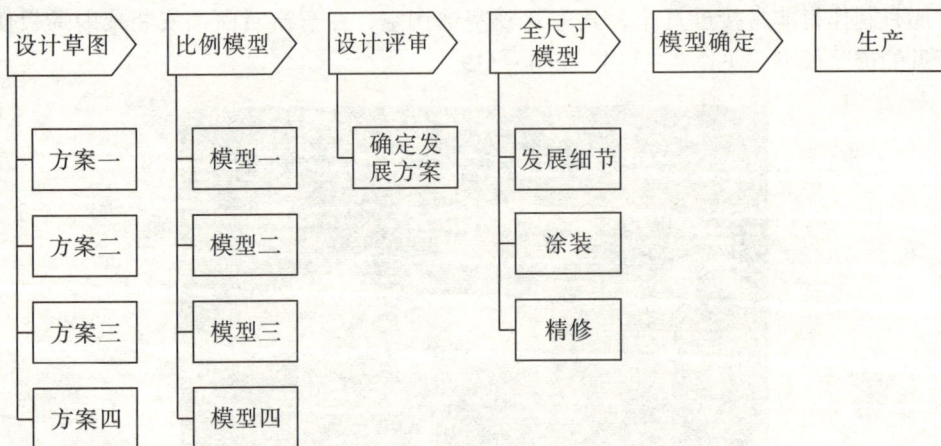

设计草图	比例模型	设计评审	全尺寸模型	模型确定	生产
方案一	模型一	确定发展方案	发展细节		
方案二	模型二		涂装		
方案三	模型三		精修		
方案四	模型四				

图 4 – 120　模型设计的流程图

汽车造型设计过程是一个二维向三维转化的过程。制作油泥模型是其中非常重要的一个环节，是设计师从纸上方案到真实车体的一个桥梁，是设计师的思维与创意最形象最直观的载体。通过油泥模型设计制作，能更真实、更直观的反映出造型设计师的设计思想；能更准确地检验出造型设计方案是否满足总布置的尺寸要求、人机工程的要求及相关法规的要求；能够进行比较真实的汽车形体风洞试验，以便把汽车外形的空气阻力减小到最低程度。采用照相式或激光扫描式等测量设备对油泥模型表面进行测量，获取模型表面数据，校核 A 曲面，构建车身表面数字模型，设计车门窗、灯、行李箱、轮辋。根据外表曲面及车身分块，用 CAD 设计零部件结构，进行逆向工程设计，最终确定整车车身的外部尺寸及各部分形体的曲面，完成产品后期的结构设计。

（4）模型师的任务

模型师在油泥模型制作的过程中，配合设计师将设计图上的创意转变为实体形式，最终转化为产品。模型师与设计师的关系就好比演奏家与作曲家的关系，杰出的作曲家可以挥洒灵感，谱出动人心弦的旋律；而优秀的演奏家则可以领会作曲家的感情，演绎出如痴如醉的音乐。优秀的模型师与设计师都是创作者。

在创作模型的过程中，模型师的工作有：将设计师的创意变成实体，使比例和主要尺寸可被观察，为后续设计提供框架；精心推敲线和面的趋势，捕捉设计师的灵感，表现设计师对其整体比例与动势的效果追求；最终精雕细作，使设计图的韵味再现。

作为汽车设计流程中的一个重要环节，模型设计的质量与进度很大程度上影响了整体项目的进程。因此，模型师也需要完成以下的责任：制定与项目进度相协调的模型进度表；处理设计条件和决定的可行性；为产品模型提供有用数据；进行涉及生产设备的合适的测量等。

在汽车设计流程中，只有每一个环节都保质保量并按照时间结点完成，才能有效地推动整个项目的良性运作。

2. 油泥模型设计制作工具准备

（1）油泥

泥有很多不同的类型，有儿童用的橡皮泥，陶瓷用的粘土，雕塑用的拌油塑泥，产品设计部门用的工业油泥（ID 油泥）等。油泥、工业油泥均可用于汽车模型制作。世界上各汽车生产厂家都在开发自己的造型方法和相应的油泥。如丰田汽车公司在制作汽车油泥模型时就使用自己开发制作的油泥，而这种油泥不会在市面上销售。目前市场上常见的标准工业油泥（industrial clay）是日本 Tool 公司生产的圆棒形油泥和德国生产的方柱形油泥。这两种油泥也是目前大多数国内汽车企业在产品开发过程中制作油泥模型所使用的材料。Tool 公司生产的 J525 油泥呈棕色，能有效地平衡粘性、硬度和刮削性能之间的关系。但其加热后（软化温度 60 ℃）的气味比较重，一般初学者难以习惯。其公司销售的"Alfa 油泥"没有气味且软化温度（45 ℃）较低，容易被初学者所掌握。德国生产的方柱形油泥是棕色偏红。

工业油泥含有下列成分：石蜡（wax）9% ~ 10%，硫磺（sulfur）50% ~ 55%，含灰量（ash content）9% ~ l0%，含油量（oil content）20% ~ 25%，树脂（resin）少量，颜料（pigment）少量。比率的变化会改变硬度、粘度和刮削性能。通常当温度低于 20 ℃时，膨胀系数有很大提高，但在 20 ~ 24 ℃时最稳定。因此，这个温度是最适合油泥作业的工作环境。

油泥填附前需要在烘箱中加热。各种油泥的软化温度不同，通常在 45 ~ 60 ℃之间。油泥软化的温度越低，与预先填附的油泥的温度区别越小，粘合越好，加工越容易。

（2）烘箱

烘箱（如图 4-121 所示）是软化油泥所必须的。大的烘箱宽约 1500 mm，深约 700 mm，高约 1500 mm，双门结构，里面有 5~6 层滑动层，一次大约能加热 160 根（160 kg）油泥。当只需做 1~2 个比例模型的话，使用小烘箱也就足够了。软化油泥需要近一个小时。

图 4-121　日本 DOA-97 烘箱

油泥成形机是循环再加工油泥的机器。使用方法为：将铣子刮削下来的碎屑扔进成形机，消除气泡和水分，就能再生出一个同样密度的油泥。成形机每小时能制作约 100~200 kg 的油泥。不同的出口形状可以获得不同形状的油泥，因此可以应用于专门形状的模型部件，如窗框、保护装置模型等等。在没有油泥成形机的条件下，可以将油泥碎屑捏紧成团，再放回油泥烘箱中，也可以达到循环利用油泥的目的。

（4）模型工具

模型制作过程中会用到很多的工具，有些工具还可以根据自己的使用习惯自己制作。在制作设计模型时，并不要求很高的精度，可以更多的凭借手感和视觉感受来制作模型。当制作量产模型时，由于有精确的对称和尺寸要求，我们更依赖合适的设备、夹具和一系列的工具，在计算机飞速发展时代，计算机控制测绘和 NC（数控）切削已被广泛应用，以利于提高制作组合形状或转化为数据工作的速度、效率和精度。

铣子（或刮刀）（如图 4-122 所示）是加工油泥的常用工具。常用的类型如平铣，用于刮削较大的平缓表面或轻微曲面，有粗刮和精刮之分。弧形铣适用于各种曲面的刮削。三角铣用于精细、复杂、难以用平面刮的部分。卵形铣在刮削圆形凹面或宽度较窄的沟槽或内弧的修正时使用。R 铣在修整大型内弧时使用。钢丝铣是由钢丝弯曲而成并附有手柄的脑子，用于完成细节、刮棱边等。

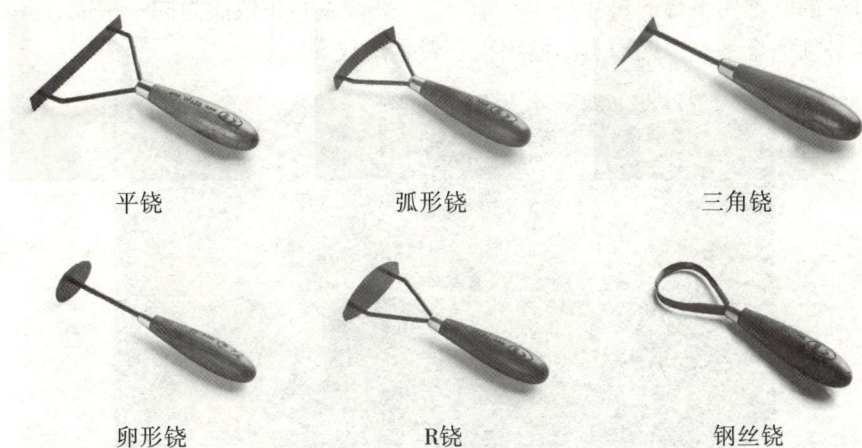

平铣　　　　　　　弧形铣　　　　　　　三角铣

卵形铣　　　　　　　R铣　　　　　　　钢丝铣

图 4 - 122

钢片由弹性钢片制成，有不同的厚度，大多轻薄，可以根据造型需要剪裁成不同曲率的形状，用来光顺各种曲面，是完成油泥表面精加工不可缺少的工具。

另外在要求高精度的油泥模型制作时，还需要充分利用模板和各种测量仪器。模板是根据截面轮廓，在木板上裁剪出来的板型，既可以测量截面的准确度，又可以作为刮板使用。测量仪器根据不同的需要有很多种，钢板尺用于安置轮和骨架的宽度；水平仪用于精确确定模型表面的倾斜度或确定比例模型的模板是否水平。

还有很多辅助工具来帮助完成模型的制作工作，这些工具也往往可以通过身旁的日常用品经过简单加工而成。如可以使用普通牛排刀，并在前段用砂轮机开个刃，作为油泥刀来划设计线，勾线轻松，同时不会因为留下过深的痕迹，而在修改时为喷漆留下隐患。用市面上可以寻到的不同型号的刨刀来快速去除油泥和修整平面。黑胶带用来辅助确定设计线和圆角的制作。另外还有钢板尺、直角尺、内卡规、外卡规、画盘针、高度尺等量具。见图 4 - 123。

图 4 - 123　模型师沟吕木讲平的一套工具

（5）模型设备

模型平台

为了提高 1:1 外型和内饰油泥模型及部件的精度和效率，精密的全尺寸模型平台

153

是必不可少的。常用平台的尺寸是 3×7（m），平台表面和地面为同一平面，并标有刻度。平面必须完全平直，四周有凹槽用以安置划线仪导轨。

图 4 – 124　模型平台上的 Citreon Lacoste 概念车

相对于全尺寸模型平台来说，比例模型及部件模型的平台则简易小巧一些，用尺寸约 1600×850（mm）的小型桌式平台即可。为了保证模型的对称性，通常安装有小型划线仪。1:4 模型平台上有 25 mm 刻度，1:5 模型平台则是 20 mm，平台高度 800 mm 左右。见图 4 – 125。

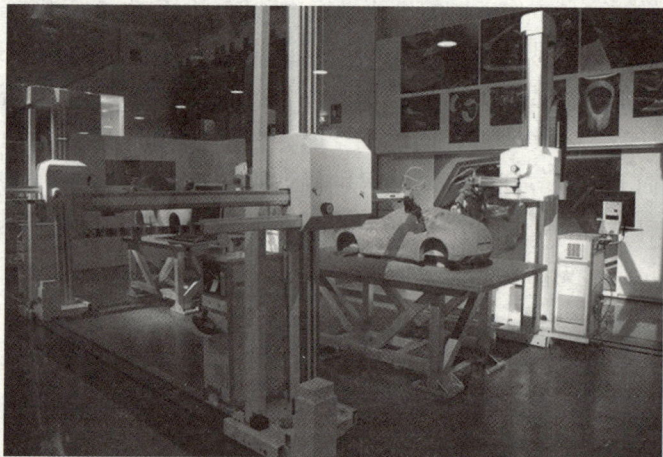

图 4 – 125

Dinoc 膜浸池

膜浸池其实就是一个大而浅的水槽，用于浸湿 Dinoc 膜。这种膜浸水后就变软，膜与衬纸剥离，在膜干前将此膜附到油泥模型上，与喷漆相比，可以达到更好的外观和防止裂纹。水槽的合适尺寸为 1400×1800×150（mm）。

划线仪（三坐标测量仪）

划线仪用来测量三维物体。全尺寸与比例模型分别有大型与小型划线仪之分。移动划线仪底座可以测量 Y 轴及长度，沿着测量仪上下移动测头可以测量 Z 轴及高度，水平移动测臂则测量 X 轴及宽度。测臂上的刻针还可以用来刻划模型表面的断面线和简单的凹槽。三坐标测量仪对于精确的数据测量起到了非常重要的作用。见图 4 – 126。

在测量与模型制作过程中，设计基准都是非常重要的步骤。在设计基准中，车体尺寸、布置图等用数字方式表达的与设计概念一致的所有材料数据都必须齐全。

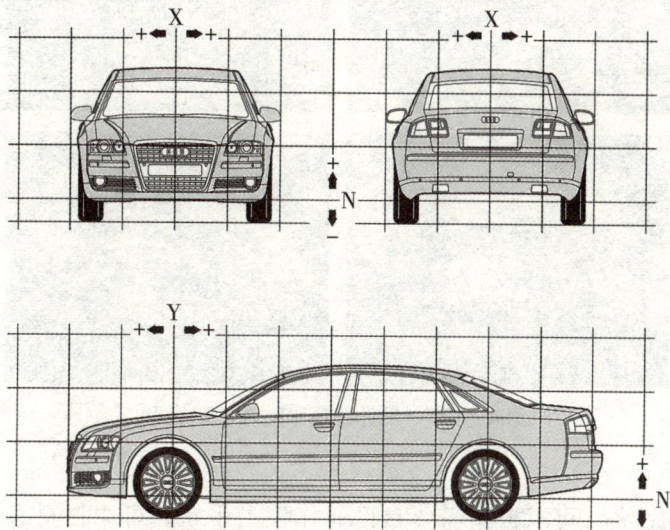

图 4 – 126

注：当一个空车置于平面上时，由于弹簧的作用，车身并不是水平而是后部轻微抬高的，但这种姿态很难制作油泥模型，所以在制作过程中做了简化处理，以平直的姿态进行制作。同时，线图中的轮子并不是整圆，与地面接触的部分为平面，更接近真实环境中的汽车姿态。

3. 比例模型制作实例

（1）比例模型前期准备

彩色效果图经过研讨与初步评议，要选择优秀的方案作为比例模型的依据。可以说，缩比模型是供造型师在效果图的基础上延续构思之用。随着模型反复修改推敲的进程，造型师构思也逐渐趋于成熟。

微型轿车到豪华轿车的车身长度在 3 ~ 5 m 之间，因而较适宜的比例为 1:4，模型整体长度在 750 ~ 1250 mm 之间，制作工作量不算大，便于修改，而且曲线和曲面可以不花费很大力气就能融塑得较为光顺连续。另一方面，1:4 模型的尺寸也不算小，可以较完整地表达出形体和曲面的三维空间感，也可以雕塑得比较精细。

开始模型制作之前，需要项目负责人发布项目日程规划表，使项目参与者都明确时间结点与目前项目进度，方便统筹规划。另外，由设计草图与效果图转换而来的线图要以与比例模型等大的尺寸准备好，张贴在模型后方，作为尺寸依据与参照。见图 4 – 127。

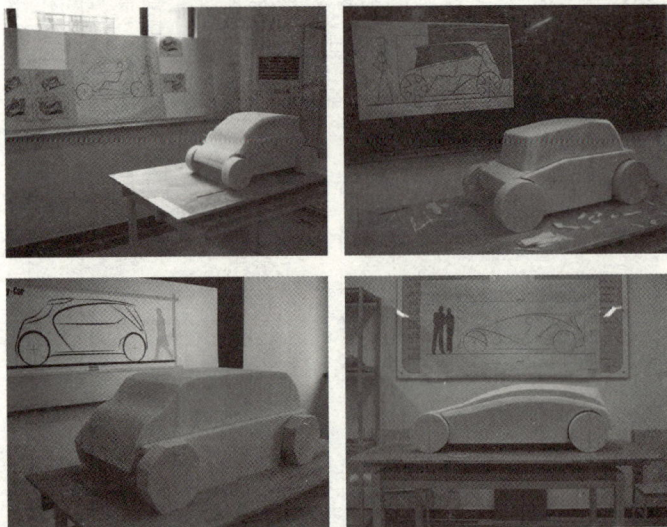

图 4 – 127　设计线稿张贴在模型后方

（2）制作平台

利用现有的设备，可以根据需要自己制作模型平台，可用材料有木材、胶合板、细木工板等。平台表面木板必须可以承受压力，防止制作过程中木板弯曲变形；木板下方的支架须用实木做结构，才能足够坚固，防止支架断裂。见图 4 – 128。

图 4 – 128　简易平台的制作

（3）制作骨架

比例模型骨架的尺寸是基于布置图与效果图并减去油泥添加量的厚度确定的。比例模型的骨架材料可以使用木质骨架或者是轻型发泡材料（聚苯乙烯）制作。在设计骨架时，最重要的是骨架的轻量化和坚固性。由于一座比例模型的重量将近 50kg，因此要求骨架基座必须使用实木制作。见图 4 – 129。

图 4 – 129

　　基座完成之后，根据线图制作发泡轮子，注意将轮子一端磨掉 2 ~ 3 mm，形成一个小平面，使轮子得以平稳放置在平台，并且更接近汽车的日常姿态。

　　基座上放置发泡芯。发泡芯由一块主体和两块侧板使用发泡粘合剂粘接在一起，发泡芯的尺寸为线图的轮廓向内偏移约 20 mm，留出余量填附油泥，转角的地方留的可以更大一些，便于设计修改。如果因留的余量过小在设计过程中遇到了发泡，后续工作将比较麻烦。见图 4 – 130。

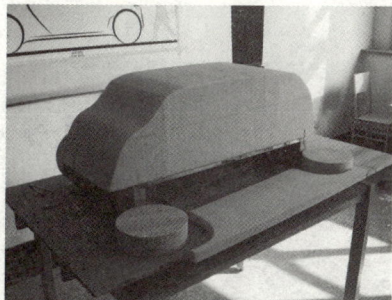

三块发泡芯和四个轮子　　　　　　　　粘接成的发泡芯

余量过小遇到发泡的状况　　　　　　切割发泡材料的工具

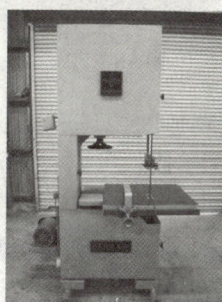

图 4 – 130

　　（4）敷油泥

　　为了提高油泥的粘附性，首先要检验木材和发泡的表面有无灰尘或细屑。在填敷油泥之前，可以涂漆或喷光漆达到固定粉尘的目的。

在敷油泥的初期，外轮廓靠板非常重要。首先画出发泡芯的中心线，再将靠板固定在中心面，从中心线开始以锐三角形横截面堆油泥，油泥的最高端与外轮廓靠板相切合。如此便可以确定整车的中心与最大外轮廓，其他任何油泥不得超出中心油泥。见图4-131。

图4-131　利用靠板堆出中心线上油泥

接下来是填敷油泥初期，填敷第一层要薄，均匀地扩展到整个型芯。第二层要在芯体的粗糙面上较厚部位的边缘填敷。再次进行填敷，根据最终形状将油泥敷到预定位置。多次填敷油泥时要小心不要产生间隙，油泥表面不要有大的起伏。填敷时的油泥温度很重要，新敷油泥的温度要尽量接近已敷油泥的温度，如果温差太大，新敷油泥快速冷却，容易形成剥离层。见图4-132。

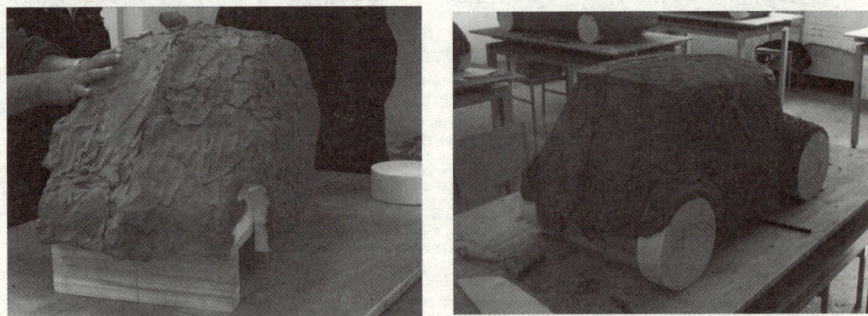

图4-132　先敷第一层油泥，再逐渐敷到所需形状

（5）粗刮成型

在油泥的粗刮阶段，可以灵活使用快速刮削的工具，如土豆丝刨子或是木板制作的曲率靠板（见图4-133），迅速得到大的平缓曲面，接下来用平铣或弧形铣修整大平面与大曲面的光顺，从而得到目标形状。这种方法需要初期敷上的油泥量比要求形状所需的油泥多，通常在进行较大改动，或者通过数据反映油泥表面形状的情况下比较常用，适合表现大面。

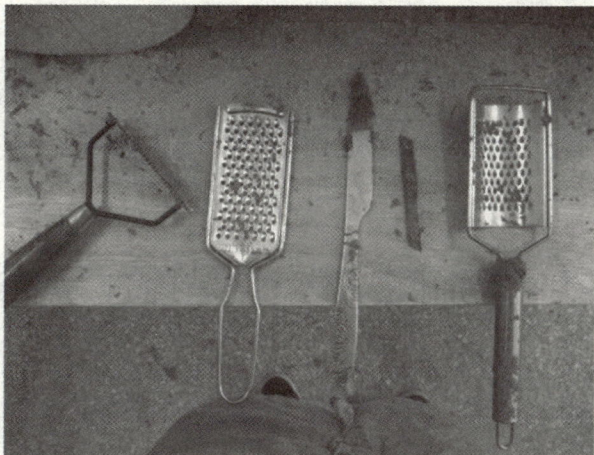

图4-133 可用于粗刮的工具

当填敷的油泥接近所需形体时，可以通过添加的方法，每一层填敷的油泥厚度都要最小，直到垒到最接近形状的状态，最后使用工具进行表面光顺度的调整（见图4-134）。这种方法适用于圆形顶端和有强烈曲线变化的型面设计，在比例模型中常用。

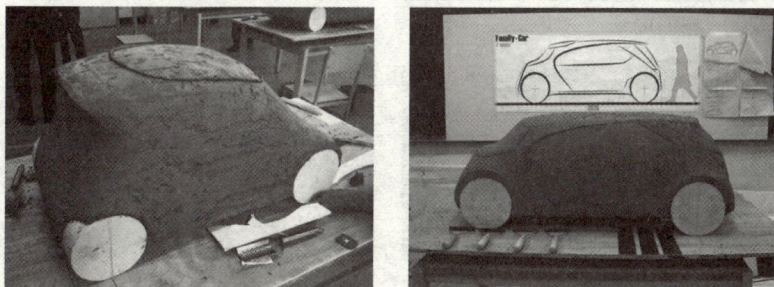

图4-134

（6）修改方案

在比例模型制作过程中，设计师的主观感受非常重要，与1:1模型制作不同，较少地借助测量器具，而是采用目视的方式，如雕塑家一般，在油泥上体验和实践设计。通过三维的比例和线面关系的改变，创造紧绷、流动等的张力。具体修改过程见图4-135。

（7）精修方案

方案确定之后，逐渐对模型进行对称与精修，并增加车标、车门线等细节。

（8）制作细节

借助凿子和刻刀在圆发泡上掏出一个轮毂大小的平面，用以粘合一个浅盆。再到装饰市场淘一些可以表现轮子设计方案的门把手与中心金属物，通过热熔胶的粘接，构成栩栩如生的轮子（见图4-136）。车标等细节也可以利用现有物品或是CNC加工而成。

侧面的修改　　　　　　　　　　　前脸的修改

前脸的修改　　　　　　　　　　　侧面的修改

侧面的修改　　　　　　　　　　　后脸的修改

整体形态的修改　　　　　　　　　后脸的修改

图 4 – 135

图 4 – 136

此时油泥模型的设计阶段基本完成（见图 4 - 137）。

图 4 - 137

（9）喷漆

用硫酸纸描下窗型、分色的区域，作为模板。用报纸、模板与黑胶带，分别遮住非喷色区域，分步骤在模型上喷漆（见图 4 - 138），最后完成比例模型的制作。

图 4 - 138

4. 全尺寸模型制作

（1）前期准备

比例模型没有等大尺度感，在比例模型上看起来雅致的圆角，在全尺寸模型上可能就会显得臃肿，比例模型在细节上无法达到全尺寸模型的深入修改与推敲，全尺寸模型可以进行风洞等局部试验，把整体曲线和曲面修饰得更加完善，以全尺寸模型得到的数据更接近真实产品。

全尺寸模型的制作前期需要有比例模型的整套数据、总布置图与1:1的胶带图。

胶带图表现的是汽车外型或者内饰造型方案关键的特征线或断面线，依据的是整车及车身总布置尺寸，可以显示出汽车的整个轮廓，车身布置、发动机、车架布置及人体样板等。因为胶带图中的线条由粘度低的专用胶带制作而成，可以随时粘贴或撕下，修改十分方便，所以胶带图是快速表现造型方案、体现设计真实尺寸、分析形体与内部配合的主要方法之一。胶带图虽然属于平面的视觉效果，但胶带的粗细与深浅效果的表达，已经能够一定程度地表达出空间设计的意图，所以学校在设计教学的时候，通常也要指导学生从绘制效果图到贴纸胶带图再到制作比例模型的这一过程，主要目的是为了锻炼学生从平面效果转换成立体效果的能力。同时，专用胶带的这种优异性质也同样被运用到油泥模型制作的过程当中，是设计师在油泥模型上表达、检验特征线条的主要方法之一。另外，胶带也是辅助油泥模型师进行准确的倒角、棱边刮削的重要工具。所以，学会胶带图的制作和胶带的灵活应用时设计师需要具备的技能。见图4-139。

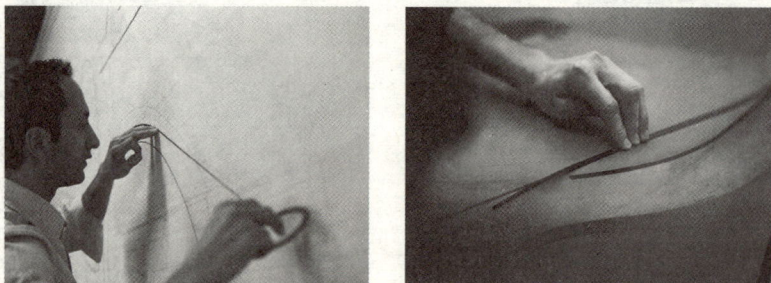

图4-139

（2）制作油泥芯

油泥芯由骨架和填充材料构成。由于1:1模型很重（可能超过2000 kg），所以全尺寸骨架必须很坚固。骨架可用铝合金、钢管和木材连接构成，聚苯乙烯泡沫可以用作填充物。在骨架上可以直接装上真实的车轮。骨架也可以将轴距、前后突出部分、踏板等的尺寸通过滑动装置设置成可以调节的构造。模型完工后，需要移到转台上观察和审批，因此在设计骨架时必须考虑模型的搬运方式。有移动模型专用的起重器，可以把插销插进骨架前后的两个孔中，水平升起模型，从而移动模型到其他地方。全尺寸模型的骨架尺寸是

图4-140

通过测量比例模型的不同部位确定的。如果事先没有必要制作比例模型，则其骨架就基于线图。

下一步是在骨架上填充专用泡沫。敷设泡沫的尺寸要超过胶带图所反映的形体，然后，按照胶带图表达的形体外轮廓均匀缩小 20 mm，用手锯等工具削去多余的部分。见图 4－140。

（3）油泥毛坯

用烘箱将油泥加热成糊状。根据胶带图的尺寸涂敷油泥，直到使模型毛坯的表面均匀地大于胶带图所反映的形体 10 mm 为止，亦即留出雕塑余量。

在涂敷油泥的过程中，要保证油泥密实地填满，不出气泡和空隙，以免以后刮油泥时，表面出现空穴，再去修改就会影响模型质量。全尺寸油泥模型以少修改为原则，因为修改不但会影响效率，而且会影响油泥表面的光顺程度。

（4）模型定位

在这一阶段，模型师首先利用三维坐标测量仪在油泥毛胚上确定坐标原点（0，0，0）的位置并做好标记，再根据原点位置将胶带图数据所表示的坐标位置，在油泥毛坯表面扎孔（划痕的深度就是未来模型的表面位置），孔的数量要以能够表达模型的粗略形体为准，之后再将专用的白色粉末涂进这些有深度的孔中，这些粉末则成为后来模型师刮削油泥的参考标准。见图 4－141。

三坐标测量仪是现代造型设计不可缺少的模型制作及测量设备，它既有测量功能又有扎孔和划线功能。因其属于精密仪器，需要科学地使用和精心地维护。

图 4－141

（5）模型粗刮

依前述步骤白色粉末的深度为参照，利用粗刮专用工具初步加工模型。见图 4－142。粗刮工具齿形较大，所以下泥量也大，具有速度快的特点。刮削时要认事仔细，注意为下一步留足工作余量（大约 4 mm）进一步刮削：运用三维坐标测量仪将胶带图数据所表示的坐标位置划在油泥粗模型表面（划痕的深度就是未来模型的表面位置）上，再将专用的白色粉末为参考，利用齿形较小的刮削专用工具，进一步加工模型，直到距离实际深度 2 mm 左右为止。齿形较小的刮削工具有利于相对准确地控制油泥的刮削深度。

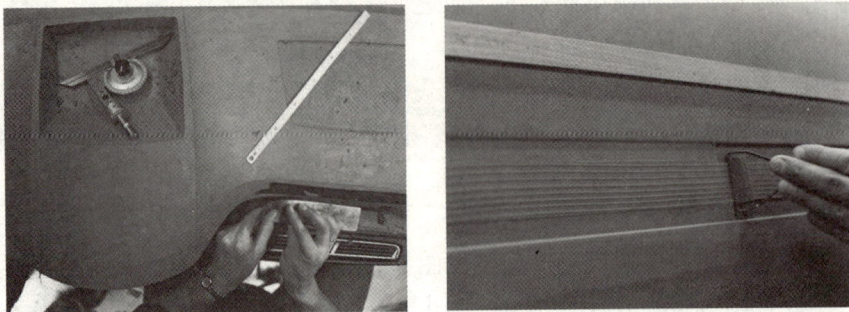

图 4 −142

（6）模型精刮

使用无齿刮板对模型进行精修，直至模型能够真实地反映胶带图形体（模型完成）。无齿刮板能将上一步骤相对粗糙的模型表面刮削得像金属表面一样光滑细腻，从而达到仿真效果。见图 4 −143。

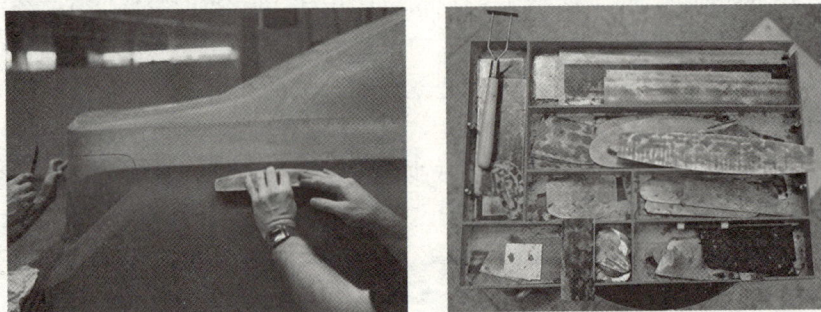

图 4 −143

经过第一次精修的油泥模型完成后，相关技术人员需要对模型进行最后一次造型可行性研究，如果发现问题，应与造型师协商决定对模型进行修改还是对相关结构进行修改。如果必须修改模型，那么模型师还要在设计师的指导下再进行雕塑，直到问题解决为止。如果没有发现问题，则应与造型师协商，决定对模型形进行修改还是对相关结构进行修改。如果必须修改模型，那么模型师还要在设计师的指导下再进行雕塑，直到问题解决为止。如果没有发现问题。模型就可进行最后装饰，以接受评审委员会评审。

（7）模型装饰

模型师对加工好的模型的表面进行装饰，包括喷漆/贴膜、贴缝线、安装小装饰件等工作。见图 4 −144。

贴膜是一种专用材料，效果更好，但造价很高。喷漆效果稍差但价格低，是国内模型装饰的常用方式。

图 4 – 144

（8）内饰油泥模型

为了展示与真车相同的室内环境，1:1 内饰模型采用真实的内饰材料或仿真材料制成。内饰模型可用以验证内部造型效果，审查室内各部分造型是否协调，研究色彩和材料的搭配是否恰当等。见图 10 – 145。

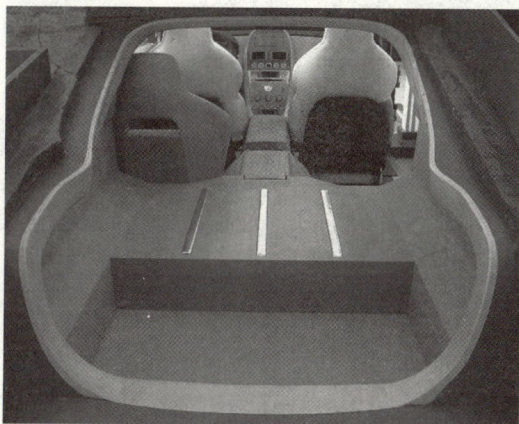

图 4 –145

内饰模型还使无法在二维图纸上测量的空间尺寸形成三维立体空间，能让设计者、驾驶员以及乘客直接获得空间感受，体验操作便捷性，考量坐姿与环境的宜人性。

内饰模型的骨架由木材搭建而成，继而安装仪表板、转向盘、内门护板、座椅、顶棚、底板等部件模块。内饰模型同样需要胶带图的参考，可以对油泥模型进行反复修改和推敲。在造型完全成熟后将各部分翻制成真实材料覆盖的形体，部分模块可以直接用现成部件进行拼装，如座椅、转向盘等，来验证各部分是否相互协调。1:1 的内饰模型只制造一个，但是可以更换它内部的各部件以便进行不同的比较。

四、CAD 计算机辅助设计方法

从传统的汽车造型设计过程来看，自 1908 年福特的 T 型车问世始，全球的汽车研发设计就一直都是沿袭手工操作方式，设计师们画出十几个不同概念的汽车造型设计草图、效果图后，将平面草图"立体化"，于是产生了立体的用油泥制作的汽车造型方案设计模型。从 20 世纪七八十年代开始，计算机辅助设计、分析和制造技术在汽车行业流行，主要以零部件为设计对象。20 世纪 90 年代中期开始，面向整车设计开发的汽车虚拟制造应运而生。目前国外已广泛采用了现代车身设计技术，它是以计算机应用技术为基础的 CAS（计算机辅助造型）、CAD（计算机辅助设计）、CAE（计算机辅助工程分析）和 CAM（计算机辅助制造）组成的集成化、一体化技术，大大地缩短了汽车设计开发周期。目前现代汽车产品开发的主流形式是从 20 世纪 90 年代国际汽车界兴起的逆向工程的汽车产品开发方式，近几年发展起来的计算机辅助集成技术（CAX）也得到不断深化和延伸应用。其中的 CAS 技术在国外汽车公司已进入实用阶段，应用 CAS 进行二维和三维创意，通过动画渲染、全息影像技术使得汽车造型设计方案的评价感觉更直观，使造型方案的设计与展示实现了多样化。

应用 CAS 技术的一般造型设计程序如下。首先由造型设计师提供多种风格的汽车造型设计方案效果图，经过多轮的设计研讨、修改、评价后确定设计方案。然后采用 Alias AutoStudio 等软件构建车身表面数字模型，并将数字模型数据转换至数控铣机床。接着在数控铣机床加工出的车身模型内芯表面采用手工方式敷上油泥。在这个阶段，一种做法是根据造型设计方案的数模数据继续用数控铣机床在油泥表面加工出模型大致形状，再采用手工方式设计制作油泥模型表面细节；另一种做法是在数控铣机床加工出的车身模型内芯表面直接采用手工方式敷上油泥并设计制作油泥模型表面细节。对于油泥模型表面细节的设计制作，手工制作比数控铣机床加工更方便、更直接，还能够节省时间和成本。最后，在油泥模型制作完成并经过多次研讨修改后在其表面贴膜或喷漆，安装车身附件，制作成真车效果，经过最终评审后获取模型表面数据，最终完成造型冻结。

与传统造型设计手段相比，CAS 技术对于汽车油泥模型设计制作这个环节，最重要的是替代了传统的手工制作油泥模型骨架、内芯这个过程，甚至可以取代传统手工制作汽车的内饰油泥模型，大大提高了汽车造型设计的效率与精度，使设计师把更多的时间和精力用在设计思想的表达上，更专注于造型设计方案的细节完善及整体造型效果的完美追求。计算机三维建模设计有快速、精确等优势，但是和实体油泥模型设计制作相比，计算机三维建模设计在灵活性及人机交互等方面的差距还是比较明显的。见图 4 – 146。

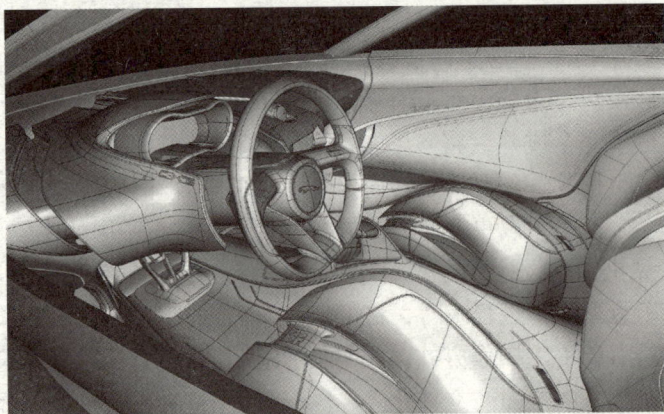

图 4 – 146　Jaguar C – X75 concept

4.4 老年益智健身玩具产品开发流程案例分析

本章节主要目的是在老年用户的需求基础上，利用人性化设计理论开发出老年玩具。

4.4.1 老年益智健身玩具人性化设计原则

在老年玩具的设计过程中，以人机工程学为基础，采用用户研究、系统设计等方法，剖析老年人的健身健脑及休闲娱乐需求，优化或创新产品的功能和性能，使老年玩具更加舒适、智趣。人性化设计原则是在人性化理论的基础上，结合老年用户的特征、用户定量及定性分析，更具针对性地提出了一套适合老年益智健身玩具的设计指导，填补需求发现与模型建构之间的"直觉空白区"。人性化设计原则如图4-147所示。

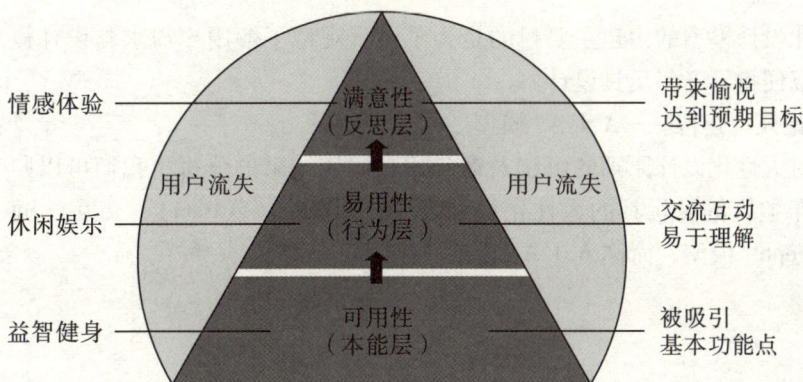

图4-147 人性化设计原则

（1）功能可用性原则

可用性原则重点关注对老年用户的吸引，满足老年用户的基本需求。设计开发的产品，通过基本功能的可用来吸引老年人，使老年人愿意去使用，才能真正为他们服务。

通过案例分析及用户研究可知，老年人对益智健身的需求很迫切，但其实现途径却比较单一，而且老年玩具没有具体的标签和定义，因此在老年玩具的功能定位上应该明确其益智健身的特点，标签分类就是益智健身类。这样优先吸引在这方面有需求的老年人，过滤没有这方面需求的老年用户，很好的体现可用性的原则。在满足老年用户的初级需求后，应细化益智健身的实现途径，找准切入点，让老年用户能够轻松地与之互动。

（2）互动易用性原则

易用性原则是指能够让用户理解并以可预计的、可靠的方式进行互动，即在被吸引的基础上，老年用户能够很好的与产品交流，发生互动。

益智健身是研究老年玩具的首要功能点，被此功能吸引的老年用户必定要与产品发生互动，才能巩固先前积攒的喜爱。结合前面的调研发现，老年玩具的使用主要在休闲娱乐中，因此要让老年人在使用老年玩具过程中产生良好的互动体验和情感满足，就必须让老年人感觉是在休闲娱乐，而不是在做某件指定的任务，避免产生太大的心理压力和学习成本。休闲娱乐的方式具体呈现形式也很多，如显而易见的信息提醒，无障碍的交流沟通等。

老年玩具的易用性体现在娱乐休闲上，既表明了产品的属性——玩具（娱乐品），又解释了其交互方式是让人感到愉快放松的休闲方式，使老年玩具真正成为其娱乐休闲活动的伴侣。此过程会有一部分用户流失，流失的多少取决于娱乐休闲方式的实现程度。

（3）体验满意性原则

满意性原则是指产品能够执行当初设定的任务，达到事先预期的效果，使用户产生愉悦的心理。在老年产品中，能让老年人为之吸引并产生良好的情感体验从而完全接受该产品，才能说明这款产品符合可用性原则。

4.4.2 人性化设计模型

人性化设计模型的构建主要目的是为了更直观地了解用户需求与设计概念之间的关联性，以便指导老年玩具设计。

1. 理论模型建构——A. I. A. 模型

通过对人性化设计原则的解读及老年用户研究结果的分析，我们可以归纳出一条适用于老年益智健身玩具的人性化设计模型，即吸引（Attract）、交互（Interactive）、接受（Accept）模型，简称 A. I. A. 模型。见图 4 - 148。

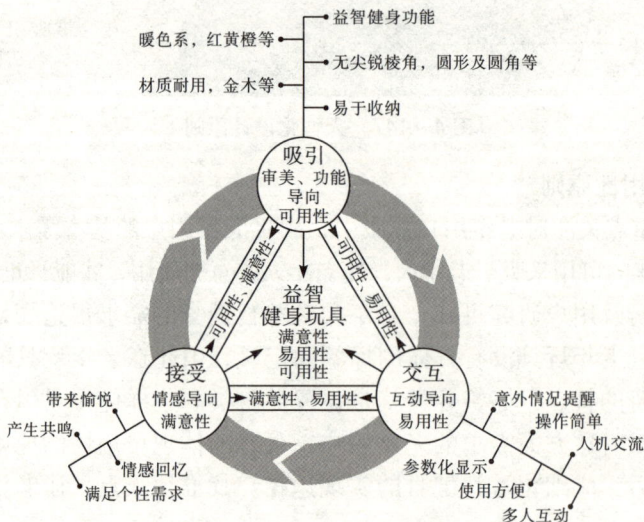

图 4 - 148　A. I. A. 模型

（1）吸引（Attract）

按照诺曼的情感设计理论可知，本能层次的需求处于初级阶段，因此一个产品能否走进用户的生活，首先要看产品能否吸引用户。吸引用户的因素有很多，如产品功能、产品的人机尺寸、外形、色彩等，只有产品吸引了用户，用户才有可能与产品发生进一步的交流沟通。在老年益智健身玩具中，首先要吸引老年人的应该是益智健身的功能，这种功能可以通过老年玩具的外形、老年人思维习惯、产品的宣传语等方式呈现，优先过滤本产品的非目标用户，针对目标人群做针对性的交互方式设计和情感体验思考。

（2）交互（Interactive）

当用户被产品吸引后，两者将会发生一系列互动行为。此时，用户看中的是互动的效率和效果及产品能否给其带来良好的使用体验。在老年益智健身玩具上，如何与玩具互动将成为设计实践的重点，产品的尺寸、操作的方式等都会影响用户的交互体验。只有好的互动形式才能促使用户与产品发生更深层次的交流。

（3）接受（Accept）

在经历了与产品的互动交流后，用户的心理必定会评定产品，这就到达了用户的情感决定层——接受还是拒绝该产品。用户会反思该产品一系列特性，如是否满足用户的个性需求、能否产生情感共鸣、带来回忆等，从而做出决定。

A. I. A. 模型的建构是基于前面内容的研究基础之上，如表4－1所示，A. I. A. 模型与人性化设计原则及情感设计层级等理论都是一一对应的，这也表明 A. I. A. 模型与相关理论之间的关联性：即产品和用户的每一次交流，都有助于展现产品的个性。如果成功地吸引了用户，并与用户产生了互动，产品可能在用户内心已建立足够的信任和可信度，使用户愿意接受该产品，并与之发生交易，这样就实现了设计的目标，即为老年人设计出他们所需的老年玩具。

表4－1　A. I. A. 模型与相关理论的关系

关联项	关 联 项 内 容		
A. I. A. 模型	吸引 功能、审美导向 看起来、听起来怎样	交互互动导向 与用户互动如何	接受 个性导向 是否符合用户的个人需求
与相关理论的关系			
人性化设计原则	可用性 用户的吸引力，基本功能的可用及满足	易用性 能够理解、学习和使用	满意性 达到了用户心理预期要求，综合考虑
情感处理层次	本能层 基本功能和审美特性	行为层有效性和易用性	反思层 个人满意程度和接受度
产品要素	审美、功能 是否需要这个产品；看起来、感觉如何	互动 用户怎样与产品互动	服务 产品能否更好的为用户服务，使其满意

2. A. I. A. 模型的运用

I. A. 模型的核心在于让用户最终接受该产品或服务。通过产品的外形、色彩、材质、信息设计和互动设计，可以吸引用户，接着与他们发生互动，培养出信任和可信度，最终慢慢与用户建立情感，并接受提供的产品或服务。下面将介绍 A. I. A. 模型如何指导老年玩具的开发设计。

（1）吸引模块

产品与用户建立关系的过程通常是从吸引开始的。吸引力很大程度上是无意中建立的，以物体本身的特性（如尺寸、颜色、形态、材质、声音等）为基础，换言之，就是人们不需要思考就能感受到吸引力。对于设计师而言，要充分挖掘用户的喜爱偏好，让产品真正做到具有无意识的吸引力。对于老年益智健身玩具而言，其吸引力表现在如下几个方面：

①功能方面

限定了益智健身是老年玩具的主要功能特征。通过老年用户研究可以发现，目前老年人的益智方式主要集中在棋牌休闲类，而健身方式则主要集中在散步、跑步等方式上。现实生活中老年人对陌生的事物存在排斥感，因此，对于益智健身功能的实现，可以从老年人熟知的方式入手，这样更容易吸引老年人。

②外形方面

老年人的视觉感知能力下降，对颜色的偏好集中在暖色系，对冷色系的颜色感知度不高。在老年玩具的色彩选择中，将以暖色彩为重点配色，并且饱和度越高，吸引力越强。对于形态则要以圆形或圆角形的造型为主，避免尖锐形状。玩具的尺寸则可以按照人机工程学参数的相关计算公式来得出，如表 4-2 显示的就是成年人的身体各部分尺寸与身高 H 之间的关系。

表4-2　人机工程学参数计算公式

名称	公式	名称	公式
手掌长	0.109H	坐姿臀高	0.249H
前臂长	0.157H	肩宽	0.229H
上臂长	0.172H	坐高	0.523H
大腿长	0.232H	膝高	0.311H

③使用场景方面

场景的变化容易引起用户的关注，因此在定位老年益智健身玩具的使用场景时，无需局限于一个具体的场景中。例如老年玩具在室内外皆可用。场景通用的另一个好处就是可以不受某些外界因素的干扰，灵活切换使用场地，不影响老年玩具的正常使用。

（2）交互模块

当人们与产品进行互动时，关注的是相关操作或指令会得到怎样的反馈。而在与老年益智健身玩具的交互行为中，应该考虑交互行为的复杂程度，要以最简单的动作达到所需要的效果。通过对老年用户的研究，交互设计时应该从以下几方面考虑。

①操作简单易懂。

老年人的理解能力及对新事物的接受能力有限，因此操作的复杂程度直接关系到对产品的体验满意度。在老年益智健身玩具的操作方式上，应该遵循简单性易用性原则，使得老年人在简单指导或无需指导时很快掌握其使用方式。

②信息反馈及时有效。

老年人的安全感比较差，一旦信息不能及时反馈或反馈错误，会给老年人造成心理压力，使得体验下降。因此，在老年益智健身玩具的设计中，应该设置相关的意外情况提醒、相关参数显示等功能，让老年人更好的与产品交流。

③多人互动。

老年人喜欢多人在一起活动，多人的操作方式可以增加老年人的情感交流。例如广场舞、打麻将、打扑克等都是群聚性的体现，在益智健身玩具中也应该考虑这种互动方式。

（3）接受模块

如果产品的功能、审美和互动特性始终如一，并且产品能够可靠地执行预期的设计任务，令用户满意，可信度便会逐步提高，继而赢得用户的信任，并接受该产品。在老年玩具设计中，在吸引及互动发生后，产品能为老年用户带来情感满足、思想共鸣，亦或是回忆起美好的往事，则他们便会接受该产品。

3. 基于 A. I. A. 模型探索产品机会

根据 A. I. A. 模型探索产品设计机会，有助于更加具体、详细的设计概念的产生。产品设计机会探索过程如图 4－149 所示。

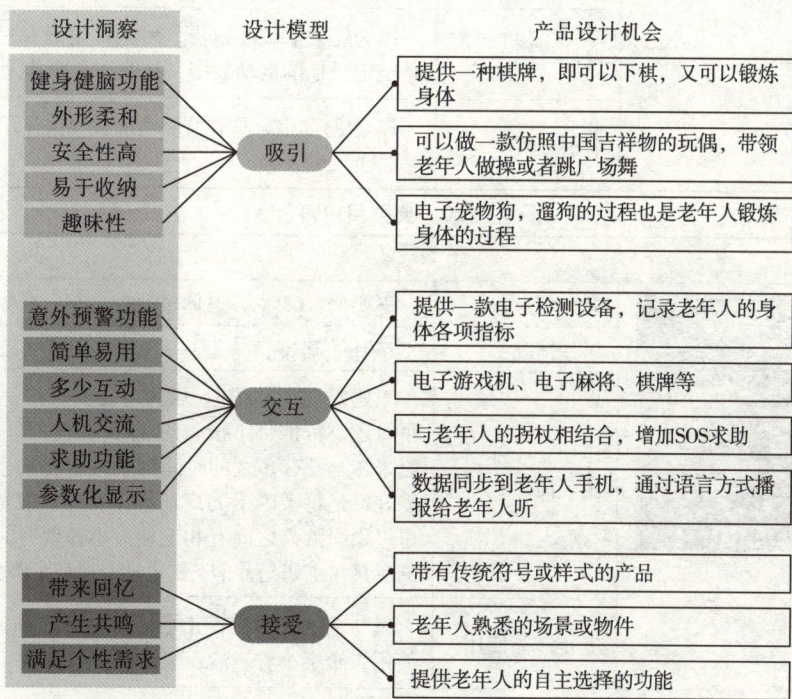

图 4－149　基于模型探究产品设计机会

4.4.3　老年益智健身玩具设计概念探索

1. 构建任务角色模型

前面的用户调研收集了大量的老年用户的数据，通过这些用户数据结果构建任务角色，任务角色模型建立的基础是主流目标用户的属性特征，这可以确保理论分析与设计过程不会偏离最初的设计目标，同时可以让设计师更容易保持同理心和建立情感共鸣，从而更准确地把握用户的需求。具体的任务模型见图4-150～图4-152。

典型用户A		
	老人信息：	张大爷，65岁，退休教师，本科，身体健康
	居住情况：	120 m² 三室一厅，与配偶一起居住
	用户简介：	张大爷是南理工化工学院的退休教师，住在南理工竹园小区，有一个儿子一个女儿，都在南京工作，但不住在一起 张大爷每天很有规律的晨练和晚练，风雨无阻，一般都是绕校园散步或短暂的跑步，下午的时间一般是在家读书看报，也会上网看新闻。周六周日会去老年活动中心下棋、打牌。没有特殊的兴趣爱好，生活比较乐观
	老年产品使用：	有一部智能手机和老年电视机。主要是看看新闻和听听广播
	设计目标：	因为经常散步或跑步，因此希望能有一款老年玩具能记录他的运动数据，并能技术性其无聊的生活
	需求分析：	1. 辅助散步，具有监测功能，数据显示 2. 具有趣味性

图4-150　典型用户角色A

典型用户B		
	老人信息：	王奶奶，68岁，退休医师，大专，有些眼花
	居住情况：	150 m² 居室，与儿子一起居住
	用户简介：	王奶奶是退休医生，因为与儿子住在一起的缘故，平时还要帮忙带小孩。日常的生活基本都是围绕家庭来转，没有多余的时间用来做自己的事。最大的爱好就是每天晚上的广场舞，既可以锻炼身体，又可以跟同龄人之间互相交流。小孙女有时也会把她的玩具与王奶奶分享，她也从中得到了不少乐趣
	老年产品使用：	有一部老人手机，儿子给买了一部iPad，但很少使用，嫌字小看不清，都是孙女拿去玩
	设计目标：	因为视力原因，因此需要屏幕大点的设备，能够看得更清楚。老是忘记带手机出门，希望能够帮助改善这个情况
	需求分析：	1. 信息的及时提醒和预警 2. 产品的视觉特性要符合老年人的特点 3. 能与别人一起分享或使用

图4－151　典型用户角色B

典型用户C		
	老人信息：	李大爷，70岁，退休国企职工，大专，风湿病
	居住情况：	90 m² 居室，独居
	用户简介：	李大爷退休前是一家机床厂当领导，退休后自己一个生活，平时最大的爱好就是打掼蛋。每天下午，他会准时出现在他们打牌的老地方，有时候一下就是一下午，长时间的注意力集中和肢体不动，让他感觉打完牌身体比较累，但是其喜爱的娱乐方式，乐在其中
	老年产品使用：	使用的是儿子买的大屏的智能手机，平时就是当做一个通讯设备，很少拿来娱乐
	设计目标：	李大爷腿脚不好，不应该长时间坐着，应该鼓励多运动，此外情感互动很重要，打发其寂寞无聊的时光
	需求分析：	1. 能够引导其多运动 2. 能够帮助其排解无聊的情绪 3. 能够保持其兴趣爱好

图4－152　典型用户角色C

通过对典型用户的分析，可以归纳出目标用户的基本共性特征和需求：

①身体状况：拥有正常的行动能力及思维能力；

②需求：有健身益智的需求，不排斥与人的交往；

③老年产品使用：会使用智能手机，有用过智能手机软件的经验。

老年益智健身玩具的设计将基于目标用户的基础上进行开发。

2．设计概念发散

得到老年益智健身玩具的设计洞察、需求、设计原则及设计模型之后，结合任务角色模型，组织老年课题组的研究生召开概念讨论会议，进行了比较具体的概念和发散，紧紧围绕"吸引—交互—接受"三大模块，如图4－153所示，将前面的研究结果转化为最终有价值的产品概念。经过两小时的集体讨论，最终形成了五个比较全面的设计概念，具体概念如下：

1）立体棋牌：设计一款棋牌，改变原有的只有坐着才能操作的行为方式，让老年人可以站着也能操作，避免长时间静坐对身体产生的不利影响。棋牌类玩具本身就对老年益智有很大的帮助，而采用站坐姿均可的操作方式，达到了身体的舒适平衡，有利于身体健康。

2）老年智能伴侣：设计一套智能玩具，目的是伴随老年人锻炼身体、玩智力游戏的时候使用，既可以单独使用，也可以在散步等其他活动时使用。同时带有一定的监测、定位、求助等功能，量化老年人锻炼的时间、游戏的时间、锻炼强度等，将数据上传云端，老年人可以通过智能手机查看自己的健身游戏指数，也可以查看同伴的相关数据。同时监测的数据可以同步给其子女或监护人，使他们了解老年人最近的生活状态，并可接收老年人发出的求助信号，及时采取措施。

3）电子游戏：设计一款针对老年人的游戏机，内置很多应用程序，可以是普通的棋牌类游戏，也可以是一些相关的益智类游戏，目的是要排解老年人的孤独情绪以及缺少玩伴的窘状，让游戏机带给老人欢乐。

4）智能玩偶（机器人）：类似于日本的机器猫、"Dorero"玩具等宠物玩偶，拟物的形态憨态可掬，老年人通过抚摸、拍打、呼唤等方式与其沟通，给老年人带来生活的乐趣。

5）监测提醒设备：设计一款智能设备，给老年人佩戴，监测老年人平时的生活轨迹、身体健康状态等，并在遇到紧急突发情况时发送求助信号。

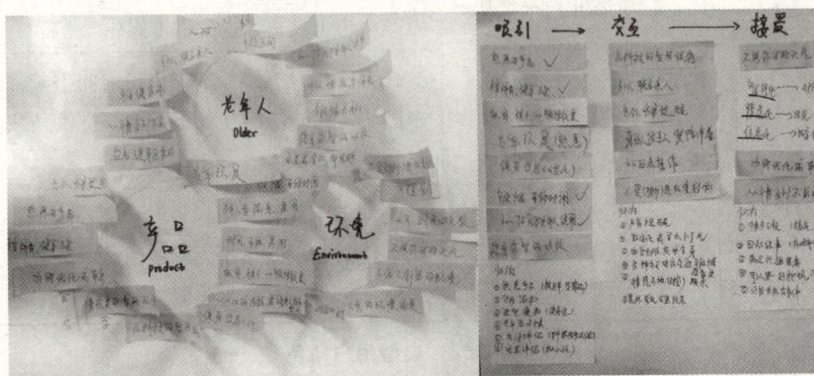

图 4-153 设计概念发散讨论

3. 设计概念评估

概念评估是对刚成型的设计概念进行评估，它可以帮助设计师判定哪些设计想法可以继续发展。根据前面研究得到的设计需求及设计原则，确定对于目标人群来说最重要的价值，并以此作为衡量各个设计概念的标准，最后统计出各个设计概念的总分，得分越高越能满足最终的目标，也就意味着对用户的价值最大。

如图 4-154 所示，根据前面研究的设计原则、设计模型及用户痛点等，得出老年益智健身玩具的最关注的价值点，分别是：吸引模块——健身功能、健脑功能、外形特征、安全性、易于收纳、趣味性；交互模块——提醒功能、简单易用、多人互动、人机交流、求助功能、参数化显示；接受模块——带来回忆、产生共鸣、满足个性需求。

●（3分）较好满足　○（2分）满足　•（1分）一般满足			立体棋牌	老年智能伴侣	电子游戏机	智能玩偶	监测提醒设备
用户价值	吸引	健身功能	●	○		○	
		健脑功能	●	●	●	○	
		外形特征	•	•	•	○	•
		安全性	●	●	○		○
		易于收纳	○	○		○	○
		趣味性	○	●		○	
	交互	提醒功能		○			○
		简单易用	○		•	○	
		多人互动	●	○	○	○	•
		人机交流		○	•		○
		求助功能		•			●
		参数化显示		●			●
	接受	带来回忆	○	○		•	
		产生共鸣	○	○		○	
		满足个性需求	○	○		○	○
			25	32		21	

图4-154　设计概念评估图

从图中可以看出，老年智能伴侣得分最高，此设计概念主要是为老年人提供益智健身的帮助，并伴有提醒、预警、参数化显示等功能，在综合得分上优于其他设计概念。排名第二的立体棋牌，其益智健身功效都优于其余设计概念，这也应该引起设计师的关注。

4. 老年益智健身玩具设计具体定义

通过前面的设计概念发散和评估，确立最终的设计概念方向为老年智能伴侣玩具。老年智能伴侣是借助智能云端系统，针对老年用户以及老年人的监护人打造的以益智健身为核心的，集硬件、软件和强大的智能云端技术于一体的综合系统。老年智能伴侣的目标主要包含两个方面：一是创造一种新型的益智健身服务系统，从一定意义上解决老年人的健身益智需求、情感交流需求、信息提醒需求、紧急情况求助需求等，也解决了子女及监护人对老年人的陪伴需求和救助需求。二是创造一种新时期下的老年玩具设计服务模式，改变社会及市场对老年玩具的偏见，使老年产品与时俱进，享受新技术带来的便利。

结合前面的人性化设计原则及模型，设计师开始整理老年益智健身玩具智能伴侣的具体定义，包括工作机制、功能的定义、玩具的互动方式等。

（1）工作机制

老年智能伴侣的目的就是要让老年人在益智健身的同时，享受人性化设计带来的服务，具体的工作流程如图 4－155 所示，拟建立一个由老年人、老年智能伴侣及身边人构成的信息交流服务方式。

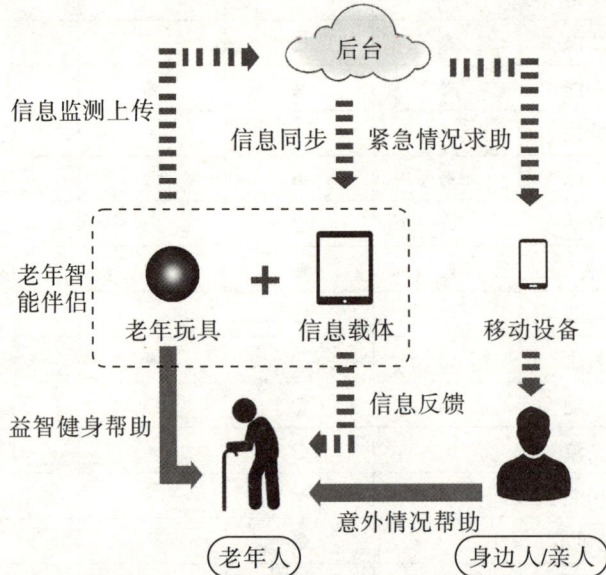

图 4－155　老年智能伴侣服务原理图

老年智能伴侣并不是指一件具体的产品，有可能是多件产品的组合，但最终目的一致，那就是让老年人在使用的过程中能够益智健身，并符合人性化设计的相关理念。由图 4－155 可知，老年人通过老年玩具获得健身益智的功效，老年玩具记录老年人在健身时的相关数据，如运动次数、运动量等，当记录数据超过预先设定的运动量时，便会发出警告，提醒老年人适度健身或健脑。记录的数据可以储存于玩具内亦或上传云端，老年人通过配套的信息载体设备查看自己的健身益智效果。当发生紧急情况时，智能伴侣可以发出求助信号，其监护人收到提醒后，及时采取措施进行救助。

（2）主要功能定义

益智健身是老年智能伴侣的主要功能，在此功能基础之上还会有一些附加功能，主要目的是为老年人创造出更舒服、更美好的益智健身体验。经过前面的分析研究，我们将老年智能伴侣的功能主要归纳为图 4－156 所示。

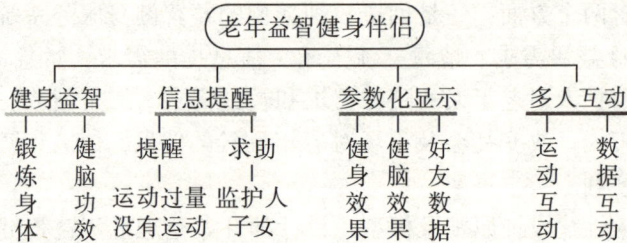

图 4－156　老年智能伴侣功能图

①健身益智模块。

通过前面的分析可知，老年人对于棋牌类的娱乐方式比较钟爱，因此在益智性的选择上优先考虑棋牌类的游戏设置，让老年人容易接受。健身功能的设置上，则会以辅助的方式出现，例如可以辅助老年人散步达到健身效果，或辅助老年人锻炼身体某个器官，达到延年益寿的效果。益智健身如何结合，将是设计实践的重点环节。

②信息提醒模块。

在老年智能伴侣上设置相应的警示灯或语音功能，当有特殊情况发生时，则有相应的提醒。此外还应配备求助的按钮，当老年人在娱乐休闲过程中发生突发情况可以及时求助。

在子女或其他监护人端，通过数据共享，借用移动设备端的软件来接收老年人的相关数据，并提供帮助和指导。

③参数化显示模块。

老年人健身和益智的效果呈现，可以通过蓝牙传递等新技术同步到辅助设备上来进行数字化显示。例如老年人健身指标的参数化可以通过手机或平板来显示运动距离、运动时间、行走步数等变量，而益智指标的参数化则可以通过健脑的时间、游戏的净胜局及静坐时间等变量来显示。

④多人互动模块。

在老年益智健身的过程中，可以通过设置多人操作的互动方式，增加智能伴侣的群聚性。

（3）互动方式

①硬件端。

老年产品的互动方式应该简单易懂。因此对于老年智能伴侣而言，其交互方式不会让老年人产生过多的学习成本，经过简单的指导或无指导就能让老年人使用。在老年智能伴侣中，将通过语音互动、震动提醒、灯光警示等方式来与老年人产生交流，既效果明显又可让老年人接受，达到智能伴侣帮助老年人健身益智的目的。若老年人需要救助时，则可通过智能伴侣的求救按钮及时寻求帮助。

②软件端。

在参数化显示及相关建议提醒方面，可以采用软件配套硬件共同使用的方式，这样能更加全面的满足老年益智健身玩具的需求。软件端的设计应该符合老年人的相关特性，如视觉、操作方式等方面都应该从简。老年端的软件信息内容主要包括：健身数据、健脑数据、相关建议和帮助。而对于监护人端的软件，可以用来接收老年人发出的求助信号，并能及时作出反馈，其信息内容主要包括：老年人益智健身的相关数据、老年人求助信息显示、老年人常见问题的解决指导等。

（4）接触点分析

接触点主要是指信息的输入和输出设备，是产品功能的主要载体。老年益智健身玩具中的接触点如图4-157所示。由前期分析可知，老年智能伴侣的主要功能为：健身健脑、信息提醒、数据参数化显示以及多人互动等，其相对应的接触点为健身益智设备、移动设备、互动设备等。

图 4 - 157 老年智能伴侣接触点

小结

本章节基于前面相关理论基础及用户研究的结果，提出了人性化设计原则，并在此基础上建构了人性化设计模型，即吸引—交互—接受模型，从而用来指导老年益智健身玩具的开发设计。在此基础上进行了设计概念的具体定义，包括工作机制、主要功能、交互方式和接触点的分析。

4.4.4 老年益智健身玩具人性化设计实践

一、老年益智健身玩具硬件设计

1. 初步方案探索

通过前一章节设计概念的分析和定位，我们最终选取的老年益智健身玩具设计方向为老年智能伴侣。基于上一章老年智能伴侣具体定义，对老年智能伴侣的硬件方案形式的探索，如图 4 - 158 所示。

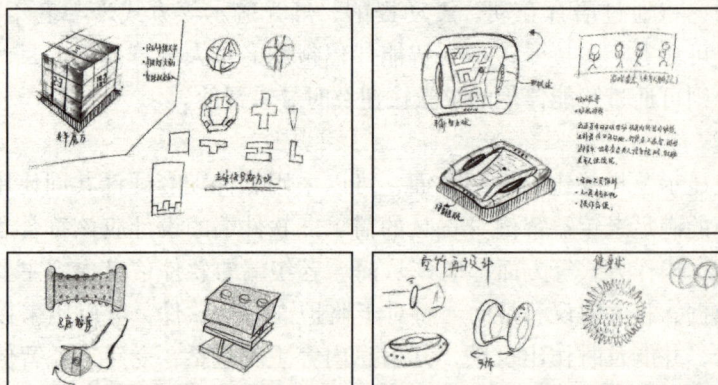

图 4 - 158 老年智能伴侣设计方案探索

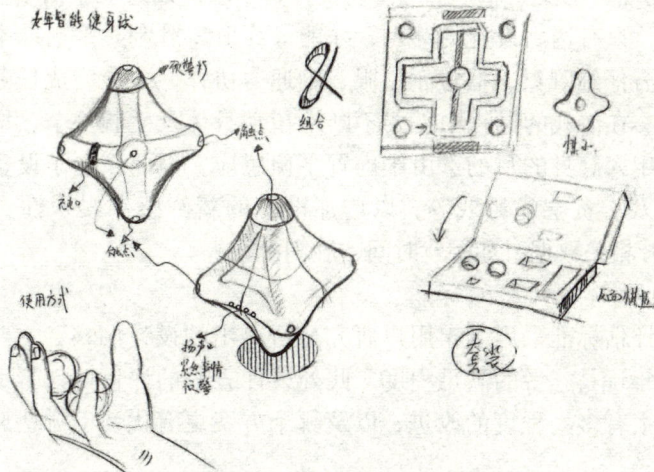

图 4 –159　方案一：智能健身球组合

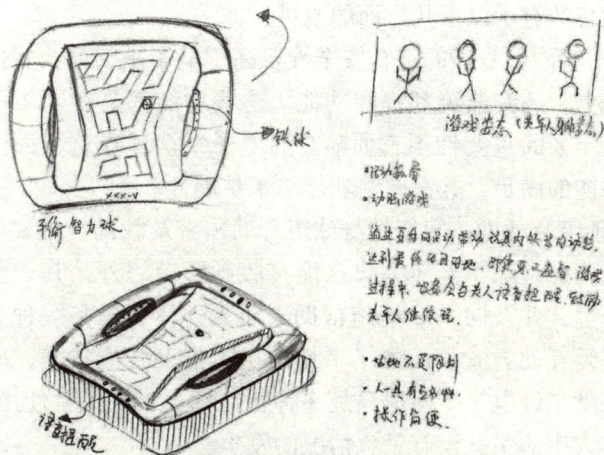

图 4 –160　方案二：电子平衡球

　　基于前面的设计原则及设计模型，结合老年人的生理、心理特点，以及其监护人的需求，选择了智能健身球组合和电子平衡球两个设计方案，如图 4 – 159 和 4 – 160 所示。

　　1）智能健身球组合：老年人借助健身球可以锻炼手部的肌肉及活动手指关节，在平时生活或散步时使用。通过健身球上的传感器触点以及内部的重力平衡感应，可以监测老年人一天的运动量和转动按摩次数等数据，并可伴随震动、灯光提醒以及声音警报等方式与老年人互动，在发生紧急情况时，可以通过 SOS 按钮寻求帮助。与健身球配套的是中国象棋，两个健身球作为棋子中的"将"和"帅"，可通过内部的处理器及运算器自动识别下棋模式，当"将"、"帅"被"吃掉"时，健身球会有感应并记录存储到健身球数据库中，若在对弈过程中静坐时间过长，则会有相应的提醒。所有的监测数据可以通过内置的蓝牙及 WIFI 模块上传云端，供老年人及其监护人查看。

2）电子平衡球：主要是靠手来把持设备，利用肢体以及躯干的姿态变换，实现电子平衡球的运动，只有达到设定的终点，才能最终取得胜利。平衡球本身就是一项考验脑力的游戏，需仔细观察，通过手、眼、脑通力协作，才能完成任务，以此来帮助老年人健脑益智。在游戏的过程中需要不断地扭动身体及手腕关节，增加身体的运动量，从而达到老年人健身的目的。由于内置平衡感应，因此该电子设备可以不断更新游戏，如飞车游戏、贪吃蛇游戏等，以增加设备的新鲜感和娱乐性。匹配相对应的APP，供用户查看相关数据，如游戏时间，胜利次数等。

2. 设计方案评估

设计方案的评估标准采用老年用户研究分析得出的设计洞察，主要包括老年人自身、身边人和老年玩具三者的满足程度。此处设计方案的评估可以帮助设计师或设计团队发现设计方案有多大程度的改进，以及哪个方案更有优势、哪些属性可以有更大的提升空间。

智能健身球组合和电子平衡球的功能满足度分析如图4–161所示。由图可以看出智能健身球的方案明显优于电子平衡球，所以选择智能健身球为最终方案。和电子平衡球相比，智能健身球有了以下几方面的改进：

1）安全方面：智能健身球的综合安全性要高于电子平衡球。智能健身球在主打健身益智功能基础之上，还有监测和提醒功能。这些功能都是在老年用户调研基础上得出来的，因此对老年人的重要性不言而喻。而电子平衡球在这方面做的不够全面，只注重了益智健身功能的满足，并没有给功能给予扩展性。

2）紧急情况预警及救助：智能健身球组合的预警及救助功能要明显优于电子平衡球。智能健身球强调的是除了老年人自己能接收到预警之外，其子女或监护人也能及时了解老年人的处境，并及时采取措施帮助老年人，体现的是一种人性化关爱，重新构建了一种亲情关爱互动方式。而电子平衡球虽也借助智能技术，但预警及提醒的场景使用不合适，也就是说电子平衡球只是一种特殊情况，在正常使用时很少带来危险，但这并不代表老年人生活中就没有紧急情况的发生。

洞察分类		洞察说明	需求满足度
老年人	益智健身 生理安全	形态安全	
		材料安全	
		结构安全	
		在可承受的强度范围内	
		不影响老年人的正常娱乐休闲活动	
		保障在娱乐休闲活动过程中的舒适	
	益智健身 心理安全	满足情感需求（情感互动）	
		满足案例感需求	
	意外情况 提醒	娱乐休闲意外伤害提醒	
		意外伤害自救帮助	

洞察分类		洞察说明	需求满足度
子女或监护人	意外情况提醒	及时传送老年人意外情况	
		意外伤害的紧急处理方式指导	
	意外情况救助	提前了解常见意外伤害的基本技能	
		发生意外后立即告知	
老年玩具	产品的可靠性	监测辅助功能（参数化显示）	
		使用周期的长短、重复使用率	
		是否易于收纳	
		产品性能的稳定性	
		功能的可扩展性	
		是否易于清洁	
	益智健身心理安全	互动交流	
		简单有效的提醒	
		个性化功能的选择	
		操作方式简便，学习成本低	
		呈现方式简单易懂	
	功能特性	健身	
		益智	
		情趣化	

智能健身球组合 ████   电子平衡球 ████

图4-161 方案洞察满足度分析图表

3）使用方式：两种方案在使用上的交互方式优劣性不相上下，都有可取之处。其中电子平衡球的游戏扩展可以增加老年人的游戏选择机会，满足老年人的个性需求，这是智能健身球组合所需弥补的。

3. 整体形态探索

基于前面的洞察满足度评估表以及前面章节老年人对于形态的喜好分析，对智能健身球的整体形态进行了发散，归纳了4种有代表性的正面造型，并召集了30位老年人进行了喜好投票如图4-162所示。

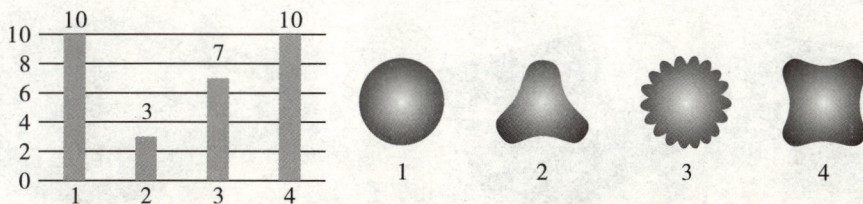

图4-162 智能健身球形态探索与用户偏好统计

从统计结果可以看出，编号1和编号4最受用户的喜爱，对于编号2的造型表现比较冷淡。传统的健身球形态如编号1所示，与手部接触点比较少，都是以面接触，按摩健身效果不明显；而编号4的健身球有一定的触点，可以对手部的肌肉及关节带来刺激，有较好的按摩健身功效，因此选定编号4的形态做深入的研究。

对于配套的棋盘和棋子，为了让老年人有回忆感和产生共鸣，整体形态不会大变，只在原有形态的基础上进行改良和优化，让他们使用起来习惯、舒适。

4. 硬件方案展示

（1）方案效果

设计方案主要考虑到老年人的生理和心理特征。方案效果见图4-163，整体的造型避免了尖锐的边缘，尽量采用圆润的弧度，防止老年人意外受伤。整个组合的包装一体化，便于收纳。当包装盒打开后，盒子正面则是中国象棋盘，可以直接在上面对弈，避免了再单独找棋盘的尴尬。智能健身的配色方案根据老年人的色彩偏好，采用了一些大气而时尚的颜色，主要包括摩卡金、优雅白、贵族紫、香槟色等，供老年用户挑选。智能健身城球组合效果见图4-164。

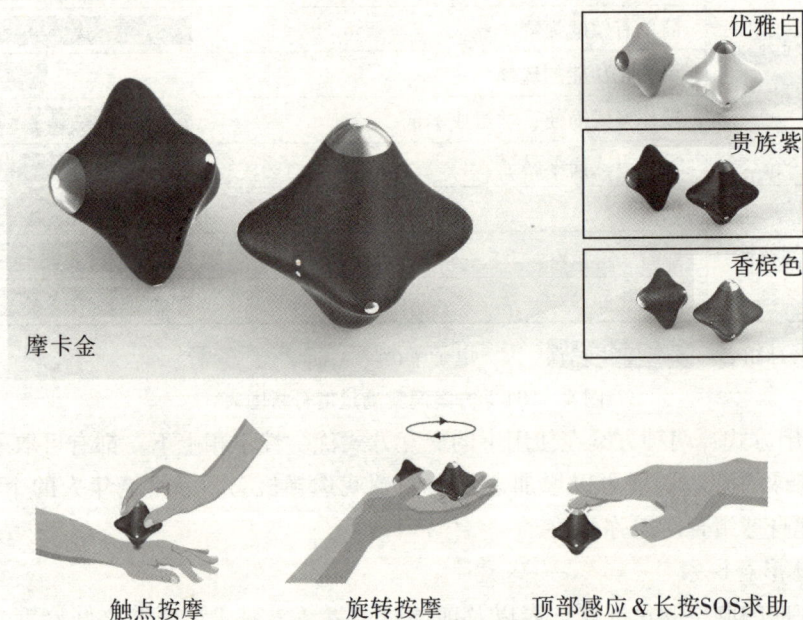

摩卡金

优雅白

贵族紫

香槟色

触点按摩　　　　旋转按摩　　　顶部感应&长按SOS求助

图4-163　智能健身球效果图及使用方式展示

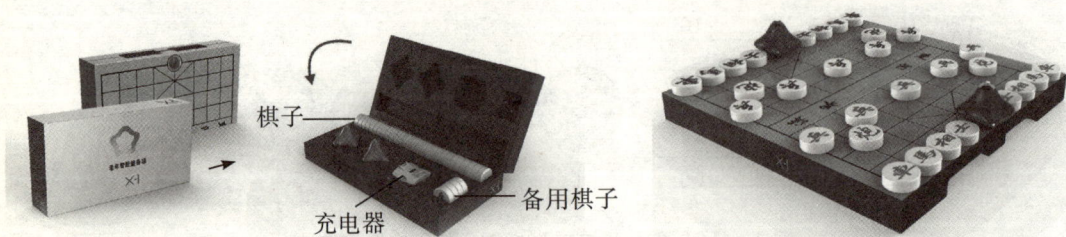

棋子

充电器　　　　备用棋子

图4-164　智能健身球组合效果展现

（2）人机尺寸

智能健身球的尺寸是基于老年人的平均手掌尺寸来设计的。调研得来的老年平均身高为 160.2 cm，根据人机工程学相关公式"手掌长 = 0.109 × 身高"，得到老年人的平均手掌长为 17.5 cm，与我国成年人的手掌尺寸（如图 4 – 165 所示）基本相符。图示手部的长度为 17.5 ~ 19 cm，手宽为 10.5 cm，按照比例，手掌实际抓取的长度为 15 ~ 17 cm左右，宽度为 8 cm 左右，因此健身球的直径≈（手长/2 + 手宽/2）/2 = （15 cm/2 + 8 cm/2）/2≈5.75 cm，也就是健身球的尺寸在 5.75 cm 左右适宜，这样有利于老年人抓握，不易滑落。

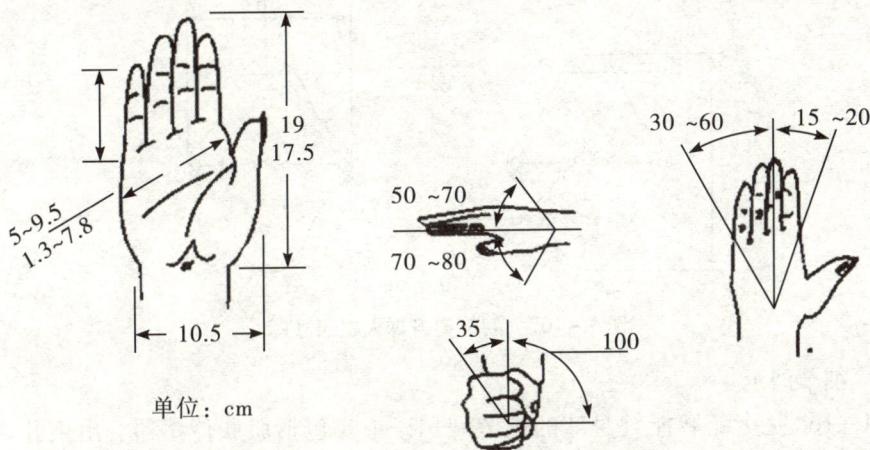

图 4 – 165　我国成年人手部尺寸图

为验证智能健身球的大小尺寸符合正常手掌的尺寸要求，特意用硬质泡沫（俗称发泡塑料）做了健身球的草模，如图 4 – 166 所示。经过同组研究人员的不断抓握测试、修正，最终确定了智能健身球的最大直径为 5.5 cm，如图 4 – 167 所示。

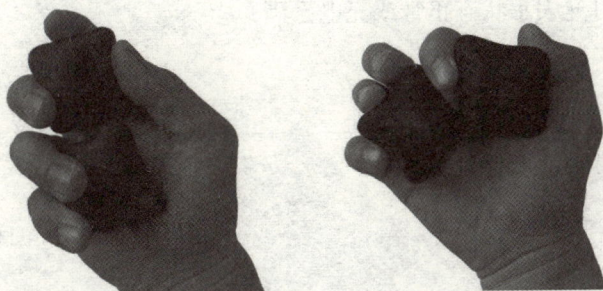

图 4 – 166　智能健身球草模尺寸验证示意图

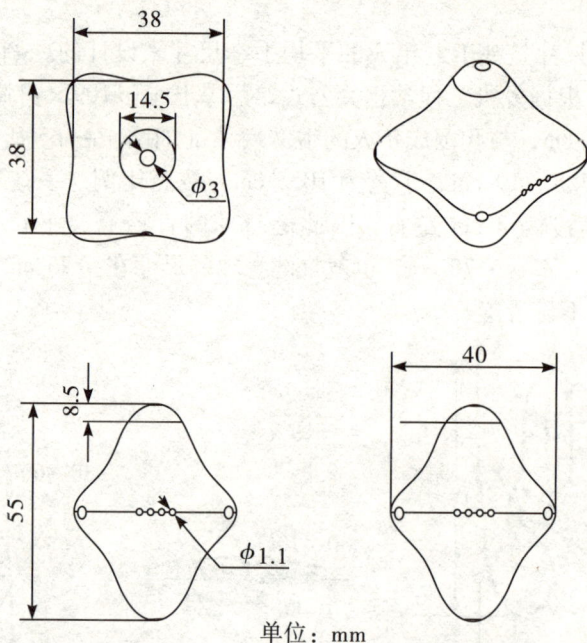

38

14.5

38

$\phi3$

8.5

55

$\phi1.1$

40

单位：mm

图 4 – 167　智能健身球人机尺寸图

（3）细节展示

图 4 – 168 是老年智能健身球的细节展示，主要包括肌肤传感器、出声孔、充电口、显示灯光及 SOS 求助按钮。当老年人在使用健身球的时候，内置重力平衡感应会启动程序，智能健身球开始工作，记录老年人走路的步数、时间等；通过触点与肌肤的接触频率，记录老年人的按摩次数；当老年人遇到突发情况需要求助时，可以通过长按顶部触点启动 SOS 求救；当老年人的运动量或象棋对弈的时间超过预先设定的值，则会通过预警灯光和震动来进行提醒（红色灯光加震动代表警告，红色灯光闪烁表示电力不足，绿色灯光表示状态正常或充电已满）。

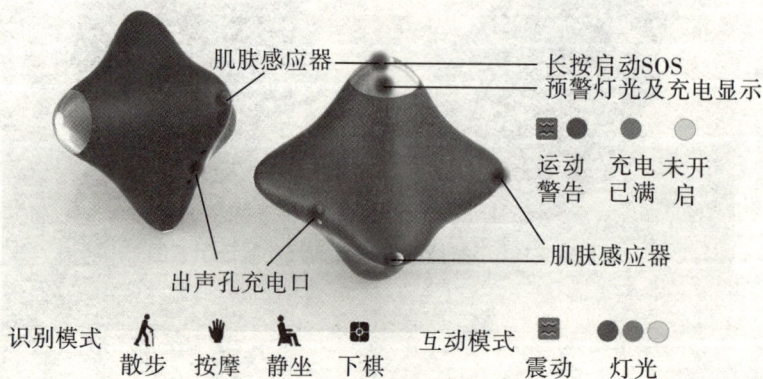

肌肤感应器　　　长按启动SOS
预警灯光及充电显示

运动　充电　未开
警告　已满　启

出声孔充电口　　　肌肤感应器

识别模式　散步　按摩　静坐　下棋　　互动模式　震动　灯光

图 4 – 168　智能健身球细节图

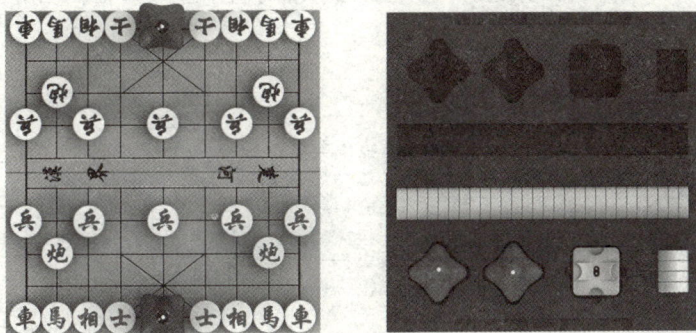

图 4 - 169　智能健身球组合细节图

图 4 - 169 是智能健身球组合的整体细节图，主要包括两个智能健身球、充电器、象棋棋子以及包装盒。包装盒的正面是棋盘，这样设计的目的在于一物多用并利于收纳。

(4) 材质说明

智能健身球的材质选择如图 4 - 170 所示，整体采用了磨砂金属，可增加重量感摩擦力，不易从手中滑落；透明的亚克力玻璃不仅透光性好，而且成本低廉不易破碎；皮肤传感器则是实心不锈钢，强度和硬度能经得起长久磨损，使产品的品质有保证。

配套的棋子和棋盘则采用了聚碳酸酯（PC）塑料，安全无味，易于加工成型，对人体无伤害。

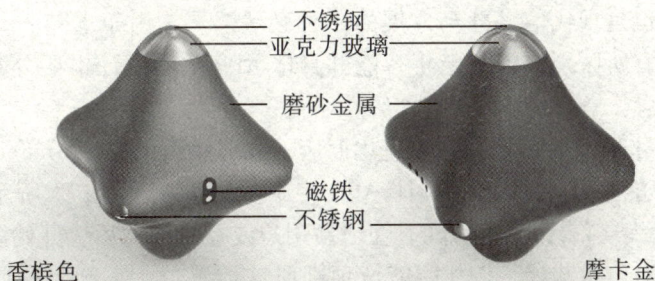

图 4 - 170　智能健身球材质说明

(5) 内部结构

智能健身球结构爆炸如图 4 - 171 所示，内部结构如图 4 - 172 所示。智能健身球的功能模块可通过内部元器件来实现，具体的功能如下：

定位功能：智能健身球内置专业级的 GPS 全球定位模块，并辅以重力感应及 WIFI、蓝牙模块，多方位定位智能健身球，让子女或监护人通过客户端轻松确定手持健身球的老人的位置。

远程救助：当老年人在健身或者游戏过程中遇到紧急情况，可以通过长按智能健身球顶部的触点，启动 SOS 求救功能。子女或者监护人通过客户端接收老年人的求助信号，并通过 GPS 定位老人位置，这样有利于帮助老年人最大程度的解决紧急情况。

① 声音模块		高性能处理器 ⑬
② 震动马达		聚合物理电池 ⑫
③ 重力感应		GPS定位模块 ⑪
④ 蓝牙处理器		震动马达 ②
⑤ 灯光模块		wifi模块 ⑩
⑥ 主板		充电触点 ⑨
		重力感应 ③
⑦ 肌肤传感器		卡扣 ⑧

图 4-171　智能健身球结构爆炸图　　　图 4-172　智能健身球内部结构图

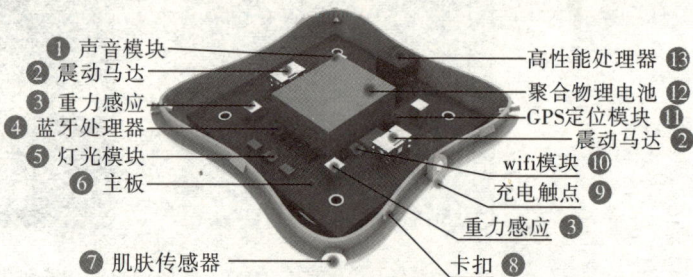

数据记录：通过重力感应及肌肤感应器，可以计算出老年人所走的步数和转动健身球的次数、时间等；并且当老年人下象棋时，可以自动识别游戏模式，记录老年人下棋的时间、对弈的成败情况等。并且通过蓝牙或 WIFI 模块同步给设备，供老年人自己或监护人查看。

提醒功能：当老年人的运动量或游戏时间超过预设值，智能健身球会有相关提醒功能，主要是通过震动马达和声光模块提来醒；当设备电量不足时，通过灯光的不断红绿闪烁，提醒用户充电；充电满时，显示绿色，并有相关声音提示。

二、老年智能健身球 APP 设计——老年端

基于以上的设计分析，要想使老年人益智健身的的相关参数可视化，需要借助 APP 来实现。APP 的呈现形式有利于老年人和其监护人互动，重新构建一种子女关爱老年人的方式，也是现代信息社会发展的一种必然趋势。由于老年人与普通成年人的生理及心理特性有所区别，因此老年智能健身球 APP 端的设计也要分开设计，以体现人性化设计的理念。

老年智能健身球 APP 可以在各大应用商店下载和使用，支持 Android 及 IOS 操作系统，满足不同智能手机的需求。具体 APP 使用步骤如图 4-173 所示：第一，下载 APP，安装并运行；第二，启动 APP，注册新用户或登录成功后，开始添加智能健身球设备；第三，开启手机蓝牙，按住智能球顶部肌肤传感器，直至手机搜索到智能健身球，完成添加。

① 下载APP
在中点应用商场中搜索APP，下载并安装

② 启动APP
启动APP，注册新用户或登录账号，即可开始搜索设备

③ 添加设备
按住只能健身球的顶部传感器，打开终端蓝牙，即可搜索并添加设备

图 4-173　智能健身球 APP 使用方法

1. 老年端信息架构设计

信息架构的分析是将前面选择的主要设计方向中老年智能伴侣的工作原理分布的功能转化为比较有层级的功能分类，有助于设计师对功能层级进行梳理，是后面进行低保真手绘草图及交互流程图设计的基础。

老年人对于信息技术的恐惧感比较明显，因此对于老年端的 APP 设计应该简洁明了，优化简化功能，满足老年人的核心需求即可。老年智能健身球组合老年端的信息构架图如图 4 - 174 所示，老年人在使用此 APP 时，可分为三个阶段：第一阶段，老年用户进入智能健身球组合 APP，主要完成手机客户端与智能健身球的绑定或浏览相关介绍的启动画面；第二阶段，用户进入主页面的信息列表，选择三大模块进行查看和互动；第三阶段，老年用户进入相应的信息管理界面，可以查看自己的运动量、按摩次数、运动时间等以及下棋的时间、静坐时间、对弈结果等数据，还可以查看好友的相关信息。此外老年用户还可以查看系统为其推荐的天气、穿衣建议、运动及游戏时间建议等。

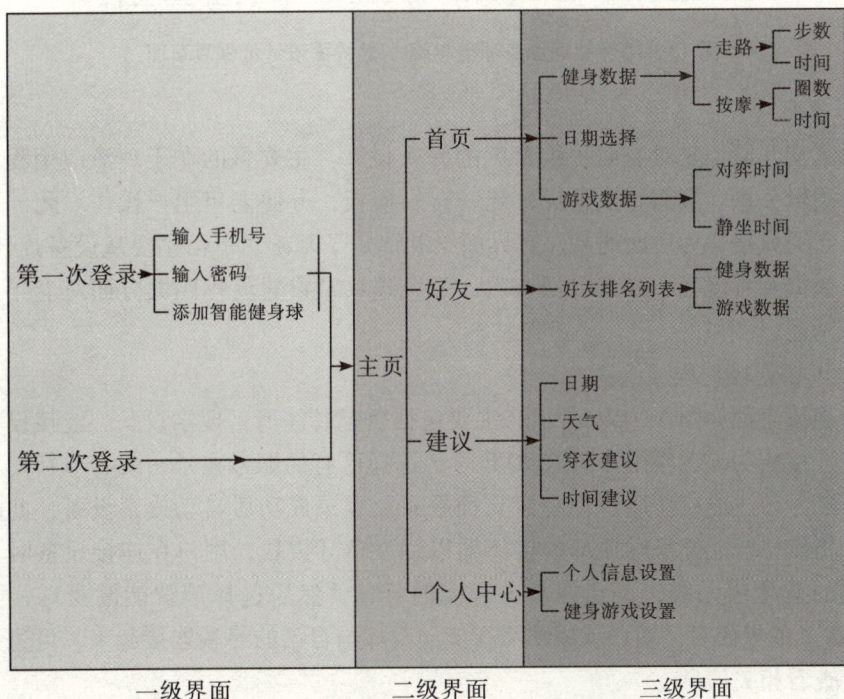

图 4 - 174　智能健身球 APP 老年端信息架构图

2. 低保真手绘草图

在智能健身球 APP 信息架构的指导下，绘制界面设计草图，如图 4 - 175 所示，草图的设计确定了设计的具体操作方式和功能层级，为后面的低保真交互原型的设计奠定了基础。

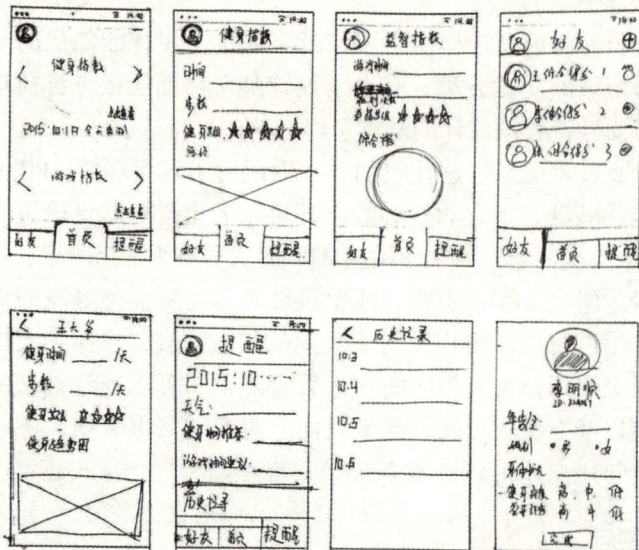

图 4 –175　智能健身球老年端 APP 界面设计低保真草图

3. 低保真交互原型图

低保真交互原型是对前面手绘草图的深入设计，主要目的在于理清应用程序各层级之间的逻辑关系、页面切换逻辑，统一布局模板，方便老年用户操作。此外还可以统一整体布局风格，为后面的高保真界面绘制奠定了基础。下面主要从设备连接流程、健身游戏数据查看流程、好友数据查看、系统建议及设置流程四大方面对老年用户端APP 进行阐述。

（1）设备连接流程

设备连接流程如图 4 –176 所示，主要包括登录、注册、搜索设备、连接设备及最后的设备连接成功。老年用户打开 APP 时，选择已有的账号登录，或者重新用手机号码注册新账号，注册成功后返回登录页面登录。登录成功后自动搜索设备，此时用户应该用手指按住智能健身球顶部的传感器以触发蓝牙模块，用户在连接设备时也需要打开终端的蓝牙或无线，直到搜索出智能健身球。然后选择该智能健身球，等弹出"连接成功"的界面时，用户就成功将智能健身球与自己的终端连接起来，可进入 APP主页面，查看相关信息。

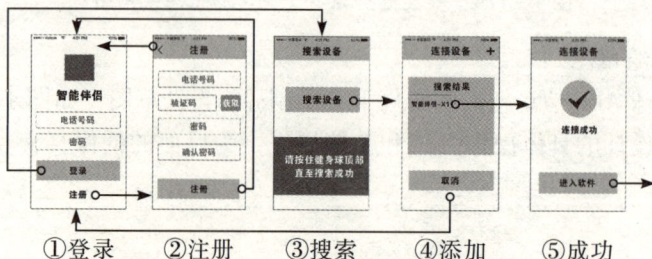

①登录　②注册　③搜索　④添加　⑤成功

图 4 –176　智能健身球老年端连接流程图

当老年用户下次再启动该 APP 时，则可直接进入 APP 主页面，无需登录或连接设备。

（2）健身游戏数据查看流程

老年智能健身球的相关数据查看流程如图 4 –177 所示，包括健身数据、游戏数据、个人信息设置及日期选择等功能。老年人进入 APP 首页时，可以通过顶部任务栏的日期切换，查看近 5 天的相关数据。顶部任务栏的头像下方显示好友为其点赞的个数，点击头像则可进入个人中心页面完成老年用户相关信息和目标的设置，完成设置可返回主页面。首页主要显示的是健身及游戏的得分情况，点击进去可以查看详情。健身数据主要包括行走和按摩两大模块，通过点击"走路"和"按摩"按钮查看相关详情；游戏数据主要包括老年人下棋过程中的对弈时间、净胜局数及静坐时间等数据。

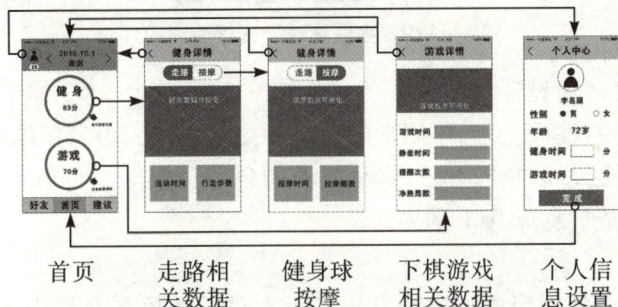

| 首页 | 走路相关数据 | 健身球按摩 | 下棋游戏相关数据 | 个人信息设置 |

图 4 –177　老年用户健身游戏数据查看流程图

（3）好友数据查看流程

好友健身游戏数据查看及添加好友流程如图 4 –178 所示。当老年用户点击页面底部导航栏的"好友"按钮时，则进入了好友列表，好友列表排序的标准是老年人健身和益智的综合完成度，并标记出前三名。每位好友的信息栏有点赞的按钮，点击大拇指图标则可为该老年人点赞，增加老年人之间的互动性。增加好友采用的是手机号码搜索添加（因为老年用户在注册时采用的都是电话号码，做到一人一号码，不会重复）。点击某位好友，则可以查看该好友的相关参数，了解同伴的健身游戏状况。

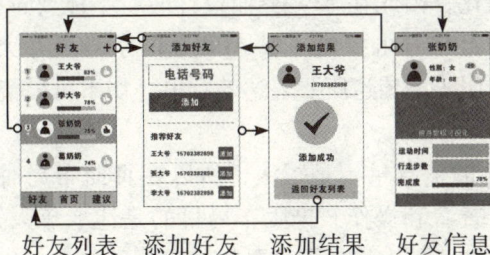

| 好友列表 | 添加好友 | 添加结果 | 好友信息 |

图 4 –178　好友健身游戏数据查看及添加好友流程图

（4）系统建议

系统建议及设置流程如图 4 –179 所示。当老年用户点击底部导航栏"建议"按钮时，则会显示当天的天气、气温情况，并为其提醒当日的穿衣建议，同时建议健身及游戏的合理时间。点击顶部任务栏的设置按钮，则可编辑个人信息及健身游戏的任务目标，点击完成可返回上一页。

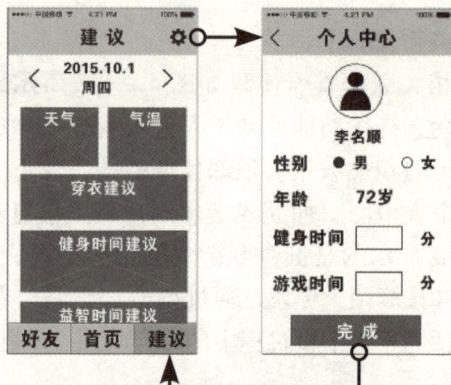

图4-179 系统建议及设置流程图

4. 老年端 APP 界面设计

前面的原型图设计确定了老年用户的操作和交互方式，为老年端 APP 界面设计打下了坚实的基础。在界面设计阶段，将从界面的色彩、图形、文字和排版布局角度出发，完成老年端智能健身球 APP 的界面设计。

（1）色彩选择

基于前面对于老年用户的调研，发现老年人对于暖色系及清爽的色彩比较喜爱。因此在老年端 APP 主色彩选择时采用了草绿色（R：108，G：187，B：82）。采用草绿色一是因为草绿色能给人一种清新爽朗的感觉，是 APP 及网页设计中最受欢迎的一种颜色之一；二是因为草绿色象征着生命力旺盛，运用在老年端 APP 会使老年人心理舒畅，看到生活的乐趣和希望。在其他的色彩配色中，始终坚持老年人对于色彩的喜好，以让老年人看清主要信息为主，以视觉舒适为宜。

（2）图形和字体

图形和字体在 APP 的界面设计中起着非常重要的作用，图片和文字的搭配使用会使用户更清楚、更形象的了解设计师所要传达的意思，增加用户的使用体验和满意度。由于老年人视觉机能的退化，因此在 APP 界面设计时，字体要选择粗大的类型，如方正粗黑、黑体加粗等，并且字号也要比一般 APP 上的字号尺寸大，便于老年人识别。在图形的选择上，要简洁明了，传达所要表达的意思，切不可模棱两可。

（3）排版布局

由于本款老年端 APP 的信息量不是很大，所以在页面布局时要做到均衡和大方，避免拥堵而使老年人不易查看和操作。排版布局目的是让老年人知道如何操作，是点击还是滑动，在有限的区域范围内呈现最主要的内容。见图4-180、图4-181。

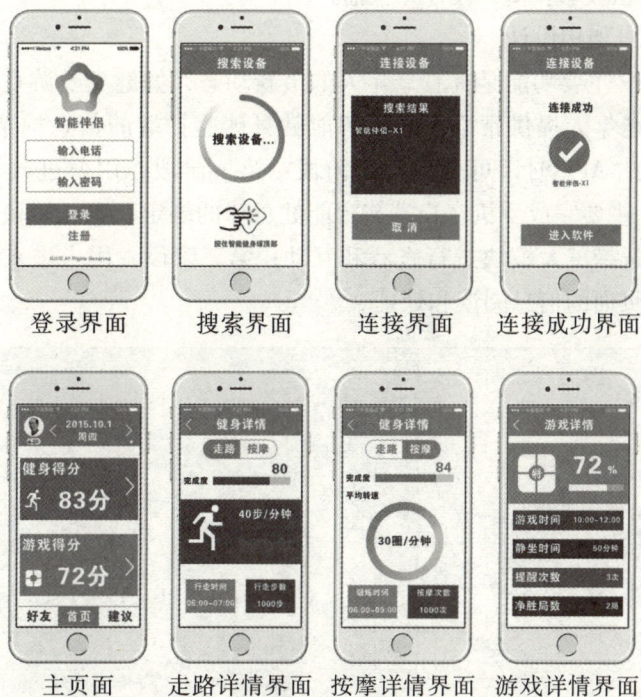

登录界面　　　搜索界面　　　连接界面　　　连接成功界面

主页面　　　走路详情界面　按摩详情界面　游戏详情界面

图4-180　智能健身球老年端 APP 界面图一

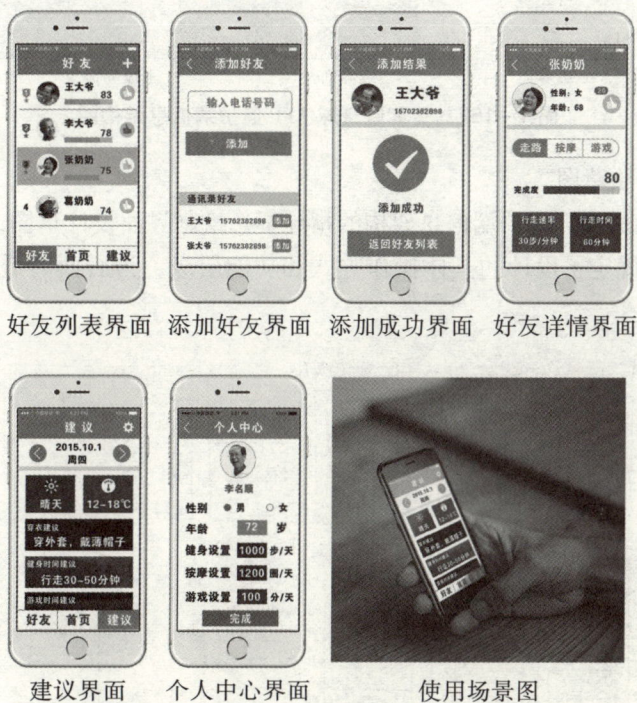

好友列表界面　添加好友界面　添加成功界面　好友详情界面

建议界面　　个人中心界面　　　　使用场景图

图4-181　智能健身球老年端 APP 界面图二

三、老年智能健身球 APP 设计——监护端

1. 监护端信息架构设计

监护人的 APP 主要功能是查看老年人的最新动态，如健身及游戏信息、设备状态等，以便及时对老年人提供帮助。老年智能健身球监护端的信息构架如图 4 – 182 所示。用户在使用此 APP 时，可分为三个阶段：第一阶段，用户进入智能健身球组合APP（监护端），主要完成手机客户端与智能健身球的绑定；第二阶段，用户进入主页面的信息列表，选择三大模块进行查看和互动；第三阶段，用户进入相应的信息管理界面，完成当前页面的信息阅读和处理。

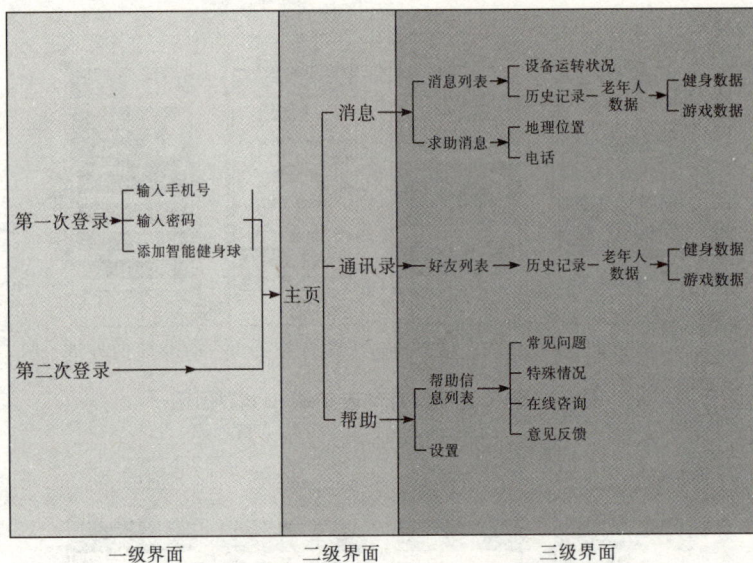

图 4 – 182　智能健身球 APP 监护端信息架构图

2. 低保真手绘草图

在智能健身球 APP 监护端信息架构的指导下，绘制界面设计草图，如图 4 – 183 所示。草图的设计确定了设计的具体操作方式和功能层级，为后面的低保真交互原型的设计奠定了基础。

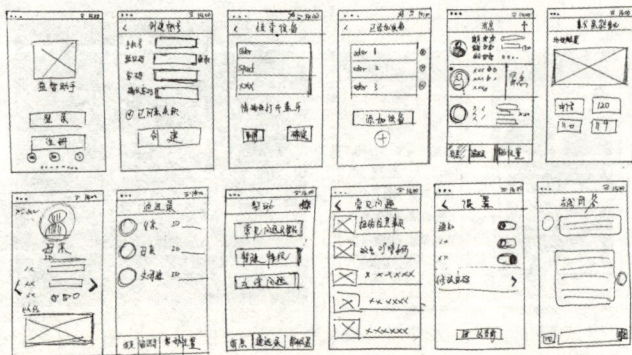

图 4 – 183　智能健身球监护端 APP 界面设计低保真草图

3. 低保真交互原型图

监护端的 APP 交互原型将从设备连接流程、消息处理、通信录查看、用户帮助三大方面对监护端端 APP 进行阐述。

（1）设备连接流程

监护端的设备连接流程如图 4-184 所示，主要包括登录、注册、搜索设备、连接设备及最后的设备连接成功。此过程和老年端的连接逻辑基本一致，因此不做过多赘述。

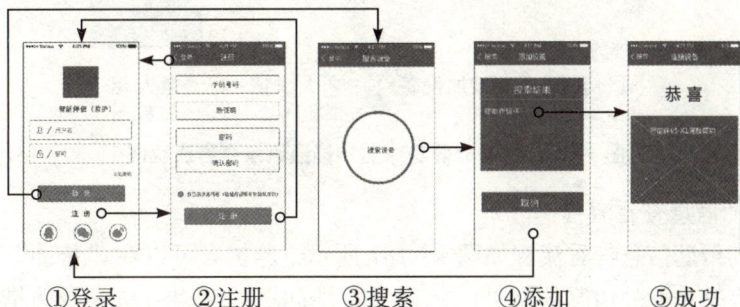

① 登录　② 注册　③ 搜索　④ 添加　⑤ 成功

图 4-184　智能健身球监护端连接流程图

（2）消息查看处理流程

监护端消息查看与处理流程如图 4-185 所示。当用户进入 APP 后，在"消息"导航栏里将看到老年人的求助消息列表，并显示求助的处理结果。当老年人通过智能健身球发出求助信号后，在"消息"页面的顶部将会出现紧急消息提醒，用户可点击进去查看具体的情况。进入紧急求助页面后用户可查看求助老人的地理位置，确定救助方案后，选择拨打老人的电话，或其他社会救援机构的电话，及时帮助老年人解决问题。当消息处理后，点击解除按钮，回到"消息"页面，此时紧急消息提醒消失，显示一般消息状态。当点击普通消息（即一般状态下的消息），则会进入该老人的信息详情页面，查看老年人的求救历史和设备的电量等信息。点击具体某一天，则可以查看当天老人的健身及游戏数据，了解老年的基本情况。

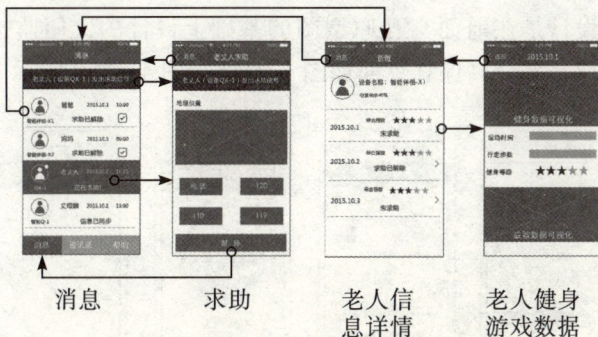

消息　　求助　　老人信息详情　　老人健身游戏数据

图 4-185　智能健身球监护端消息查看与处理流程图

（3）通信录查看流程

监护端通信录查看流程如图4-186所示。用户可以查看老年人的救助历史以及某一天的健身及游戏情况。

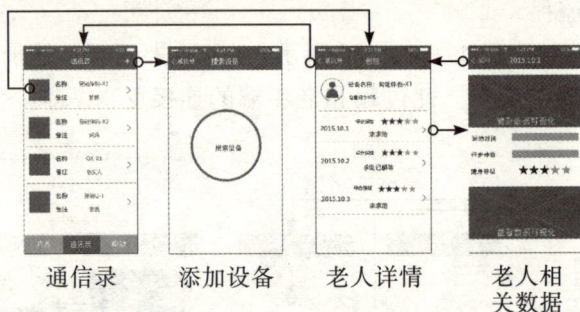

| 通信录 | 添加设备 | 老人详情 | 老人相关数据 |

图4-186　智能健身球监护端通讯录查看流程图

（4）帮助信息查看流程

监护端的帮助信息查看流程如图4-187所示，监护人可以在"帮助"页面查看一些关于老年人发生意外情况的常见问题以及特殊问题的解决办法和预防措施，并可以在线咨询和意见反馈。在设置页面则可以完成APP一些个性化的设定，如消息提醒、绑定微信等。

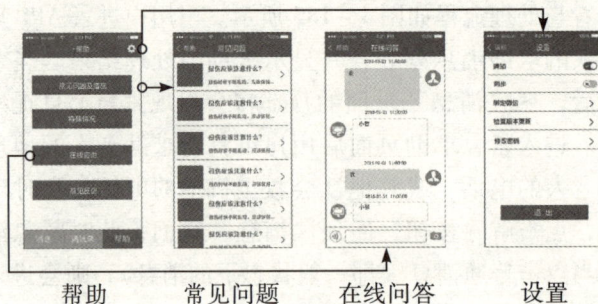

| 帮助 | 常见问题 | 在线问答 | 设置 |

图4-187　智能健身球监护端帮助信息查看流程图

4. 监护端界面设计

监护端的界面设计是在前面交互原型图的基础上设计的，使监护端的智能健身球APP应用程序可视化，部分高保真界面如图4-188、图4-189所示。

| 登录界面 | 注册界面 | 连接界面 | 连接成功界面 |

消息页面　　求助界面　　老人信息页面　健身益智
　　　　　　　　　　　　　　　　　　　详情界面

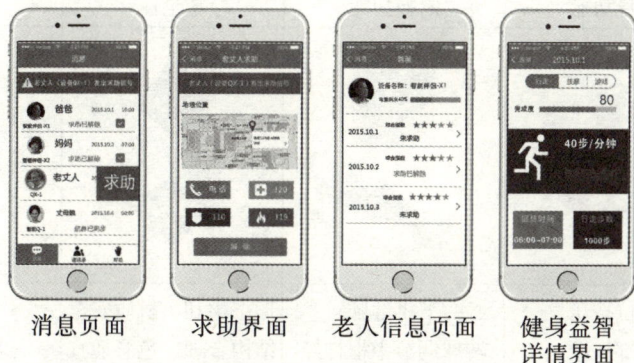

图4-188　智能健身球监护端 APP 设计界面图一

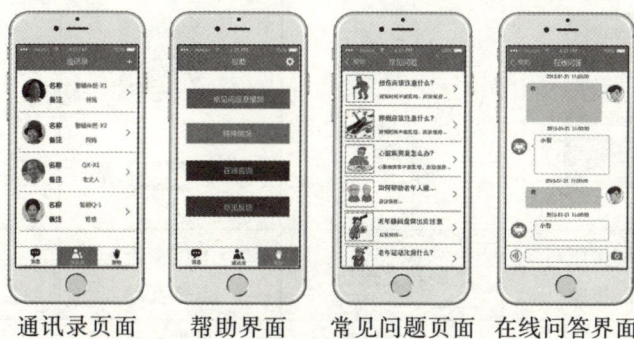

通讯录页面　　帮助界面　　常见问题页面　在线问答界面

图4-189　智能健身球监护端 APP 设计界面图二

4.4.5　最终方案验证

1. 理论验证

在前面章节已提出了老年益智健身玩具的人性化设计概念、设计原则及设计模型，并用来指导了设计实践。为了检验前期研究成果的合理性，有必要对最终的设计方案进行理论验证。理论验证主要分为两大部分：人性化设计原则的验证和设计模型的验证。

图4-190　人性化设计原则验证图

验证项	健身功能	健脑功能	安全性	易于收纳
吸引				
验证说明	穴位按压 手部按摩	下棋健脑 转球调节中枢神经	形态柔和、材质安全 结构合理、色彩适宜	方便收纳 不易丢失
验证项	数据显示	操作方式	交流方式	求助功能
交互			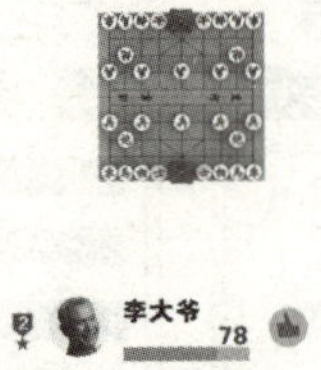	
验证说明	穴位按压 手部按摩	旋转、按压	下棋交流 点赞互动	长按 SOS 求助
验证项	个性需求	情感认同	带来愉悦	
接受		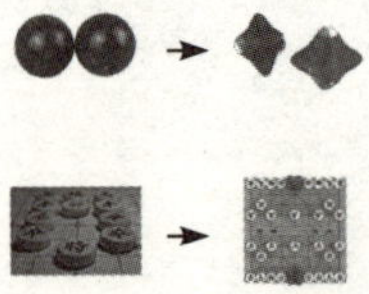		
验证说明	传统玩具的延续			

图 4 - 191　人性化设计模型验证图

理论验证结果如图 4 - 190 和图 4 - 191 所示，除了接受模块的"个性需求"及"带来愉悦"两项需要具体产品来进行用户满意度测试，在此无法验证外，其余各项都能充分体现理论到实践的契合。因此本书提出的人性化设计原则及构建的人性化设计模型基本合理，能指导类似老年产品的开发。

2. 实践验证

实践环节的验证主要是硬件和软件的验证和评估。在硬件的验证上，主要通过草模来测试老年用户的人机尺寸及抓握等满意程度。软件验证主要采用可用性测试，采用纸质界面图，事先设定好任务项，让老年用户操作，从而分析用户的正确率及满意度（见图 4 - 192）。可用性测试问卷具体见附录 E《可用性测试》，每个测试项都有 5 个不同量级的答案选项，并采用不同的分值作为量化标准，五个分值分别为：- 2、- 1.0、1.2，测试结束后对每个测试项的整体分值取平均值，便于直观看出评价情况。本次实践验证供随机采访了 10 位老年人，大部分老年人都使用智能手机，测试过程中，由观察员进行打分和问题回答的记录。

图4-192 老年用户满意度调查

为测试结果量化统计表，选用平均值做用户满意度对比，由-2.-1.0、1.2分别代表非常不满意、比较不满意、折中、比较满意、非常满意五个满意度评价水平，那么根据平均值可知老年人对各项测试的满意度，如图4-193所示。从图中可以看出，各项的满意度值在0.85到1.40之间，处于0.85和1.00之间的平均数值可认为一般满意水平，处于1.00到1.40之间的平均数值可认为比较满意和非常满意之间。从统计结果可以看出，设置页面的找寻满意度较低，在帮助下，大部分测试者在第二次访问时都能找到设置页面的进入端口，这也再次说明，老年用户需要积极的引导他们适应新产品。测试结果基本满足预期的设想，达到最初设定的任务。

可用性测试问题	平均值	可用性测试问题	平均值
硬件端		软件端	
抓握是否舒适度	1.30	您能否找到游戏数据页面	1.35
是否能够正常旋转健身球	1.35	您能否找到健身数据吗页码	1.40
尺寸是否适合手掌	0.90	您能否查看到好友数据	1.30
配色是否喜欢	1.00	您能够为好友点赞	1.00
		您能否找到建议页面	1.30
		您能否找到设置页面	0.85

图4-193 老年用户满意度调查统计结果

4.4.6 最终方案展示

1. 使用流程

老年智能健身球的使用流程如图4-194所示，主要步骤有四个：首先，当老年人把玩智能健身球时，智能健身球会监测和记录老年人的行走、按摩及游戏数据；其次，智能健身球将老年人的相关数据通过蓝牙或WIFI上传到云端；再次，监护人或老年人通过APP查看老年人的健身游戏数据，了解老年人的详细情况；当老年人发出求助信息后，监护端会有提醒并及时对老年人提供帮助；最后，老年人不仅可以在平常生活中与同伴一起健身和下棋，在APP端也可以查看同伴的相关数据，并通过点赞的方式互动。

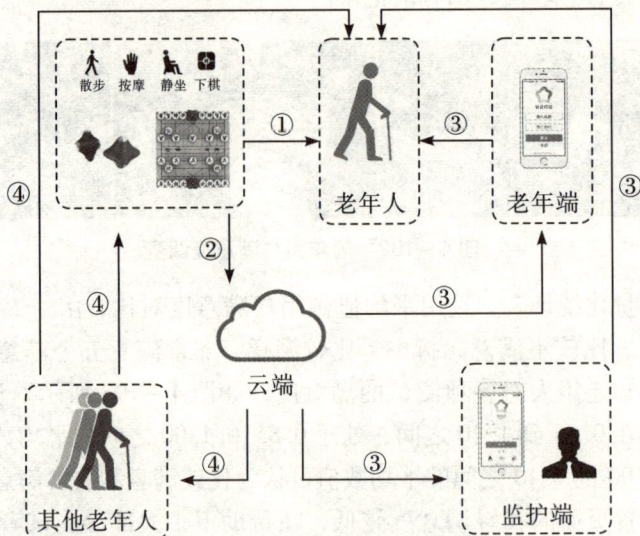

图 4 - 194　老年智能健身球使用流程图

2. 情景故事版

为了传达最终的设计结果，更直观的体现用户与产品之间的使用情境，进行了情境概念剧本的创作和情境故事板的制作。

（1）情境概念剧本

概念剧本一共设计了十个场景，如表 4 - 2 所示，主要人物包括张爷爷、李爷爷和张爷爷的儿子小张。

表 4 - 2　情境概念剧本

目次	场景	剧 情 简 介
第一幕	商店	张爷爷的儿子在逛商店的时候，看到了老年智能健身球，在向店员了解了基本情况后，决定给喜欢健身、下棋的张爷爷买一个这样的老年玩具，让老爷子高兴高兴
第二幕	家中	小张把智能健身球送给了张爷爷，并帮助张爷爷在智能手机上下载安装了智能健身球老年端的 APP，也在自己的智能手机上下载安装了监护端的 APP
第三幕	家中	小张通过说明书指导，打开了蓝牙，分别连接上了智能健身球。这样张爷爷能看到自己平时健身游戏的数据，小张也能随时关心自己的父亲的状况
第四幕	公园	张爷爷约了同样拥有智能健身球的老对手李爷爷去公园下棋，他们见面寒暄了一番，边通过智能健身球老年端的 APP 互加了好友，以便两人互相查看彼此的健身下棋数据
第五幕	公园	在下棋过程中，由于两位棋迷太过于投入，智能健身球发出了警告声，提醒两位老人适当活动活动，因为静坐时间过长

目次	场景	剧 情 简 介
第六幕	公园	张爷爷和李爷爷便一同站起身来在公园散步，边散步边在手中转动着健身球，两人有说有笑，十分开心
第七幕	公园	在散步的过程中，张爷爷不小心跌了一跤，当时让李爷爷很慌张，又加之没带手机，此时李爷爷通过智能健身球顶部的 SOS 呼救，告诉张爷爷的儿子小张现在需要帮助
第八幕	办公室	小张正在办公室工作，突然手机发出警报信息，一看是张爷爷求助的，小张通过监护端 APP 看到了张爷爷的具体位置，立刻打电话给张爷爷，发现呼叫失败，便通过智能健身球的定位功能求助社会机构的帮助
第九幕	医院	社会机构成功把张爷爷送到了医院，虽然是小伤，但小张还是不放心。此时张爷爷还惦记着没结束的象棋对弈，便让小张给他拿来自己的手机，查看当天的游戏数据，并向儿子炫耀今天的指标都已经完成
第十幕	医院	张爷爷顺带又查看了好友们的其他数据，并为李爷爷今天的表现点赞，既是对他的感谢，又是对他今日的健身数据的赞赏

（2）情境故事版

在概念剧本的基础上，制作了情境故事版，如图 4－195 所示，每一张图代表剧本里的每一幕剧情，达到可视化设计结果。

图 4－195 情境故事版

小结

最终确立了设计实践的具体产品——老年智能健身球以及与之匹配的 APP。老年益智健身玩具的创新点不仅仅是一个硬件产品和软件，而是创造了一种新的老年娱乐休闲及健身健脑服务方式，这种方式可以将老年人、监护人、同龄人联系起来，真正为老年人的晚年生活增添情趣，化平淡为丰富，化枯燥为有趣。

在老年智能健身球的设计过程中，首先对设计方案进行了发散和评估，然后对选定的方案进行了形态的探索，最后确立了老年智能健身球的形态，并结合前面研究分析了智能健身球人机尺寸、色彩以及材料等。老年智能健身球跳出了现有的老年产品的惯性思维，实现了老年人、监护人及同伴零距离交流沟通和鼓励老人多运动、多健脑的主要设计点，让老年玩具与科技并肩，让情感与功能随行，这也是当今人性化设计所提倡的科技创新与体验创新的融合，同时希望借此来倡导社会改变对老年玩具的偏见。

在老年智能健身球老年端和监护端的 APP 设计中，首先是分析和架构了整个 APP 的信息结构，然后进行了低保真的手绘原型图和交互原型图，最后从页面的布局、色彩、字体等设计了老年端和监护端的界面设计，完成了高保真原型设计。为了更好的传达自己的设计成果，又通过情境故事版的方式将老年智能健身球的使用关键场景可视化，让读者一目了然。

参考文献

［1］黄毅，佟晓光．中国人口老龄化现状分析［J］．中国老年学杂志．2012（21）：4853～4855．

［2］任士明．基于我国老年人家用医疗产品设计的研究［D］．济南：山东轻工业学院，2011．

［3］熊必俊．老龄经济学［M］．北京：中国社会出版社，2009．

［4］马骁骁．从人口老龄化看中国未来计划生育政策——人口老龄化原因的实证分析［J］．经济视角（下），2010（5）：46～49．

［5］Andrew Mason，Tomoko Kinugasa．East Asian economic development：Two demographic dividends［J］．Journal of Asian Economics，2008（19）：389～399．

［6］杨清哲．人口老龄化背景下中国农村老年人养老保障问题研究［D］．长春：吉林大学，2013．

［7］衣艳芳，陈春丽．老龄化背景下的居家养老问题探析［J］．吉林师范大学学报（人文社会科学版），2015（6）：104～108．

［8］王志宝，孙铁山，李国平．近20年来中国人口老龄化的区域差异及其演化［J］．人口研究，2013，37（1）：66～77．

［9］［美］Donald A. Norman．未来产品的设计［M］．刘松涛，译．北京：电子工业出版社，2009．

［10］周丽雯．智能医疗产品设计展望［J］．设计，2015（3）：78～79．

［11］刘斐．基于系统设计思维的老年产品设计方法研究［J］．包装工程，2015（20）：88～92．

［12］张雷，彭宏伟，刘志峰，等．绿色产品概念设计中的知识重用［J］．机械工程学报，2013（7）：72～79．

［13］赵平勇．设计色彩学［M］．北京：中国传媒大学出版社，2006．

［14］王国胜．设计范式的改变［C］．设计驱动商业创新：2013清华国际设计管理大会论文集．北京：北京理工大学出版社，2013．

［15］（美）Alan Cooper．交互设计之路——让高科技产品回归人性（第二版）［M］．北京：电子工业出版社，2006．

［16］靳敏．产品生态设计现状和发展趋势［J］．家电科技，2009．

［17］陈文龙．产品设计流程实例说明［EB/OL］．http：//emuch. net/fanwen/56/3162. html.

［18］马宁．国内工业设计的现状分析及对策研究［J］．艺术空间，2010．

［19］羽量级本田魂 本田 S660 的平民跑车梦想［EB/OL］．http：//auto. msn. com. cn/auto_ guide/20150514/1796717. shtml

［20］产品文化设计四要素［EB/OL］．http：//b. chinaname. cn/article/2009 - 12/6751. htm